徐光华 —— 编著

觉晓法考组 —— 编

2025

刑法观点展示问题梳理

法考主客观题应对手册

北京大学出版社
PEKING UNIVERSITY PRESS

图书在版编目(CIP)数据

刑法观点展示问题梳理：法考主客观题应对手册 / 徐光华编著；觉晓法考组编. -- 北京：北京大学出版社，2025.3. -- ISBN 978-7-301-36079-8

Ⅰ. D924.04

中国国家版本馆 CIP 数据核字第 2025KV7722 号

书　　　名	刑法观点展示问题梳理：法考主客观题应对手册 XINGFA GUANDIAN ZHANSHI WENTI SHULI：FAKAO ZHUKEGUAN TI YINGDUI SHOUCE
著作责任者	徐光华　编著　觉晓法考组　编
责任编辑	潘菁琪　方尔琦
标准书号	ISBN 978-7-301-36079-8
出版发行	北京大学出版社
地　　　址	北京市海淀区成府路 205 号　100871
网　　　址	http://www.pup.cn　http://www.yandayuanzhao.com
电子邮箱	编辑部 yandayuanzhao@pup.cn　总编室 zpup@pup.cn
新浪微博	@北京大学出版社　@北大出版社燕大元照法律图书
电　　　话	邮购部 010-62752015　发行部 010-62750672 编辑部 010-62117788
印　刷　者	北京鑫海金澳胶印有限公司
经　销　者	新华书店
	730 毫米×980 毫米　16 开本　19.25 印张　296 千字 2025 年 3 月第 1 版　2025 年 3 月第 1 次印刷
定　　　价	58.00 元

未经许可，不得以任何方式复制或抄袭本书之部分或全部内容。
版权所有，侵权必究
举报电话：010-62752024　电子邮箱：fd@pup.cn
图书如有印装质量问题，请与出版部联系，电话：010-62756370

学习刑法观点展示的意义及方法（代序）

自2021年起，法考刑法部分已经全面推行观点展示，即对同一问题，考生需要回答不同的观点及其理由，部分问题，还需要考生回答各种观点的不足并表明本人的立场。习惯了标准化、唯一化答案的同学，在应对主观题观点展示问题时，多少存在学习方式转变的困难，也会由于既往的知识储备相对有限，难以应对这一类型的考题。据我的不完全统计，大多数人在学习刑法中的观点展示问题时，更多地是为了应试，仅是在背诵对于某些问题的不同观点，而没有搞清楚不同观点背后的原理是什么，法考为什么考这些观点展示，刑法中的观点展示本身的大致考查方向是什么。这样一来，很多学生对观点展示的学习，就成了单纯的记忆、背"模板"，这显然违背了命题的初衷，也不可能真正掌握知识，更不是一个法律人对待知识应有的态度。

学习观点展示，有助于我们更为全面地了解问题，知己知彼，也会让自己成为更通透、豁达的人。张明楷教授曾经指出，"一个人的固执，潜藏着低水平的认知"。对个人而言，仅了解自己观点而不听取他人意见，会固步自封而不自知，最终走向封闭、失败。我小时候总是觉得父母会强加很多观念给我，可能由于彼时他们的文化程度、见识相对有限，在很大程度上只考虑他们认为是对的事情，而忽略了作为孩子的我的感受，其中一个很重要的原因是没有"观点展示"：父母可能没有考虑孩子们的"观点"，孩子们也没有站在父母的"立场"理解父母。父母、子女忽略彼此观点而导致的冲突，可能会让孩子"用一生来治愈不幸福的童年"。等我们再为人父母的时候，我看到上述现象仍然在我们这一代人身上继续重演，部分父母强加了许多观点给孩子而忽略了孩子的感受，严重的，甚至导致孩子抑郁、自杀。一些家长，还自以为是地谈到自己是多么有"道理"，孩子是多么的"不懂事"，殊不知自己根本没有站在孩子的立场思考问题。教育、知识、见识的力量就在于，对孩子逐步"放手"，尊重孩子的观点。我们这一代人比我们父母的见识、学习的东西多很多，我们就不能过度拘泥于自己的观点，不能让我们曾经与父母的"冲突"延续至我们与自己孩子的交往中。我的大宝已经13周岁了，有一次我和她讲："你是我的第一个孩子，在你这里，我是第一次做爸爸，有很多问题，可能忽略了小孩子的感受。如果对爸爸的做法、观点有不开心、不理解的，直接告诉爸爸。"孩子也很懂事地说道："爸爸，我也是第一次做女儿，很多时候任性、发脾气是因为还没有'长大'，没有或者很难站在爸爸的立场思考问题，谢谢爸爸对我的包容。"我们彼此充分地"展示观点"有助于消除冲突、修正看法，让孩子童年更加快乐而不仅仅是在我的"观点"下成长，幸福的童年可以治愈人的一生。对个人、家庭教育、社会发展而言，较为充分地"展示观点"是必要的，学术观点也是在"观点展示"中形成更为合理的观点，进而充实理论、指导立法与司法。

  但是，对于刑法中的观点展示，应该怎么"展示"呢？也是有规律可循的，绝不可能是"胡乱"地去展示，必须结合刑法的属性展开。这就好比要找一个男朋友，大家可能会有不同的"观点"：有的喜欢高的，有的喜欢帅的，有的喜欢有学问的，有的喜欢拥有巨额财富的，这些"观点"都是与"人"的主要特点相关的。一般不会有人说："我找男朋友就是希望他的头发数量是'奇数'。"头发的数量是"奇数"或"偶数"确实是两种客观事实，但这两种观点(事实)通常不会,也不可能是找男朋友的标准。刑法中的观点展示,也应该是结合刑法的特征、属性而展开的,不是任何观点都行。例如,刑法是一种行为规范,但规范行为的目的是保护法益(结果),对绝大多数行为而言,行为是"恶"的,结果一般也是"恶"的,如故意杀害他人并导致死亡结果的,就只能成立故意杀人罪。但是,有的行为是"恶"的,但结果却是"善"的,如何评判其性质,就可能需要观点展示。以偶然防卫为例,站在行为的立场(行为无价值),就不成立正当防卫而构成犯罪;站在结果的立场(结果无价值),既然出现的结果是好的,就需要鼓励,成立正当防卫。又如,刑法强调主客观相统一,但如果主观、客观不一致的时候,究竟是更多地站在主观的立场还是客观的立场思考问题,就会得出不同的结论。行为人主观上想盗窃数额特别巨大的财物,行为也指向了该财物,但客观上仅获得了数额较大的财物。如果站在主观的立场,可能会认定为盗窃数额特别巨大的未遂;如果站在客观的立场,可能会认定为盗窃数额较大的既遂。刑法中其他的观点展示,本书会从宏观方面归纳观点展示的类型,例如,究竟是形式判断还是实质判断,刑法应坚持精细化的判断还是概括性的判断等。这有助于从方向上了解观点展示的类型,从而为更好地在微观层面把握观点展示的具体问题打好基础。

本书是目前法考培训市场上专门讲授"刑法观点展示"的正式出版书籍,在此之前,法考培训的"刑法观点展示"的内容均是以讲义的形式出现的,篇幅也相对较少,基础较弱的同学掌握起来有一定的难度。很多同学只是形式上记住了一些问题的不同观点,但具体应用的能力还有待提高。部分同学可能只知其然,而不知其所以然,没有充分理解刑法中的观点展示的意义及运用。本书的特点在于:

第一,既从宏观上对刑法的观点展示型问题进行了类型化的梳理,又从微观上列举了八十余个具体的观点展示问题,有助于考生对于观点展示问题的充分、全面理解。在既往授课过程中,考生反馈最多的问题是,仅知道背诵具体的观点问题,但不同刑法老师讲授的观点展示的数量、内容又各不相同。观点展示型问题的数量究竟有多少,似乎每个老师讲的内容都是"不完整的"。有鉴于此,本书尽可能多地列举观点展示的具体问题,我也会及时关注理论与实务的动向以提炼问题。在此基础上,从宏观层面归纳、梳理观点展示型问题的类型特征、思考问题的角度,掌握观点展示型问题的原理、方法。之后,无论遇到哪种问题,都能够从不同角度思考问题,如站在行为立场还是结果立场、站在主观立场还是客观立场、进行形式解释还是实质解释、逐个判断还是分别判断、以犯罪行为人的本人看法还是以社会一般人的看法为标准、多个法律关系主体的案件是从哪种关系的角度看问题等,从而做到以不变应万变。

第二,深度阐述每一个观点展示型的具体问题。不仅要让考生理解每一个问题的不同观点,还要让考生知道,为什么会有不同的观点,不同观点在理论与实务上的具体状况,各种观点的理由与不足是什么。以电信网络诈骗的相关犯罪为例,我国当前电信网络诈骗犯罪给人民群众造成了很大的危害,对电信网络诈骗犯提供帮助的行为,究竟应该采取"从严"还是"从宽"的态度,可能会导致帮助信息网络犯罪活动罪(简称"帮信罪")的认定存在差异。例如,光华知道沛权将要实施电信网络诈骗行为,应沛权的要求给其提供了10张银行卡,但事后沛权带着银行卡去缅甸后没有实施诈骗(或者没有证据证明沛权在缅甸实施了诈骗)。对光华的行为如何定性:如果是采取从宽处罚的态度,就应该坚持共犯从属性,既然沛权的诈骗犯罪无法证实,那光华也就不构成帮信罪;如果采取从严处罚的态度,就应坚持共犯独立性,即使沛权的电信诈骗行为无法证实,光华的行为也应该认定为帮信罪;如果采取最为从严的态度,在坚持共犯独立性将光华的行为认定为帮信罪的同时,光华还构成诈骗罪的帮助犯,系犯罪未遂。之所以存在这些观点,是与对电信网络诈骗犯罪及相关犯罪的打击态度密切相关的。鉴于我国当前基于对电信网络诈骗犯罪及其关联犯罪从严打击的态度,实务上更多地是贯彻了共犯独立性理论,尤其是考虑到电信网络诈骗犯罪案件破案率、追赃挽损率较低,诈骗犯罪分子多在境外,如果对提供银行卡等帮助行为的人不予以严厉打击,不仅无法向被害人"交代",而且也会助长境外诈骗犯罪。相反,如果电信网络诈骗犯罪活动相对较少,危害性不大,就会限制适用帮信罪。此外,与当前实务上对帮信罪的从严态度不完全相同,也有部分学者强调要防止实务上的过度从严,如果对帮信罪打击过于严厉的话,尤其是将仅提供一两张银行卡的行为都认定为帮信罪,甚至还构成诈骗罪的帮助犯,可能会导致罪刑失衡而处罚过重。因此,究竟采取何种态度应对提供银行卡的帮助行为,由于不同时期诈骗犯罪现实样态的差异,可能会有不同的刑事政策,不同学者在打击犯罪与保障公民行动自由如何平衡上也存在不同认识。因此,了解不同的观点及其所产生的不同时代背景,可能有助于我们更好地了解观点、了解实践,对知识的学习会更有意义。

第三,本书采用标准化的答题模式,并专门准备了十个主观题模拟案例,帮助考生从"学懂"到"写明白"。主观题备考过程中,如何写出一份知识点理解正确、层次与逻辑分明的答案,是考生们需要面对的一个问题。对八十余个具体的观点展示问题,原则上都通过法理解读、模拟案例、具体观点的思路,让考生了解知识点。本书在传统印刷的基础上,对于关键词采用了最适合阅读的"深蓝色"字体,有助于考生抓住阅读、答题的重心。十个主观题模拟案例,全部采用标准化的答题模式,这有助于考生在学习基础知识的基础上,通过模拟案例进行再一次的练习,做到学以致用。

第四,本书既有助于考生应对法考刑法观点展示问题,亦可成为法学院校师生更为深入了解刑法知识的工具书。除了各大法学院校的教师、学生,我认为本书亦对教学科研活动有一定的参考价值,因为本书所梳理的具体观点展示,是理论与实践中的基础、热点问题,有助于我们更好地了解刑法理论与实务的动向及其争议。在校学生,还可以以上述观点展示作为学术论文的选题,进行观点上的充分论证。大家能用好此书,就是我最大的欣慰。本书会有相关的配套视频课程,在我的新浪微博、小红书、微信公众号"刑法徐光华"上,都会有相关的情况说明。

本书出版之际，我要感谢北京大学出版社潘菁琪博士，她曾认真阅读过我的初稿并多次"游说"我出版本书；北京大学出版社其他同仁对本书的肯定与支持，也是让我感谢的，尤其是他们考虑到本书读者多为学生，愿意以低价出售给读者，他们的胸怀值得点赞。本书的出版离不开我所在的法考培训机构觉晓教育的重要支持，机构在"九零后"青年才俊蒋四金的带领下，一跃成为行业"巨头"，法考教材常年荣登天猫的销售冠军（法考领域）。随着大数据时代的到来，对于法考、知识的学习，坚持数据化应是未来努力的一个方向，觉晓教育的发展也是结合既往通过法考的考生的大数据（如听课时长、复习轮次、各章节复习用书、做题数量及难易度等），为学员制订数据化的学习计划并予以督促。值得和大家分享的是，在最高人民法院司改办指导的"CAIL 2022"司法考试任务中，觉晓教育战胜了阿里、百度、清华大学、北京大学等优秀团队，获得全国第一名，并成为唯一一个获得该项赛事冠军的法考机构。觉晓教育基于对考生大数据的精准把握，对本书的内容、写作方式等，提供了宝贵的意见。本书从最初2022年的内部讲义，到2025年的法考教材出版，觉晓教育的教研团队还结合大数据进行了具体的编辑、修改工作，他们的工作是值得肯定的。我的学生助理江西财经大学研究生张益铭、华东政法大学博士生刘宗玮，他们对本书的每一个细节进行了两轮确认，是本书完成的重要力量。

无论是备战2025年法考主观题或客观题，还是对于刑法学知识本身的学习，希望本书不会让你失望。读者用心阅读，就是我最大的欣慰。

徐光华

二〇二五年二月于华东政法大学松江校区尚杰楼

目 录

第一部分　刑法主观题(观点展示)的类型及答题思路 …………… 001
第一章　观点展示的类型 ……………………………………………… 002
　一、行为规范与结果规范的不同观点……………………………… 002
　二、主观主义与客观主义的不同观点……………………………… 003
　三、精细(100%)判断与综合(大概)判断的不同观点 …………… 004
　四、形式解释与实质解释的不同观点……………………………… 006
　五、对前、后行为的关联(整体)考察,是坚持严格的标准,还是相对
　　　宽松的标准………………………………………………………… 008
　六、其他观点展示型问题…………………………………………… 010
第二章　观点展示型问题的答题思路 ……………………………… 013
　七、区分"事实假设"型与"价值判断"型的观点展示 ……………… 013
　八、价值判断型的观点展示型问题如何答题……………………… 016

第二部分　刑法中的观点展示 ……………………………………… 021
第一章　刑法总则中的观点展示 …………………………………… 021
　一、正当防卫人对不法侵害者是否具有救助义务:肯定说与否定说 … 021
　二、不作为犯中作为义务的判断:是否有顺序 …………………… 022
　三、乘客实施犯罪,司机不制止的,是否成立不作为犯:肯定说与

否定说 …………………………………………………………………… 024

四、持有型犯罪的性质:作为犯与不作为犯 …………………………… 026

五、因果关系判断中的介入因素:正常与异常 ………………………… 027

六、因果关系判断的"合乎规律"如何理解:合法则的条件说与经验
　　法则说 …………………………………………………………………… 030

七、认识错误的处理方案:具体符合说、法定符合说与抽象符合说…… 031

八、打击错误的不同学说:具体符合说与法定符合说(与偶然防卫
　　竞合) …………………………………………………………………… 033

九、因果关系的错误之"事前的故意"的不同学说:整体(综合)判断
　　与分别判断 …………………………………………………………… 035

十、正当防卫所面临的"不法侵害"的理解:客观侵害说与主客观
　　一体说 ………………………………………………………………… 039

十一、偶然防卫、偶然避险及其他与防卫认识有关的问题 …………… 042

十二、特殊防卫权的性质:法律注意与法律拟制 ……………………… 045

十三、实施防卫挑拨后,是否可以对面临的危险再进行正当防卫:
　　　肯定说与否定说 …………………………………………………… 047

十四、行为人对被害人承诺的认识:不要说与必要说 ………………… 049

十五、预备犯的处罚范围:形式说与实质说 …………………………… 051

十六、犯罪既遂的判断时点 ………………………………………………… 053

十七、犯罪中止与犯罪未遂的区分:主观说与客观说 ………………… 057

十八、加重构成与犯罪既、未遂的认定 …………………………………… 060

十九、不能犯是否构成犯罪:构成犯罪(未遂)与无罪说 ……………… 064

二十、预备行为(帮助行为)正犯化:绝对正犯化与相对正犯化 ……… 068

二十一、帮助犯所要求的"明知他人实施犯罪"认定 …………………… 072

二十二、共同犯罪与间接正犯的区别:"是否实质上支配他人"如何
　　　　具体判断 ………………………………………………………… 075

二十三、共同犯罪的"共同" ………………………………………………… 076

二十四、教唆无责任能力者能否成立共犯:肯定说与否定说 ………… 079

二十五、亲手犯的共同犯罪中犯罪停止形态的认定:整体认定与分别
　　　认定·· 081
二十六、片面共犯是否属于共犯:肯定说与否定说 ·············· 082
二十七、教唆未遂如何认定:共犯从属性与共犯独立性 ·········· 086
二十八、共同犯罪中因打击错误侵害了"同伙":无罪说与有罪说 ····· 088
二十九、同种数罪是否需要并罚:否定说与肯定说 ················ 091
三十、法条竞合与想象竞合的关系的界定······················ 092
三十一、结果加重犯之基本犯罪行为与加重结果的因果关系判断:
　　　扩张说与限制说·· 099
三十二、不同犯罪之间的关系:竞合与对立 ······················ 100
三十三、注意规定与法律拟制 ·································· 104
三十四、特别自首的认定 ······································ 108
三十五、被窝藏人主动供述他人窝藏犯罪的行为,是否成立立功:
　　　肯定说与否定说·· 109

第二章　刑法分则中的观点展示 ··························· 111

三十六、财产犯罪的保护法益:占有权还是所有权 ·············· 111
三十七、财产性利益(债权债务)能否成为财产犯罪的保护对象:
　　　肯定说与否定说·· 113
三十八、如何认定转化型抢劫的前、后行为的关联性:主观说与
　　　主客观统一说·· 115
三十九、抢劫罪的"两个当场"是否需要坚持:肯定说与否定说 ····· 118
四十、误将无关的第三人当作普通抢劫罪的被害人(财物持有人):
　　　主观主义与客观主义······································ 120
四十一、抢劫的机会过程中导致他人重伤死亡的,能否认定为抢劫
　　　致人重伤、死亡·· 121
四十二、暴力与取财之间没有直接关联的能否认定为抢劫罪:肯定说
　　　与否定说·· 122

四十三、入户时没有使用暴力抢劫的故意,能否认定为转化型
抢劫(入户抢劫):肯定说与否定说 …………………………… 123

四十四、盗窃与抢夺的界分:秘密、公开;平和、对物使用暴力………… 124

四十五、高速公路闯卡、跟车逃费的定性:无罪、盗窃、抢夺还是
诈骗……………………………………………………………… 127

四十六、盗窃罪与抢劫罪的区分:财物的保管人应具备何种认知
能力……………………………………………………………… 128

四十七、诈骗罪的犯罪数额:整体的财产说与个别的财产说之争 …… 130

四十八、诈骗罪的处分权人 ……………………………………………… 134

四十九、诈骗罪的处分意识:概括的处分意识说与具体的处分
意识说…………………………………………………………… 136

五十、偷换商家"二维码"的定性:"特殊的三角诈骗"与盗窃罪……… 137

五十一、"窃电案"的行为定性:诈骗罪与盗窃罪 ……………………… 140

五十二、不法原因给付与侵占罪的认定:违法多元(相对)论与违法
一元论…………………………………………………………… 141

五十三、员工利用欺诈的手段获取公司财物的行为,是否成立职务
侵占罪:肯定说与否定说 ……………………………………… 143

五十四、职务侵占罪是否要求"占有"为自己占有:肯定说与否定说 …… 145

五十五、死者对财物的占有:肯定说与否定说 ………………………… 146

五十六、关于存款的占有:银行占有说与名义人说 …………………… 149

五十七、银行卡供卡人"掐卡"、取款的行为性质 ……………………… 153

五十八、非法拘禁罪的保护法益:可能的人身自由说与现实的人身
自由说…………………………………………………………… 156

五十九、负有照护职责人员性侵罪的保护法益:性自主权说与身心
健康说…………………………………………………………… 158

六十、得到妇女同意的拐卖行为是否成立拐卖妇女罪:否定说与
肯定说…………………………………………………………… 160

六十一、诬告陷害罪的保护法益:人身权利说、司法(审判)作用说 … 161

六十二、放火罪的既遂标准:独立燃烧说与严重后果说 ………… 162
六十三、伪造并不存在的货币的定性:国家货币发行权说与货币
　　　　信用说 ……………………………………………………… 163
六十四、共同危险驾驶行为人,对同案犯所造成的严重后果如何
　　　　承担责任:肯定说与否定说 ………………………………… 164
六十五、成立交通肇事"因逃逸致人死亡"是否需要前行为构成交通
　　　　肇事罪:肯定说与否定说 …………………………………… 166
六十六、车主将车辆交由无证者、醉酒者驾驶,进而发生交通
　　　　事故的,能否认定为交通肇事罪:肯定说与否定说 ………… 168
六十七、交通肇事后,不逃跑但也不救助伤者,能否认定为"交通
　　　　肇事因逃逸致人死亡":肯定说与否定说 ………………… 169
六十八、罪行说与罪名说的具体运用:洗钱罪的上游犯罪 ………… 170
六十九、洗钱罪的保护法益:司法活动与金融秩序 ………………… 172
七十、本犯实施上游犯罪后再"自洗钱"的:数罪并罚说与一罪说 …… 174
七十一、虚开增值税专用发票罪的既遂标准:行为犯说与结果犯说 … 175
七十二、第三方支付与信用卡犯罪 …………………………………… 177
七十三、盗伐林木罪的非法占有目的 ………………………………… 181
七十四、催收本金及合法利息是否构成催收非法债务罪:肯定说
　　　　与否定说 ……………………………………………………… 183
七十五、持有型犯罪是否要求抽象危险:肯定说与否定说 ………… 185
七十六、组织卖淫罪的从犯是否必要:必要说与非必要说 ………… 186
七十七、成立伪证罪所要求的虚假陈述如何理解:主观说与客观说 … 188
七十八、虚假诉讼罪既遂标准:结果犯说与行为犯说 ……………… 189
七十九、他人诈骗后帮助取款行为的定性:掩饰隐瞒犯罪所得罪与
　　　　上游犯罪的共犯 ……………………………………………… 190
八十、国家工作人员谎报出差费用骗取公款的定性:贪污罪与
　　　　诈骗罪 ………………………………………………………… 191

八十一、受贿罪的犯罪既、未遂形态:收受他人赠予的且已经抵押
　　　的房产如何定性 …………………………………………… 193

八十二、受贿金额的认定标准 ………………………………………… 195

八十三、如何理解行贿人在"被追诉前"主动交代:立案前与提起
　　　公诉前 ……………………………………………………… 196

八十四、受贿罪的既遂标准 …………………………………………… 197

八十五、行贿罪与受贿罪的关系 ……………………………………… 198

八十六、渎职罪与财产类犯罪存在竞合时的法律适用:特别法优先
　　　还是重法优先 ……………………………………………… 199

第三部分　模拟案例 …………………………………………………… 201

案例(一) ………………………………………………………………… 201

案例(二) ………………………………………………………………… 212

案例(三) ………………………………………………………………… 221

案例(四) ………………………………………………………………… 229

案例(五) ………………………………………………………………… 236

案例(六) ………………………………………………………………… 242

案例(七) ………………………………………………………………… 250

案例(八) ………………………………………………………………… 260

案例(九) ………………………………………………………………… 271

案例(十) ………………………………………………………………… 282

第一部分
刑法主观题（观点展示）的类型及答题思路

观点展示的实质在于：对同一问题，思考问题的角度不同，就会得出不同的结论。在前期学习过程中，考生可能过多地在记忆某一问题的不同观点，这样会导致学习的难度、任务加大。从历年法考刑法真题（客观题、主观题）可以看出，从哪些角度考观点展示，是有规律的。掌握其中背后的规律，对我们学习观点展示型问题，可以起到事半功倍的效果，省去大量的记忆时间，并且能从原理上真正理解特定问题。

法律，包括刑法在内，是建立在特定的社会文化基础之上的。对于诸多问题的不同理解，其本质上就是不同的价值判断。① 但是，不同的价值判断，就刑法这一学科而言，要结合刑法的特点来展开。② 只有深刻了解"刑法"是什么，才能对问题有一个更为合理的理解。

---

① 参见徐光华：《刑法文化解释研究》，中国政法大学出版社2012年版，第1页。
② 对于刑事司法活动，更是要充分重视各方意见之后进行冷静思考，防止一方的认识偏差所导致的错案。以下是本人论文的摘要，供读者参考。不理性的民意极易虚构出貌似合理的"案件事实"并以此给司法机关施压。基于民意的压力，司法机关往往注重有罪证据，忽视无罪证据。命案必破、限期破案、疑罪从轻等刑事政策、司法理念，都是对民意诉求的顺应，也是促成冤假错案的诱因。民意对影响性刑事冤假错案的纠错有积极意义，但仍应回归法治轨道。样本案件中，民意推进了冤假错案纠错程序的启动、纠错的及时，但没有制度化。民众对司法活动的认知不够理性，对错案追责的民意表达亦非建立在理性认知的基础之上。我国有必要培育理性的民意，形成民意与刑事司法的良性互动。参见邓辉、徐光华：《影响性刑事冤假错案的产生、纠错、追责与民意的关联考察——以22起影响性刑事冤假错案为主要研究范本》，载《法学杂志》2018年第4期，第63页。

第一章 观点展示的类型

一、行为规范与结果规范的不同观点

包括刑法在内的法律,本质上就是一种行为规范,告诉公众什么行为是该做的、什么行为是不可以做的,以及相应的法律后果。当然,较之其他部门法的"行为规范"属性,刑法的行为规范属性会更强一些,对于行为方式、法律后果,应该更为明确地通过成文法的形式表现出来,刑法规范必须明确、清晰。

刑法也是一种结果规范,要保护特定的法益(结果)。或者说,规范、约束行为的目的,就是保护特定的法益,防止危害结果的出现。刑法保护法益是其目的,但这一目的的实现有赖于对行为的规范、约束。这就好比我们约束、规范小孩子的行为习惯、学习习惯,他才能考上法学名校("五院四系"等)。质言之,规范行为的目的是保护法益,保护法益需要从规范行为做起。

一般来说,规范行为与保护法益是一致的,行为是"恶"的,结果就是"恶"的,无论站在行为的立场,还是站在结果的立场看,评价都是一致的。例如,以杀人的故意实施了杀人行为并致人死亡,行为是"恶"的,结果也是"恶"的,怎么看都是故意杀人罪,不存在观点展示。但是,部分案件,站在行为的立场与站在结果的立场可能得出来的结论是不一致的,行为是"恶"的,结果是"善"的,如何评判"恶"与"善",就会有不同观点了。[①]

[①] 生活道理同样可以说明这个问题:毛毛在法考客观题考试中靠"蒙""偷看"侥幸通过,还发微信朋友圈炫耀。有的朋友给他"点赞",认为结果很"棒",通过了法考。有的朋友则在评论区"批评"他,认为他的行为"可耻"。

例1. 对于偶然防卫,①行为是"恶"的,但结果是"好"的(偶然地保护了第三者的利益)。究竟能否认定为正当防卫呢?如果站在结果的角度看,是可以成立正当防卫的;如果站在行为的角度看,是不能成立正当防卫的,应以犯罪论处。

例2. 对于不能犯(误将面粉当作毒品进行贩卖)是否应该以犯罪论处?从刑法规范行为的角度看,该案虽然没有造成危害结果,但类似行为如果重复上演,就有可能造成严重后果,应规范行为人的行为,以贩卖毒品罪(未遂)论处。从结果的角度看,就本案而言,没有造成结果,如果只看孤立的案件本身,也没有造成结果(贩卖毒品)的可能性,不应以犯罪论处。

二、主观主义与客观主义的不同观点

刑法归责强调主、客观相统一原则,在客观上造成危害结果的同时,要求行为人主观上存在"恶"(罪过)。但是,部分案件,行为人的主观与客观可能并非完全同步、一致,主观与客观之间可能存在偏差。此种情形下,对行为的定性是偏向于客观,还是偏向于主观,亦可能存在不同的观点。

例1. 甲主观上欲盗窃"数额特别巨大"的财物,正在对"数额特别巨大"的财物实施盗窃行为时,因警察出现,仅携带"数额较大"的财物逃跑。

如果站在主观主义的角度看,行为人具有盗窃"数额特别巨大"的财物的故意,只是没有得逞,应认定为盗窃罪数额特别巨大的未遂。

如果站在客观主义的角度看,或者偏向于客观,则只能认定为盗窃罪数额较大。

例2. 误将无关的第三人当作普通抢劫罪的被害人(财物持有人),将其打倒并取得财物的案件,主观主义与客观主义的立场会得出不同的结论。如肖某

---

① 偶然防卫:是指无防卫意识的行为,即行为人故意或者过失侵害他人法益的行为,偶然地符合了正当防卫的客观条件。例如,甲出于报复故意枪击乙时,乙刚好在瞄准丙实施故意杀人行为,但甲对乙的行为不知情,甲开枪将乙杀害,但偶然地保护了丙。甲出于报复而杀人的行为是"恶"的,但结果是"善"的,客观上造成不法侵害人乙死亡是法律所允许的,保护了丙更是法律所鼓励的。

将电动车停在楼下后,没有取走钥匙就上楼取东西,此时蒋某站在电动车旁抽烟。路过此地的毛毛误以为蒋某是车主,便使用暴力将蒋某推倒(未达轻伤),骑着电动车逃走。

如果站在客观主义立场(通说),本案中,虽然毛毛主观上有抢劫的故意,但其客观上对无关第三人实施暴力行为,对电动车的占有者来讲仍是秘密窃取,成立盗窃罪。换言之,毛毛的行为客观上连抢劫的可能性都没有,因为没有人妨害毛毛取得财物。

如果站在主观主义立场,更强调毛毛主观上想实施抢劫,但客观上对无关第三人实施暴力行为,不可能压制被害人(财物的占有人),也不存在抢劫罪的被害人。即毛毛取得财物与对蒋某实施暴力间没有因果性,应认定毛毛构成抢劫罪(未遂)。

三、精细(100%)判断与综合(大概)判断的不同观点

刑法涉及对当事人的生杀予夺,较之其他部门法而言,刑法更是一门精细化的科学,这也是刑法的情怀,是罪刑法定原则所要求的明确性。对于行为进行精细化的判断,也有助于我们清楚地看到每一个、每一阶段的行为及其在刑法上的评价,能更好地发挥刑法的评价、规范机能。

但是,刑法又是一个实用主义的科学,过于精细化不利于实务操作。司法实践中,无法对行为的每一个步骤进行精确还原、判断,相对综合、概括的判断是实务上的通常选择。

因此,对于相关问题是进行更为精确、细致的判断,还是进行相对综合的、更具可操作性的判断,可能存在不同的观点。

例1.事前的故意中(因果关系的错误之一),甲基于杀人的故意对乙实施杀害行为(第一个行为),误以为乙已经死亡,将乙扔至大海(第二个行为),事实上被害人死于第二个行为,被海水淹死。

如果进行精细化的判断,甲的前、后行为应分别认定为故意杀人罪(未遂)与过失致人死亡罪。有观点认为两罪应并罚,也有观点认为两罪是想象竞

合而择一重罪处罚。

如果进行相对综合、一体化、更具可操作性的判断，将甲的前、后行为进行整体判断，不区分前、后，甲成立故意杀人罪既遂。当然，如何进行"一体化""整体化"的判断，有观点认为前、后行为主观上是基于一个概括的故意，有观点认为前、后行为客观上属于因果关系的错误，是正常的错误，不中断因果关系。

例2. 甲替乙保管一幅名画，保管过程中，甲发现该画非常名贵，就想据为己有。一个月后，乙来到甲的家中索要画，甲为了占有、不返还名画，将乙殴打致重伤。

如果进行精细化的判断，甲的前、后行为应分别认定为侵占罪、故意伤害罪，应并罚。

如果进行综合化的判断，甲为了占有名画殴打乙，前、后行为之间存在关联，甲成立抢劫罪。

例3. 甲去商场购买西服，其将两件分别标有1000元、10000元的西服的价格标签进行调换，甲仅付款1000元就买走了实际价格为10000元的西服，被害人(售货员)乙并没有发现甲调换价格标签的行为。

该案例涉及的是如何理解成立诈骗罪所要求的"处分意识"。概括的(抽象，50%)处分意识说认为，只要被害人主观上大致认识到自己交付的财产的种类(如衣服、酒、手机)，就认为行为人具有处分意识。(该观点是法考观点；如果考观点展示，两种观点均需要掌握)

具体的(100%)处分意识说认为，只有被害人清楚地认识到自己交付的财产的全部内容(种类、数量、质量、价格、外形等)，才能认为其有处分意识。

本案中，售货员知道自己交付了西服，但对于西服的价格没有认识到。如果持概括的处分意识说，可以认为售货员处分了财产，行为人的行为成立诈骗罪；如果持具体的处分意识说，售货员确实没有认识清楚自己交付的财产的全部内容，其没有处分意识，行为人的行为成立盗窃罪。

例4. 甲知道乙要杀丙，当丙未出现且丁出现时，甲欺骗乙说丙出现了。乙信以为真，继而枪杀了丁。问题：甲、乙成立故意杀人罪的共犯，还是甲对乙构成间接正犯？或者说，甲有没有操控、支配、控制乙？

间接正犯与共同犯罪的区别在于，间接正犯要求"支配""控制"他人的行为。而如何理解"支配""控制"，可能存在不同的要求，一种观点认为，要求行为人完全、100%地控制他人，才属于支配了他人而成立间接正犯，如果没有达到完全 100%控制的程度，就不能成立间接正犯而属于共同犯罪。另一种观点认为，只要部分、大概支配了他人，就认为是控制了他人，就成立间接正犯，这种观点扩张了间接正犯的成立范围。① 就本案而言：

一种观点认为，成立间接正犯必须完全、100%支配他人。甲有杀人的故意，乙有杀人的故意，二人至少在行为时具有共同杀害"眼前这个人"的故意，甲没有 100%支配乙，故二人成立故意杀人罪的共同犯罪。

另一种观点认为，成立间接正犯，只需要部分、大概支配了他人即可。由于甲、乙的故意内容不完全一致，甲的故意内容是"杀害丁"，乙具有"杀害丙"的故意。就"杀害丁"这一问题上，甲利用、支配了乙，甲对乙是"间接正犯"。

四、形式解释与实质解释的不同观点

刑法是用语言文字写成的，强调安定性，这也是罪刑法定原则的要求，对刑法条文的解释不能突破文字的含义，从这一意义上看，应对刑法进行形式解释。

但是，社会又是在不断发展、变化的，静态的刑法如何适应动态的社会发展变化，如何使对刑法的解释、适用更符合社会发展的需要，机械的、形式的角度可能要让位于实质解释。②

形式解释有助于刑法的安定性，但会使刑法规范在应对变化、发展的社会中呈现滞后性，而实质解释又容易突破刑法条文的含义而可能背离罪刑法定。

---

① 对于这一问题，法考不存在哪种观点是唯一观点，没有形成绝对统一的意见，两种观点都需要掌握。

② 用更通俗的比喻，形式解释就是看品牌、名字，实质解释更注重内容、实质。沛权穿了一件 A 品牌的衣服，光华穿了一件 B 品牌的衣服，如果坚持形式解释，两人穿的衣服就不一样，因为名字不一样。但由于两件衣服都是昊晗代工厂生产的，材质都完全一样，如果坚持实质解释，两人穿的衣服就是一样的。

例1.刑法规定了"交通肇事因逃逸致人死亡"这一结果加重犯,甲在交通肇事致乙重伤后,留在现场,但不对乙施救,最后乙流血过多而死。对甲能否认定为"逃逸"进而认定为"交通肇事因逃逸致人死亡"。

如果坚持形式解释,甲留在现场,确实不能认定为"逃逸"。

如果坚持实质解释,甲留在现场无动于衷与"逃逸"没有实质区别,应认定为"交通肇事因逃逸致人死亡"。形式解释坚守了法的安定性、罪刑法定,但却不合理;实质解释说虽然实质合理,但突破了"逃逸"一词的本来含义而有违反罪刑法定原则之嫌。

生活道理也能说明这个问题。毛毛同学上课时一直在睡觉,那算不算"逃课"呢?如果坚持形式解释,他确实在教室,而且签到了,不能算"逃课"。如果坚持实质解释,他没有听课,与"逃课"的同学没有实质上的区别,应属"逃课"。但如果坚持实质解释,将毛毛睡觉的行为解释为"逃课",就会突破"逃课"中"逃"一词的本来含义,照此理解,上课说话、发呆、听音乐等不规范行为都会被认定为"逃课",明显突破"逃课"一词的通常含义,会让人感到过于诧异。如果对刑法概念进行过度实质解释而突破形式,会打破人们对法律概念既有的、相对一贯的、稳定的认知,丧失法的安定性。从这一意义上看,即使要进行实质解释,也应遵守罪刑法定原则,不能明显背离形式。

例2.对于洗钱罪的上游犯罪(金融诈骗罪)如何理解:是进行实质解释,只要求有金融诈骗犯罪行为即可;还是要求形式解释,要求上游犯罪所定的罪名必须是金融诈骗罪。例如,徐某乘坐公交车时,窃得路人毛毛的信用卡后,前往银行取款50万元。后来,蒋某帮徐某将该50万元汇往境外。对蒋某的行为:

如果持形式说(罪名说),徐某系盗窃信用卡并使用,成立盗窃罪,该罪名不属于洗钱罪的上游犯罪,故蒋某的行为不构成洗钱罪。

如果持实质说(罪行说、内容说),徐某确实有冒用他人信用卡的行为,这一行为符合信用卡诈骗罪的要件,是金融诈骗行为。如果将洗钱罪的上游犯罪"金融诈骗罪"解释为包括"金融诈骗行为",蒋某的行为构成洗钱罪。

例3.对同一笔受贿金额进行反复行贿的,如何计算犯罪数额?形式说强调每一次的行贿金额应<u>累计计算</u>,而<u>实质说</u>强调<u>"算总账"</u>。例如,徐某因涉嫌犯罪被采取强制措施,徐某的妻子张美丽向财政局局长蒋某请托。徐某被解除强制措施后,张美丽交给蒋某存有 100 万元的银行卡。三个月以来,蒋某使用该银行卡消费了 40 万元,担心长期使用张美丽名下的银行卡会引起怀疑,遂将该银行卡还给张美丽。张美丽觉得蒋某在此事上帮了大忙,报酬不能太少,于是将剩下的 60 万元现金取出,又送给蒋某,蒋某收下。

<u>形式说</u>主张,张美丽先后实施了两次行贿,第一次为 100 万元,第二次为 60 万元。且只要行贿人将银行卡送出,事后受贿者退回的,也不影响行贿罪的成立,退回的钱款也不能扣减犯罪数额。故张美丽的行贿、蒋某的受贿金额均为 160 万元。

<u>实质说则</u>认为,行贿、受贿金额为 100 万元。蒋某后续收受 60 万元现金的行为,不应当作为新的受贿行为进行累加计算。对于受贿人将贿金退还后再次收受的情形如何认定受贿金额:如果受贿人两次收受财物的行为都是因为<u>同一请托事项</u>,并且退回的财物与后来收受的财物之间<u>具有同一性</u>,则说明后一次的收受不能够成立新的受贿行为,不需要将前后两次受贿金额进行相加计算。

五、对前、后行为的关联(整体)考察,是坚持严格的标准,还是相对宽松的标准

我国刑法对于诸多犯罪(罪名)的规定,都是将前、后行为整体认定为一个行为,或者说是"A 罪+B 罪=C 罪"。但强调前、后行为之间要有关联。而对于这种"关联"的要求,是贯彻较为严格的标准(限制说),还是相对松散的标准(扩张说)?

1.《刑法》第 269 条转化型抢劫的认定中,"前行为"(盗窃、诈骗、抢夺)与"后行为"(使用暴力)要具有何种程度的关联

《刑法》第 269 条规定:犯盗窃、诈骗、抢夺罪,为窝藏赃物、抗拒抓捕或者毁灭罪证而当场使用暴力或者以暴力相威胁的,依照本法第 263 条(抢劫罪)的规定定罪处罚。根据这一规定,<u>成立转化型抢劫要求前、后行为应具有</u>

关联性,也就是说,后续使用暴力的目的是"窝藏赃物、抗拒抓捕或者毁灭罪证"。但是,如果前、后行为的关联度不高,能否成立转化型抢劫,则存在不同的观点。

例如,甲在乙家中盗窃财物后,刚下楼时遇到了丙,甲误以为丙是乙,认为丙是来抓捕自己的,对丙实施暴力后逃跑。事实上,丙只是在单元楼道贴小广告的人。甲在主观上是为了抗拒抓捕而使用暴力,但客观上丙并不是抓捕自己的人,甲的行为能否成立转化型抢劫。

限制说(否定说)认为,甲的行为不成立转化型抢劫。要成立转化型抢劫,不仅要求行为人主观上是为了抗拒抓捕而使用暴力,而且要求暴力的对象是抓捕行为人的人。本案中,丙在客观上并没有对甲实施抓捕行为,甲在客观上并没有针对抓捕者使用暴力。

扩张说(肯定说)认为,甲的行为成立转化型抢劫。成立转化型抢劫,只要求行为人主观上是为了抗拒抓捕而使用暴力即可,即使客观上暴力的对象不是抓捕者,也不影响转化型抢劫的成立。

2. 暴力与取财之间没有直接关联的能否认定为抢劫罪:肯定说与否定说

《刑法》第263条规定,普通抢劫罪需要手段行为(暴力、胁迫或者其他方法)及目的行为(劫取财物),但手段行为与目的行为之间的关联要达至何种程度才成立抢劫罪,理论上存在不同的观点。

例如,甲为泄愤将乙打成重伤且昏迷的状态,然后踢了两脚。后乙的钱包从口袋里掉出,甲拿走了地上的该钱包。关于甲拿走钱包的性质:

一种观点认为,抢劫罪所要求的暴力行为与取财行为,只要有大致的关联即可,或者说只要有客观上的关联性即可,甲之所以能顺便取走被害人的财物,与其之前暴力致乙昏迷存在关联,故甲成立抢劫罪。

另一种观点认为,暴力行为与取财行为之间不仅仅在客观上具有前、后的关联性,而且要求主观上具有关联,即要求甲实施暴力当时的主观目的必须是劫取财物,而本案中,甲实施暴力的目的是泄愤而非取财,故不成立抢劫罪。

六、其他观点展示型问题

其他类型的观点展示型问题,也是基于看问题的角度不同,或者说,评价的角度(标准)不同。尤其需要注意的是,不同于既往社会交往模式,当前社会财产关系、法律关系日趋复杂。以往的财产犯罪,通常发生在"你""我"之间,而现今由于支付方式、财产支配方式的复杂性,某一财产犯罪,可能存在多方主体或多方法律关系,例如,甲捡拾乙的银行卡并去银行取款,就涉及甲、乙、银行多方主体,如果认为钱款为银行占有且甲欺骗了银行,甲的行为成立诈骗罪;如果认为甲侵害了乙的取款权,甲成立盗窃罪;如果认为捡到银行卡就相当于捡到钱款,甲据为己有的,成立侵占罪。

1.未经允许,通过使用他人的微信、支付宝,从而使用了该微信、支付宝捆绑的信用卡,多数观点认为成立盗窃罪。这类案件的本质在于,存在三方主体(犯罪行为人、信用卡的代表方银行、支付宝或微信),究竟站在哪个法律关系的角度看问题。

该类案件,理论、实务中存在信用卡诈骗罪与盗窃罪两种观点的争议。考虑手段行为,或者承认微信的独立地位,行为人是通过微信、支付宝侵害了他人的财产,应成立盗窃罪,即站在"行为人与微信"的角度;考虑目的行为,或者否认微信的独立地位,行为人最终是消费了信用卡内的钱款,成立信用卡诈骗罪,即站在"行为人与信用卡(银行)"的角度。

类似的案件是,偷换商家二维码,使顾客产生错误认识而付款给"被调换"的二维码,如何定性。例如,张某利用自己所学的计算机技术,偷偷将某西餐厅收款二维码换成自己的,致使一些顾客在该西餐厅消费支付时,直接将钱款转到张某的账户内。对于张某的行为如何定性,存在不同观点。

如果站在张某与商家的角度看,该类案件的实质是张某受益,商家受损,而张某和商家之间没有任何沟通,商家完全不知情,故张某的行为成立盗窃罪。

如果站在张某与顾客的角度看,张某虚构事实即偷换商家二维码的行为,致使顾客产生错误认识,顾客基于错误认识而处分自己(顾客)的微信中的财产,导致商家产生损失,张某成立诈骗罪。①

2.犯罪未遂与犯罪中止的区分所要求的"欲达目的而不能"及"能达目的而不欲",如何判断"能"与"不能",是站在行为人本人的立场(主观说),还是站在社会一般人的立场(客观说)进行判断。

例如,有各种证据表明,行为人具有洁癖,看见血就产生恶心厌恶感,或者胆量极小害怕被熟人举报,或者行为人具有某种迷信心理,担心和行经中的妇女性交会染上晦气等心理上的原因,被迫抑制了其犯罪意念。

如果持主观说,行为人本人认为上述障碍对他来说是非常大的障碍,是被迫停止下来,成立犯罪未遂。

如果持客观说,社会一般人可能认为与女性在经期发生性关系并非特别大的障碍,"能"继续实施犯罪,停止下来的,成立犯罪中止。②

3.财产犯罪的保护法益,如果坚持占有说,更有助于维护财产秩序,扩张入罪范围;如果坚持所有权说,则更有助于缩小刑法处罚范围,实现刑法谦抑性。

例如,毛毛的车因涉嫌运输毒品被公安机关扣押,但该车已经被抵押给银行,银行知道此事后催毛毛还款。毛毛便在晚上9时来到公安局后院内,在未办理任何返还涉案车辆手续的情况下,用该车的备用钥匙将车开走。

一种观点认为,毛毛的行为构成盗窃罪。理由:如果认为财产罪的保护法益包括占有,毛毛将本属于自己所有、但目前被公安机关占有的汽车偷回来,侵犯了国家机关对车的占有,因此成立盗窃罪。

另一种观点认为,毛毛的行为不构成盗窃罪。理由:如果认为财产犯罪的保护法益为财产所有权,毛毛的行为并没有侵犯他人的财产所有权,因此不构

---

① 对于成立诈骗罪的理由,其实又可以分为:(1)顾客基于错误认识而处分了自己微信中的钱款,但最终损失由商家来承担,因为商家没有合理管理好店内的二维码;或者认为,(2)顾客基于错误认识而处分了商家的"收款权",本来是商家有权向顾客收款的,但事实上是张某向顾客收款。

② 生活道理也能说明这个问题:毛毛同学是否能够通过法考主观题,毛毛认为自己"能"(主观说);全班同学也多认为毛毛"能"(客观说)。也就是说,主观说与客观说,得出来的结论,其实绝大多数情况下是一致的,只要犯罪行为人与社会一般人是"与众相同"时,主观说与客观说的结论就是一致的。当然,行为人本人与社会一般人"与众不同"时,主观说与客观说得出的结论就不一致。

成盗窃罪。

　　以上，仅是我对观点展示型问题所进行的部分归纳，但也足以看出刑法中的观点展示型问题的实质是看问题的角度不同，而且不同的角度与刑法本身的性质、特点是密切相关的。在本课程的其他部分，也希望大家对观点展示型问题的思考，不局限于观点的内容、理由本身，而要注重分析为什么会有这样的不同观点，其思考问题的方向、角度何在。这样，才能真正把握观点展示型问题。

第二章 观点展示型问题的答题思路

对于观点展示型试题,现在的考查趋势是:在某一问题的不同观点的基础之上,需要考生回答这种观点的理由及其不足。部分问题的难度进一步深入,还需要考生提出自己赞同哪一种观点,理由是什么。由于观点展示型问题的本质是看问题的角度不同,而刑法中的相关问题,看问题的角度是有规律可循的。因此,对于观点展示型问题,如何回答、答对、答到采分点,亦是有规律可循的。

七、区分"事实假设"型与"价值判断"型的观点展示

不同类型的观点展示型的试题,考查的方式是不同的。

（一）"事实假设"型的观点展示

对于"事实假设"型的观点展示,由于标准已经是确定的,在这个标准之下,不同的事实得出的结论就不完全一样。严格意义上说,"事实假设"型的试题不是"观点展示",而是"事实展示",在同一标准、观点下,不同的事实,会有不同的结论。

例如,年薪100万元以上就算"有钱人",这个标准是确定的。但是,毛毛算不算"有钱人"呢？取决于事实:(1)如果毛毛年薪只有2万元,按上述标准,就不属于"有钱人";(2)如果毛毛年薪200万元,就算"有钱人"。该种类型的试题比较简单,我们只需要知道"有钱人"的标准是"年薪100万元以上"即可,结合不同的事实,会得出不同的结论。无须再谈理由及其不足。该类型的试题在历年法考的主观题中,出现的概率相对较小,可以认为,该种试题属于"送分题"。

例1.甲为杀乙,对乙下毒。甲见乙中毒后极度痛苦,顿生怜意,开车带乙前往医院。但因车速过快,车右侧撞上电线杆,坐在副驾驶位的乙被撞死。问题:甲的行为是否成立犯罪中止?(2014年真题)

本案中,涉及的基本理论是:异常的、重大的介入因素会中断前行为与结果之间的因果关系,反之,则不能中断。如果甲的行为与被害人的死亡结果之间没有因果关系,甲的行为成立犯罪中止;反之,如果有因果关系,则属于犯罪既遂。是否具有因果关系,取决于案件事实:介入因素(本案中的交通事故)是否异常、重大——交通事故的大小(即对死亡的贡献率)。如果事实是:

(1)交通事故对死亡的作用非常大,中断了先前的投毒行为与死亡结果之间的因果关系,甲成立犯罪中止。

(2)交通事故对死亡的作用较小,不足以中断先前的投毒行为与死亡结果之间的因果关系,甲需要对死亡结果负责,成立故意杀人罪既遂。

例2.黄某放火烧李某的房屋,但火蔓延到了隔壁范某的房屋。范某被火势惊醒逃至屋外,想起卧室有5000元现金,即返身取钱,被烧断的房梁砸死。问题:如认定黄某放火与范某被砸死之间存在因果关系,可能有哪些理由?如否定黄某放火与范某被砸死之间存在因果关系,可能有哪些理由?(两问均须作答)(2012年真题)

本案涉及的基本理论是确定的:异常的介入因素会中断前行为与结果之间的因果关系,正常的介入因素不会中断前行为与结果之间的因果关系。本案中,要判断前行为(黄某的放火行为)与结果(范某死亡)之间是否存在因果关系,取决于事实"范某被火势惊醒逃至屋外,想起卧室有5000元现金,即返身取钱"是否异常:

(1)如果该事实是异常的,比如,当时火势很大、范某家本身就非常富有、范某平时也是一个非常聪明的人,其冲进火灾现场取5000元就是异常的,那就可以中断前行为与死亡结果之间的因果关系。

(2)如果该事实是正常的,比如,当时火势很小、范某家非常贫穷、范某的智力存在缺陷等,其冲进火灾现场取5000元就是相对正常的,那就不能中断前行为与死亡结果之间的因果关系。

所以,这类真题,表面上是考不同的观点,其实是要考生假设不同的事实情形。

（二）"价值判断"型的观点展示

价值判断型的观点展示,即对于"某一确定的事实",站在不同的立场(理论)会得出不同的结论。此类观点展示型问题,是法考主观题考查的最主要的模式。正因为是不同的价值判断(理论观点),每种判断有其理由及不足,可以较为充分地展开讨论。

例如,2022年我从江西财经大学调入华东政法大学工作,这一事实大家都知道,是确定的。但这个选择(事实)"对"还是"不对"呢？我自己都犹豫了近两年,毕竟江西财经大学也是一直陪伴我二十多年的母校,身边的朋友的看法也不完全一致。认为"对"的,给我说了一大堆理由,当然也跟我解释了来上海可能面临的困境及不足;认为"不对"的,也说了一大堆理由,并也给我阐述了来上海可能有的积极意义。我也是在充分考虑、权衡后,再做选择。很难说绝对的"对"与"不对",只能说各有利弊。法考刑法的主观题中,主要是这种类型的观点展示。

例如,王某与郑某逃往外地后,侵入了陈某所有的长期无人居住的住宅内,在该住宅,生活多日。王某与郑某的行为是否构成非法侵入住宅罪？理由分别是什么？(2022年主观题真题)

该题中,王某、郑某侵入长期无人居住的住宅,这是客观、既定的事实。对于这一事实,能否评价为非法侵入住宅罪,可能有不同的观点(价值判断)。

肯定说认为,本罪的法益是个人利益中的住宅权。住宅权中包括权利人对他人是否进入住宅的"允诺权",无论该住宅是否有人居住其中,只要未经住宅主人同意而进入的,均属于侵犯住宅权而构成非法侵入住宅罪。

否定说认为,本罪的法益是个人利益中的居住平稳与安宁。陈某的房屋已经很长时间无人居住,因此郑某与王某的行为不会侵犯到陈某的居住平稳与安宁,因此不构成非法侵入住宅罪。

当然,如果试题再进一步加大难度,还会考查各种观点的不足。比如,肯定说扩张了入罪的范围,有违刑法的谦抑性。尤其是针对长期如十年、二十年无人居住的房屋,甚至所有权人都忘记了其存在的,也认定为非法侵入住宅罪,可能会导致处罚过重,这种行为事实上也没有严重侵害被害人的利益。

八、价值判断型的观点展示型问题如何答题

法考真题中,事实判断型的观点展示较为简单,假定不同的事实,会得出不同的结论,这样的试题经常出现在客观题真题中。而价值判断型的观点展示型问题,则是法考主观题的重要复习内容。对于该种类型的观点展示型问题,如何回答不同观点及其理由、不足,需要区分不同的问题类型。

(一)不同观点,如何回答"理由"

不同观点,其实站的立场不同,就会得出不同的结论。具体而言,就如下类型进行举例说明:

1. 偏向行为(主观)与偏向结果(客观)的观点展示型问题

对于该种类型的观点展示型问题,所处的立场不同,会得出不同的结论:

站在行为(主观)的立场上看,处罚可能会重一些,或者说,刑法惩罚会更重一些,这种观点有助于更好地规范行为,塑造公众的行为习惯。有助于提前保护法益、惩罚犯罪,更好地发挥刑法防卫社会的机能。

如果站在结果(客观)的立场上看,处罚可能会轻一些,甚至无罪,这种观点更加强调刑法是保护法益,只要没有侵害法益,这一行为就是无罪的。这种观点有助于限制处罚范围,实现刑法的谦抑性、刑罚轻缓化等。

例如,李某非常恼火,回家与妻子陈某诉说。陈某说:"这种人太贪心,咱可把钱偷回来。"李某深夜到黄家伺机作案,但未能发现机会,便将黄某的汽车玻璃(价值1万元)砸坏。对于陈某教唆李某盗窃的行为,能否认定为盗窃罪教唆未遂?(2012年真题)

肯定说认为,陈某的行为应该以犯罪论处,属于教唆未遂。这种观点坚持共犯独立性。教唆者陈某能否定罪,不从属于被教唆者是否实施实行行为,仅独立于自己的教唆行为,只要教唆者实施了教唆行为就应该以犯罪论处。这种

观点认为刑法应注重规范、塑造教唆者的行为,其理论基础是行为无价值,有利于发挥刑法的社会防卫机能,更好地提前保护法益。

否定说认为,陈某的行为不构成犯罪,不属于教唆未遂。这种观点坚持共犯从属性,共犯(教唆者、帮助者)能否定罪,从属于正犯(实行者)是否实施了实行行为,由于被教唆的人没有着手实行犯罪,陈某的行为无罪。这种观点有利于限制刑法的处罚范围,贯彻刑法的谦抑性,更好地保障被告人的人权,其理论基础是结果无价值。

2. 分别判断与整体(综合)判断的观点展示型问题

分别判断的理由及意义在于:能够更为精准分析行为的性质,实现刑法对不同阶段的行为的准确评价。这有助于发挥刑法的行为评价机能,也有助于公众更好地认识刑法的评价作用。

整体判断的理由及其意义在于:有助于整体上把握行为的性质,也符合司法的便利性,能够克服过于分阶段、分别判断所带来的对问题的整体性、全局性把握不准确的局限。

例如,甲替乙保管一幅名画,保管过程中,甲发现该画非常名贵,就想据为己有。一个月后,乙来到甲的家中索要画,甲为了占有、不返还名画,将乙殴打致重伤。如何认定甲的行为?

如果进行分别判断:甲的前、后行为应分别认定为侵占罪、故意伤害罪。这一观点能够较为清楚地认识甲的前、后行为及其在刑法上的评价。这种观点的不足在于:行为人前、后行为本身并非独立的,毕竟行为不是单纯的侵占罪、故意伤害罪两罪,将前、后行为分别定罪会割裂二者之间的有机联系。

如果进行整体判断:甲殴打乙是为了占有"画",将前、后行为整体评价为抢劫罪,抢劫的对象就是财产性利益(免除画的返还义务)。这种观点有助于从整体上、根本上把握行为的性质,能够克服分别判断所带来的对行为性质的认定判断不准确的问题。毕竟,该类行为与单纯的侵占罪、故意伤害罪两罪的结合不同,而是前、后行为有关联的。

3. 形式解释与实质解释的观点展示型问题。

形式解释的理由:尊重刑法条文的文字、字面含义,至少不会背离罪刑法定原则,还有利于缩小处罚范围,实现刑法的谦抑性。

实质解释的理由:有利于更好地实现解释结论的合理性,更好地使刑法的规定符合社会的发展变化,更好地发挥刑法防卫社会的机能,不会出现过于形式化、机械化的解释所导致的不合理的局面。

例如,甲盗伐林木时,被林业管理部门的人员乙发现并追赶,为了抗拒乙的抓捕,甲对乙使用暴力后逃跑。甲的行为是否成立《刑法》第269条转化型抢劫?

形式解释认为,不成立。《刑法》第269条所规定的转化型抢劫的前提是犯"盗窃罪",而本案中的甲犯的是"盗伐林木罪",罪名不一致,甲的前行为不符合"盗窃罪"这一前提条件。不认定为转化型抢劫,是更好地坚持了罪刑法定,防止刑法过于扩张,有利于贯彻刑法的谦抑性。

实质解释认为,成立。甲的前行为构成盗伐林木罪,也完全符合盗窃罪的要件。虽然两罪的罪名不同,但是,盗伐林木罪本身也具有盗窃的属性,也是一种"盗窃罪行"。因此,符合转化型抢劫的前提。进行这样的实质解释才更为合理,也能做到公平地对待类似的行为。否则,盗窃已经被他人砍倒的林木后(构成盗窃罪),再使用暴力抗拒抓捕的,都成立抢劫罪,而砍伐正在成长的树木(盗伐林木罪)后使用暴力抗拒抓捕的,反而不成立转化型抢劫,并不合理。

(二)不同观点,如何回答"不足"

在主观题的观点展示型试题中,现今的部分真题,不仅要求回答不同观点及其理由,还要求评论某一观点所可能存在的"不足"。需要说明的是,并非任何试题都要评论某一观点的"不足"。大多数的观点展示型问题,只需要回答各个观点的内容、理由(意义)即可。只有当某一问题争议较大,才会要求回答"不足"。

如何回答某一观点的"不足",其实是比较简单的。因为,对某一问题的不同观点,其实就是看问题的不同角度,站在A角度看问题,其"不足"就在于忽略了B角度。因此,一般而言,A观点的"不足"其实对应的就是B观点的"理由"。

例1. 郑某将王某反锁在一个房间内近50个小时,不让王某吃喝。待王某无力反抗后,郑某逼迫王某未果,遂将王某从二楼推下,致使王某重伤,郑某随后逃走。

问题:一种观点认为,对郑某的行为只能认定为故意伤害(致人重伤)罪。请问这种观点的理由与不足是什么?(2022年主观题回忆版)

行为人实施了前行为(非法拘禁罪)、后行为(故意伤害罪)两行为,究竟是仅认定为故意伤害罪一罪,还是故意伤害罪与非法拘禁罪两罪并罚?《刑法》第238条第2款后半段规定,非法拘禁后,使用暴力致人重伤的,成立故意伤害罪。

一种观点(法律注意说)认为,《刑法》第238条第2款并没有改变罪数(即罪的个数)的认定规定,使用暴力致人重伤(后行为)成立故意伤害罪,前行为成立非法拘禁罪,应数罪并罚。《刑法》第238条第2款所规定的故意伤害罪,仅是针对伤害行为的评价。行为人实施了前(非法拘禁)、后(故意伤害),本来就是数罪,认定为数罪符合行为的本来面目,也符合罪刑相适应原则、罪刑法定原则。

一种观点(法律拟制说)认为,前、后行为整体认定为故意伤害罪一罪。《刑法》第238条第2款就是特别规定,改变了罪数(罪的个数)的认定规则,将前、后两行为认定为故意伤害罪一罪,即后行为吸收了前行为。前、后行为均是侵犯人身权利的犯罪,前者是人身自由,后者是身体健康,属于同类法益。可以认为,后行为属于"犯意提升",仅认定为一罪也能够实现对行为的处罚,不会导致处罚过轻。

以上,简要介绍了两种观点。如果还要评价第二种观点的"不足",其实就是写出第一种观点的主要理由,或者说,两者的观点冲突之处就是第二种观点的"不足"。就本题而言,第二种观点的"不足"在于:将前、后两行为、两罪,仅认定为一罪,不符合行为的本来面目,违反了罪刑法定原则。并且,仅认定为一罪(后罪),会忽略对前行为(非法拘禁罪)的处罚。当然,第一种观点也有不足:过于强调对每一个行为的分别判断、处罚,忽略了前、后行为侵害的法益均为人身权利,应以后行为吸收前行为。并且,刑法中的其他问题,如果前、后行为侵害的法益具有同类(同一)性的,一般也是认定为一罪而非数罪,比如,《刑法》第241条规定,收买被拐卖的妇女、儿童又出卖的,依照本法第240条(拐卖妇女、儿童罪)的规定定罪处罚。再比如,先对他人实施故意伤害行为,后再实施杀害行为的,实务中也仅认定为故意杀人罪一罪。

例2. 甲以杀人的故意朝乙开枪,此时乙刚好在开枪瞄准丙准备实施杀人行为,但甲对乙杀丙的行为并不知情。甲开枪将乙杀害,但偶然地保护了丙。甲的行为系偶然防卫,是否成立正当防卫,可能存在几种观点?

结果无价值论认为,偶然防卫不成立犯罪。由于偶然防卫行为所造成的结果(不法侵害人乙死亡),在客观上被法律所允许,而且事实上保护了另一种法益(丙的生命),因此不成立犯罪。这种观点从结果导向出发,能够实现对行为性质更为准确的判断,也有利于实务操作。虽然甲主观上有犯罪的故意(杀害乙)而没有防卫意识(保护丙),但判断行为人主观上的"善""恶"并不容易,尤其是当行为所造成的结果是"善"的情况下,要去证明其主观上是"恶"更非易事。

行为无价值论认为,偶然防卫成立故意犯罪(通说观点,法考观点)。虽然行为实现了"好"的结果(保护了丙),但甲主观上并没有保护丙的想法(防卫意识),类似行为重复上演,就没有这么幸运的"好"结果。本案中出现好的结果,完全是偶然,刑法对这类行为应予以规范。这种观点注重刑法本身的行为规范属性,强调刑法应规范、塑造民众的行为。认为即使该类案件"偶然"地出现了"好"结果,也不应让公众去效仿。

如果要评价结果无价值论的"不足":因为其站的角度更偏重"结果",而可能忽略了"行为"的视角。结果无价值论(不成立正当防卫)这一观点的"不足",就是行为无价值论的理由。这种观点的不足在于:过于强调结果主义的导向,忽略了行为人主观上的恶意,也忽略了类似行为如果重复上演可能会造成严重后果而非"善果"。忽略了刑法本身是一种行为规范,不能鼓励该类"偶然有好结果"的行为。

第二部分
刑法中的观点展示

第一章 刑法总则中的观点展示

一、正当防卫人对不法侵害者是否具有救助义务:肯定说与否定说

理论解读:正当防卫人对不法侵害者是否具有救助义务,存在肯定说与否定说两种观点。

肯定说认为,如果正当防卫造成了伤害(该伤害本身不过当),并具有导致不法侵害人死亡的紧迫危险(具有防卫过当的危险),此时应当肯定正当防卫人的救助义务。

否定说认为,正当防卫人不应负有救助不法侵害者的义务。不法侵害他人权利,必然预估遭到正当防卫反击的后果,并应由不法侵害者自行承担此项后果,不应过多地对防卫者赋予义务。否则,会不当地限制防卫权的行使。

案例:甲、乙二人郊游过程中,甲欲行窃被乙打成轻伤。乙看见甲血流不止、无法动弹,径直开车离开。后查明甲因未及时就医,失血过多而亡。

问题:乙对甲是否具有救助义务?

答案:

观点一(法考观点):乙对甲有救助义务。理由:

(1)正当防卫造成了伤害(该伤害本身不过当),但具有导致不法侵害人死亡的紧迫危险(具有防卫过当的危险)时,如果不认定为防卫过当,就有可能导致防卫行为几乎不存在过当的可能。

(2)应承认先前的作为(防卫行为)与后面的不作为(不救助)共同导致了防卫过当,这就意味着行为人对不法侵害人具有抢救义务(对死亡结果具有防止义务)。①

不足：

(1)防卫行为是否存在"过当的可能性"这一判断本身就较为困难。

(2)不少正当防卫行为结束时防卫人出于慌张、恐惧等原因第一时间就已经离开了现场,此时要求正当防卫人必须检查自己的防卫行为是否有过当的可能性,在有过当的可能性的情况下,还要求正当防卫人实施救助行为,显然对正当防卫人提出了过于严苛的要求。

观点二：乙对甲没有救助义务。理由：

(1)只有创设了法律所不容许的风险,才可以使行为人具有基于危险的先行行为的保证人义务。换句话说,只有先行举止违反了义务,才需要为危险承担责任。乙的防卫行为本身是法律所允许的,就不宜再赋予其刑法上的救助义务并认定其行为构成犯罪。

(2)任何人对处于危险境地的陌生人,都没有保证人地位,没有救助义务。就本案而言,倘若认为乙对甲有救助义务,无异于承认"不法侵害者甲"的法律地位还高于陌生人。

承认乙具有救助义务,将使得正当防卫形同防卫过当,甚至将正当防卫者与不法侵害者等同看待。这对乙来说是极为不公平的。②

不足：正当防卫行为有过当的危险时依旧否定正当防卫人的救助义务,就表明即便过当结果最终发生,正当防卫者也无须承担防卫过当的责任,这一结论既难以为社会公众所接受,也无法做到兼顾正当防卫者与不法侵害者的权益。

二、不作为犯中作为义务的判断：是否有顺序

理论解读：具有作为义务的主体,当其救助义务存在先后顺序的时候,是否

---

① 参见张明楷：《刑法学》(第六版),法律出版社2021年版,第201页。
② 参见林东茂：《刑法综览》(修订五版),中国人民大学出版社2009年版,第122页。

应按顺序履行该义务,可能存在肯定说与否定说两种观点。

观点一(法考观点):肯定说认为,当多个主体均具有作为(救助)义务,应区分作为义务的先后顺序。原则上,具有优先顺序的义务主体才需要履行救助义务,否则成立不作为犯。只有当该义务主体缺位时,处于后一顺序的作为义务主体才需要履行作为义务。

肯定说强调义务的履行顺序,有其积极意义,在一定程度上也符合司法实践的要求。例如,对小孩的抚养义务,父母是第一顺位的,爷爷奶奶是第二顺位的。如果父母不履行抚养义务而构成遗弃罪,即使爷爷奶奶对此遗弃行为知情,也不可能追究爷爷奶奶遗弃罪的刑事责任。

观点二:否定说认为,不应区分不同作为义务主体的义务顺序,只要具有作为义务的主体,均需要履行作为义务,否则,成立不作为犯。

法律在规定不同主体的作为义务的同时,并没有区分作为义务履行的先后顺序。尤其是,对于绝大多数案件而言,按何种标准来"区分顺序"并不是特别明确的。

案例:甲(男)、乙(女)是夫妻,丙是乙的母亲。某日,甲、乙、丙三人在逛街,乙突然对其母亲丙实施暴力伤害,致丙重伤。甲没有阻止。

问题:甲的行为是否成立不作为犯的故意伤害罪?

答案:

观点一:不应按顺序履行救助义务,甲构成不作为犯的故意伤害罪。理由:

(1)甲作为女婿,有救助丙的义务,也有阻止他人侵害丙的义务,无论其救助义务处于何种顺位,不履行该义务的,均成立不作为犯的故意伤害罪。

(2)只要具有作为义务的主体,就不区分先后顺序,这有利于对被害人进行更为全面周延的保护,也有助于唤醒国民的责任意识。

不足:

(1)不同主体对被害人的亲疏程度、保护责任确实存在差异,如果对所有义务主体同时要求履行救助义务,违反了罪刑相适应原则。

(2)对所有主体赋予相同顺位的义务,可能会使义务主体怠于履行义务。

观点二(法考观点):应按顺序履行救助义务,甲不构成不作为犯的故意伤害罪。理由：

（1）甲作为女婿，虽然有义务救助丙（阻止他人加害丙），但乙作为丙的女儿，乙的义务是第一顺位的。当乙在对其母亲丙实施伤害行为时，作为第二顺位的甲，没有义务阻止，甲不构成犯罪。

（2）具有作为义务的不同主体，对于其作为义务进行顺序上的区别对待，有助于更好地评判不同主体履行义务的顺序，评判不同主体不履行义务的危害性差异，进而更好地实现区别对待。

不足：

（1）过度强调作为义务的顺序，只有处于具有救助义务顺位的人才具有作为义务，不利于对被害人利益的全面保护。

（2）如何评判作为义务的先后顺序，也存在争议。

三、乘客实施犯罪，司机不制止的，是否成立不作为犯：肯定说与否定说

理论解读： 在特定的监控区域，作为管理者，一般认为具有保障该区域安全的义务。对于该领域发生的违法犯罪行为或该区域有处于危险境地的人，应具有制止、救助的义务，如果不履行该义务的，可能成立不作为犯。

但是，上述义务，在多大范围内存在，或者说，在多大、何种空间内存在，要结合其履行义务的可能性、被害法益面临侵害的大小等进行综合判断。例如，出租车司机对于车内后排乘客实施的强奸行为，现今已经有观点认为，出租车司机有阻止、报警的义务，否则可能成立不作为犯罪，实务上也支持这一观点。[1] 但是，火车司机、地铁司机，对于火车、地铁内发生的猥亵行为、盗窃行为

---

[1] 真实案例"冷漠的哥案"：2009年12月31日凌晨5时许，李文凯驾驶已经乘载同村族亲堂兄李文臣的出租车，在温州火车站附近招揽乘客。被害人小梅（15岁）从北京乘火车到达温州，在温州火车站租乘了李文凯的出租车，准备去往新城汽车站。起初，李文臣坐在出租车的副驾驶座上，但行驶一段时间后，李文凯停车对副驾驶座上的李文臣说："轮胎坏了，坐后面去吧。"途中，坐到后排的李文臣向小梅提出性要求，遭to拒绝，李文臣便将小梅按倒在出租车后座。其间，小梅向李文凯求救，"救救我！"，要求其停车。李文凯见状出言劝阻李文臣，但遭到李文臣威胁。之后，李文臣不顾小梅哭喊，强行与其发生性关系。因出租车司机李文凯冷眼旁观其所载乘的乘客被犯罪分子强奸而不救助、不停车，亦不报警，被网络民众称为"冷漠的哥"，此案也被称为"冷漠的哥案"。最终法院认定李文凯的行为构成强奸罪，判处有期徒刑两年。参见浙江省高级人民法院（2012）浙刑一终字第203号刑事裁定书。

不予制止的话，如果认为成立不作为犯，并不合适，会不当地加重相关主体的义务而影响其履行本职工作(义务)。

案例：甲是公交车司机，发现有人在车上偷东西，司机没有提醒乘客，导致乘客钱包被盗。司机甲是否成立不作为的盗窃罪？

观点一：司机甲构成不作为盗窃罪。理由：

(1) 不作为犯的义务来源包括对自己支配的建筑物、汽车等场所内的危险的阻止义务。公交车是司机的支配场所，司机对其中发生的危险具有作为义务。

(2) 当车上存在犯罪行为时，司机具有制止义务。能够制止而不制止的，成立不作为犯。

不足：

(1) 公交车司机的载乘行为没有创设法所不容许的风险，也没有提高风险，其并非风险之真正来源。既然风险非由司机制造，则司机即无救助的义务。

(2) 将司机认定为不作为犯，实际上是变相地使"见危不救"入刑，违反罪刑法定原则。并且，公交车是一个相对开放的"公共场所"，不同于出租车这一相对狭小、可控的空间，公交车司机对车内的行为的掌控能力相对有限，以刑法规范公交车司机的不作为，有违刑法的谦抑性。

观点二(法考观点)：司机不构成不作为犯。① 理由：

(1) 司机在正常的载乘过程中，发现其所载乘的乘客遭遇其他犯罪侵害的，或者因为乘客自招的原因而遭受其他危险的，司机单纯的不救助行为并没有创设风险，难以成立不作为犯罪。

(2) 并且，公交车内，除司机之外，还有其他乘客，既然一般认为其他乘客"见危不救"不受任何处罚，就没有必要将司机的行为认定为不作为犯罪。

---

① 越来越多的学者主张，对于空间的支配者，对其赋予救助义务也应该慎重。而本案的公交车司机，并不对该公交车空间具有绝对的、唯一的、与外界绝对隔离的支配。

即便行为人对相应领域有着独占性的支配权能，这无非也只能进一步表明，行为人系在法益侵害发生时于效率或道义层面最可能施救之人，并不代表他是于法律层面应当或必须施救之人。对领域性支配的整体认定倾向而言，当行为人对特定空间领域有着实质性的支配权限时，其并不应对发生于该领域内的所有法益侵害事态担负无条件的保证义务。参见张梓弦：《基于领域性支配的保证人义务：反思与重塑》，载《中国法学》2024年第6期，第228页。

(3)司机只对运输职责范围内的正常危险(如车辆本身故障、交通事故等导致的风险)及因本人原因(驾驶不当)造成的危险负有救助义务。对于应当归责于他人(比如本案中他人的盗窃行为)或乘客本人的风险,即便是他人利用司机载乘行为的便利而实施的,也不负有排除风险的刑法义务。

不足:

(1)司机明知他人在自己的车里实施犯罪而不制止,其主观恶性较大,并且乘客在封闭的汽车中实施犯罪,被害人受他人救助的可能性相对较小。否认司机的救助义务,不利于对处于危险境地的乘客的保护。

(2)刑法规范应逐步扩大国民的救助义务范围,这是社会文明的必然结果,也是社会文明发展对国民所提出的规范要求。

四、持有型犯罪的性质:作为犯与不作为犯

理论解读:以非法持有枪支罪为代表的持有型犯罪,其"持有"行为究竟属于作为犯还是不作为犯,理论和实践中存在一定争议。

观点一:不作为犯说认为,法律规定持有型犯罪,旨在命令持有人将特定物品上交给有权管理该物品的部门,以消灭这一持有状态。如果行为人违反该上交义务,即属不履行刑法所规定的义务,成立不作为犯。

观点二(法考观点):作为犯说认为法律规定持有型犯罪,旨在禁止行为人取得(获取)特定物品,故持有行为违反的是法律禁止性规范,属于作为犯罪。

换句话说,刑法规制持有型犯罪,是为了避免行为人支配特定物品的行为创造危险,而不是在危险已经发生的情况下不阻止危险的行为。(张明楷教授观点)①

案例:徐某偶然发现蒋某将枪支放在徐某家中后,徐某没有将该枪支上交给有权管理枪支的部门,而是销毁了该枪支。

问题:徐某的行为是否成立非法持有枪支罪?请说明理由。可以谈不同观点。

答案:

观点一:如果认为非法持有枪支罪是不作为犯罪,刑法规定该罪的目的是

---

① 参见张明楷:《持有犯的基本问题》,载《清华法学》2023年第1期,第5页。

"命令"行为人履行将枪支上交的义务,徐某成立非法持有枪支罪。

徐某没有履行上交的义务,系不作为犯,成立非法持有枪支罪。即便其后续将枪支销毁,也不能否认其未履行"上交枪支"的义务。理由:

(1)赋予行为主体更多的义务,强调国家对枪支的严格管控。要求义务主体履行"上交"义务,有助于防止枪支流向他人以维护社会安全。

(2)即便行为人没有通过非法手段"获取"枪支,甚至没有"继续持有"枪支,也应将枪支"上交"。

不足:过于强调刑法的社会防卫机能、强调国家对枪支的严格管控,有违刑法的谦抑性。尤其是本案中,行为人虽然没有"上交"枪支,但事实上已经"销毁"了枪支,也可能成立非法持有枪支罪,这样会导致刑法的处罚范围过大。

观点二:如果认为非法持有枪支罪是作为犯罪,刑法规定该罪的目的是"禁止"持有枪支,徐某不成立非法持有枪支罪。本案中,徐某在发现枪支后,并没有"持有",而是选择了"销毁",没有违反刑法的禁止性规范。理由:

(1)防止了刑法处罚范围过于扩大化,符合刑法的谦抑精神。

(2)只要没有"持有"行为,就不构成犯罪。即使行为人没有"上交"该枪支,也不会使用枪支危及社会,如本案中行为人已经"销毁"了该枪支,不应以犯罪(非法持有枪支罪)论处。

不足:对社会安全有所忽略,如果行为人不履行"上交"义务,如将枪支丢失并被他人捡到,由于行为人没有"持有"枪支,也可能不成立非法持有枪支罪。

五、因果关系判断中的介入因素:正常与异常

理论解读:因果关系的实质在于,行为与结果之间存在合乎规律(通常如此、可预见的、正常)的关联。在因果关系的进程中,如果介入因素是"不合乎规律"(异常、难以预见)的,则可能中断前行为与后结果之间的因果关系。相反,如果介入因素是"合乎规律"(正常、可以预见)的,则不中断前行为与后结果之间的因果关系。但是,部分案件,如何判断介入因素是正常还是异常,进而是否中断因果关系,可能存在一定的争议,在主观题的考试中需要特别注意。

案例1:黄某放火烧李某的房屋,但火蔓延到了隔壁范某的房屋。范某被火

势惊醒逃至屋外,想起卧室有5000元现金,即返身取钱,被烧断的房梁砸死。

问题:如认定黄某放火与范某被砸死之间存在因果关系,可能有哪些理由? 如否定黄某放火与范某被砸死之间存在因果关系,可能有哪些理由?(两问均须作答)(2012年主观题)

答案:

黄某放火与范某死亡之间,介入了范某的行为。该案要判断黄某的放火行为与范某的死亡结果之间是否存在因果关系,本质上就是判断该介入因素(范某冲进火场拿5000元)是正常还是异常的。①

观点一:不具有因果关系,该介入因素是异常的,中断了黄某的放火行为与范某死亡结果之间的因果关系。理由:

(1)本案中,黄某已实施了放火行为,在危害结果发生之前,有被害人自身的行为这一异常的介入因素,一个正常的成年人通常不会为了少量财产冒险返回火场。

(2)该异常的介入因素对结果发生所起的作用大,中断了黄某的行为与被害人死亡结果之间的因果关系,所以黄某的行为与被害人死亡无因果关系。

观点二:有因果关系,该介入因素是正常的,不中断黄某的放火行为与范某死亡结果之间的因果关系。

根据条件说,无A即无B。没有黄某的放火行为被害人就不会返回火场取财物,也就不会死亡。且在当时情况下,被害人来不及精确判断火势的大小及返回住宅取财的危险性(或者火势当时非常小),返回住宅取财是正常的因素,不中断黄某的放火行为与范某死亡之间的因果关系。所以黄某的行为与被害人死亡之间具有因果关系。

案例2:徐某给毛毛注射了一剂毒药,在毒药刚开始发作时,蒋某冲过来对

---

① 【延伸阅读】被害人在家中着火时,返回家中救火,是否算正常的现象,或许把生命看得比财物重的人会认为,这种情况下去取财太危险了,属于异常的介入因素,中断前行为与危害结果之间的因果关系;把金钱看得比生命、健康更重的人或许会认为,这种情况下去取财是正常的介入因素,不中断前行为与危害结果之间的因果关系。因此,无论是肯定还是否定前行为与危害结果之间的因果关系,都是在判断"被害人返回着火的住宅取财"是正常还是异常的介入因素,说白了,就是通过经验法则判断介入因素发生的概率是高还是低。但概率高与低的判断确实存在模糊,因此,本案因果关系的判断就可能存在两种不同的观点。司法部提供的参考答案无非也就是从不同的理由说明介入因素发生的概率高或低,从而说明是否中断因果关系。

毛毛实施暴力殴打。毛毛由于先前中毒而无力逃跑,被蒋某殴打致死。

问题:徐某、蒋某的行为与毛毛的死亡结果之间是否存在因果关系?

答案:

首先,蒋某的行为与毛毛的死亡结果之间存在因果关系,蒋某的暴力行为导致了毛毛的死亡结果。

其次,徐某的行为是否与被害人毛毛的死亡结果之间存在因果关系,存在两种观点。

观点一(法考观点):徐某的行为与被害人的死亡结果之间没有因果关系。理由:

(1)蒋某的行为是异常的介入因素,中断了前行为(徐某)与被害人死亡结果之间的因果关系。

(2)因果关系必须回溯禁止,在判断因果关系时,不得追溯至前行为人(本案中的徐某)的行为,徐某的行为与被害人的死亡结果之间没有因果关系。①

观点二:徐某、蒋某的行为与毛毛的死亡结果之间均存在因果关系,属于二重的因果关系。理由:

(1)二行为单独都足以导致毛毛死亡结果的发生,二行为竞合在一起同时发生作用,共同导致了危害结果的发生,与毛毛死亡结果都具有因果关系,属于二重的因果关系。

(2)如果没有徐某的注射毒药行为,被害人毛毛面临蒋某的暴力攻击是可以逃跑的,故徐某的行为与毛毛的死亡结果之间存在因果关系。这种观点允许因果关系回溯至前行为(徐某的行为)。

案例3:徐某造成毛毛伤害后,医生在治疗过程中有过失,导致毛毛死亡。

问题:徐某的行为与毛毛的死亡结果之间是否存在因果关系,分析可能的情况。

答案:

医生的过失属于介入因素,系介入第三者行为的情形,且是异常因素。但该过失行为能否中断前行为与结果之间的因果关系,取决于案件事实,即取决

---

① 参见张明楷:《刑法学》(第六版),法律出版社2021年版,第239页。

于医生过失的严重程度:

观点一:徐某的行为与毛毛的死亡结果之间存在因果关系。理由:

当徐某的伤害行为具有导致毛毛死亡的高度危险,介入医生的一般过失行为导致毛毛死亡的,即该介入因素作用小,没有中断徐其的行为和毛毛死亡结果之间的因果关系,依然应当将毛毛的死亡结果归属于徐某的伤害行为。

观点二:徐某的行为与毛毛的死亡结果之间不存在因果关系。理由:

当徐某的伤害行为并不具有导致毛毛死亡的高度危险,介入医生的严重过失行为导致毛毛死亡的,即该介入因素异常并且作用大,中断了徐某的伤害行为与毛毛的死亡结果之间的因果关系,则不得将毛毛的死亡结果归属于徐某先前的伤害行为。

六、因果关系判断的"合乎规律"如何理解:合法则的条件说与经验法则说

理论解读: 因果关系是指行为与结果之间的"合乎规律""正常"的一种关联。但如何认识这种关联呢?合法则的条件说(科学规律说)认为,行为和结果之间存在科学法则上所谓的前后关联时,才认为具有因果关系。而经验法则说(生活常识规律说)则认为,只要从生活经验、感觉上认为,行为和结果之间存在关联,那么,行为和结果之间就具有因果关系。前者更注重科学规律,后者更多地是从经验感觉上判断行为与结果之间存在关联。

合法则的条件说(科学规律说)认为,只有根据科学知识,在确定了前、后现象之间是否存在一般的合法则的关联后,符合统计科学的规律性认识,才能进行个别的、具体的判断。易言之,因果关系的存在,必须得到当代"最高科学知识水平"的认可,如果根据这种科学知识难以理解,则不能承认因果关系。当然,如果经验法则与科学法则并不矛盾,这种经验法则也包含在"合法则"中。

经验法则说(生活常识规律说)认为,行为与结果之间的关系,只要在经验上、感觉上被认可,就认为行为与结果之间有因果关系。

举例说明:根据"经验法则",我爷爷、爸爸那两辈人告诉我,只要多吃饭,就能长高,不吃饭就长不高。因此,多吃饭与长高之间存在因果关系。这只是根

据他们的有限的"经验"得出来的结论,而现今的科学法则告诉我们:米饭本身是碳水化合物,营养价值并不高,对长高没有什么作用。长高需要营养、运动、遗传等多重因素,这是现今的"最高科学"的法则。因此,"经验法则"与"科学法则"可能不一致。科学源于经验,但不断出现的新经验又会重塑科学。

案例:乙欠甲的钱到了还款期,到期当日甲去乙家敲门。乙问是谁呀?甲说:"是我,你该还钱了。"乙未开门,乙家住14楼,为了躲债,从窗户边用绳子准备下到13楼,结果不慎失足坠楼身亡。

问题:甲的行为与乙的死亡结果之间是否存在因果关系?

答案:

观点一(法考观点):根据科学规律说,"敲门索要债务"并不会合乎规律地导致死亡结果。本案中,被害人"从窗户边用绳子准备下到13楼",进而导致死亡结果,属于偶然的因素,甲的行为与乙的死亡结果之间不存在因果关系。理由:

行为和结果之间是否具有关联,必须回归到"科学"规律,仅以经验感觉判断行为与结果之间是否存在关联,还不够精确,必须回归到科学规律。

不足:如何判断"科学"规律,可能存在争议。尤其是随着社会的不断发展,过去认为是科学,现在可能认为是不科学的。

观点二:根据经验法则说,如果甲不去"要债",乙就不会死亡,甲的行为与乙的死亡结果之间存在因果关系。这种观点从经验的角度出发,认为部分"要债"行为导致了债务人的死亡结果,进而肯定甲的行为与乙的死亡结果之间的因果关系。理由:

经验法则的判断较为简单,具有可操作性,仅凭经验感觉即可。并且,科学本身源于经验,只要在经验上是站得住脚的,就是科学规律。

不足:经验是有限范围的感觉,并且,每个人的经验感觉并不完全相同而不具有统一性。

七、认识错误的处理方案:具体符合说、法定符合说与抽象符合说

理论解读:关于认识错误的不同处理学说(具体符合说、法定符合说、抽象符合说),其目的就是解决主观认识与客观结果出现"偏差"时该如何处理的问

题。三种学说,对于这种"偏差"的容忍度不断提高!

具体符合说认为,行为人的主观认识(故意)与客观结果之间,必须具体(100%)一致,才能认定为主观故意实现了而成立犯罪既遂。例如,甲欲杀乙,但开枪时子弹打偏击中了乙身旁的丙。乙、丙并不是同一人,并不具体一致。甲的故意内容(杀害乙)并没有实现,只能认定为故意杀人罪未遂与过失致人死亡罪的想象竞合。

法定符合说认为,行为人的主观认识(故意)与客观结果之间,只要在刑法规定的概念范围内一致,就可以认为行为人的主观故意实现了,成立犯罪既遂。例如,甲欲杀乙,但开枪时子弹打偏击中了乙身旁的丙。乙、丙同属刑法的法律概念"人",即在"人"这一概念上是一致的,甲成立故意杀人罪既遂。

抽象符合说认为,行为人的主观认识(故意)与客观结果之间,只要危害性大小("比大小")一致,就可以在"一致"的范围内,成立故意犯罪的既遂。例如,甲欲毁坏文物(兵马俑)而开枪,子弹打中了旁边的毛毛并致其死亡。无论采用具体符合说,还是法定符合说,"文物"与"人"都不符合。根据抽象符合说,文物是"小",人是"大",甲主观上想犯小错误,客观上犯了大错误,在小的范围内一致,应认定为故意毁坏文物罪既遂。

例如,甲欲毁坏他人的财物,在朝财物开枪时击中了站在财物旁边的毛毛,致毛毛死亡。

(1)根据具体符合说,"财物"和"毛毛"(人)完全不一致,甲的行为只能成立故意毁坏财物罪未遂与过失致人死亡罪的想象竞合。

(2)根据法定符合说,"财物"和"毛毛"(人)也不一致,在法律上是两个不同的概念(财物、人),成立故意毁坏财物罪未遂和过失致人死亡罪的想象竞合。

(3)根据抽象符合说,"财物"的危害性相对较小("小"),"毛毛(人)"的危害性相对较大("大"),二者重合的范围是"小",因此,甲毁坏财物的"小故意"是实现了的,应该成立故意毁坏财物罪既遂,与过失致人死亡罪是想象竞合。

案例1:甲欲毁坏毛毛的"水杯"(价值一万元),但因为打击偏差,毁坏了毛毛的"手机"(价值一万元)。

具体符合说要求,主观认识与客观结果之间必须具体(完全)一致,才可以认为是犯罪既遂。而本案中,"水杯"与"手机"并不一致,仅成立故意毁坏财物罪的未遂。

法定符合说认为,"水杯"和"手机"在法律概念上一致,都属于"财物",成立故意毁坏财物罪既遂。

抽象符合说认为,"水杯"和"手机"均属于"小东西",更应该成立故意毁坏财物罪既遂。

案例2: 甲欲毁坏毛毛的"水杯"(价值一万元),但因为打击偏差,打中了站在旁边的"三毛"(人)致其死亡。

根据具体符合说(看具体事实):"水杯"与"三毛"完全不一致,甲成立故意毁坏财物罪未遂与过失致人死亡罪的想象竞合。

根据法定符合说(看法律概念):"水杯"在法律概念上是"财物","三毛"在法律概念上是"人",并不一致,仅成立故意毁坏财物罪的未遂与过失致人死亡罪的想象竞合。

根据抽象符合说(看"人""小"):"水杯"是"小东西","三毛"是"大东西",二者在"小"的范围内是"符合"(重合)的,甲成立故意毁坏财物罪既遂与过失致人死亡罪的想象竞合。

八、打击错误的不同学说:具体符合说与法定符合说(与偶然防卫竞合)

理论解读: 在打击错误这一问题上,具体符合说与法定符合说的观点不一致,具体符合说没有修改自己的观点,而是坚持具体判断。但是,法定符合说是通说的观点。如果考试考一种观点,采用法定符合说。

法定符合说的理由在于: 对于犯罪行为的定性,结合刑法规范判断即可,刑法对于具体的对象(张三、李四)进行的是无差别的保护,并不需要区别对待,符合不同对象在刑法上的平等保护。

不足在于: 这种观点过于考虑刑法保护法益上的同一性,忽略了犯罪行为人主观内容,行为人意欲侵害的具体对象并没有实现,认定为犯罪既遂在一定程度上背离了行为人主观上的具体意愿。

具体符合说的理由在于:犯罪故意、犯罪停止形态的判断在很大程度上是行为人主观上具体的故意内容是否实现的问题,只要行为人具体的、特定的故意内容没有实现,就不应认定为犯罪既遂,尊重了行为人具体的主观故意内容。

不足在于:过于强调行为人主观上的具体意愿,忽略了法律对于同类对象的无差别的保护。将基于杀人故意并造成死亡结果的行为认定为未遂,会导致对行为人的处罚过轻而有违罪刑相适应原则。

案例1:徐某与蒋某共同杀害毛毛,当徐某持刀刺向毛毛时,因毛毛及时躲闪,刀正好刺中蒋某的胸部,导致同伙蒋某死亡。

问题:分析徐某的行为性质及处理。

答案:

徐某的行为属于打击错误。① 本案中,徐某本欲杀害毛毛,但由于客观上犯罪行为的偏差导致蒋某死亡,理论上存在两种观点:

观点一(通说观点):法定符合说认为,徐某主观上有杀人的故意,客观上也导致了他人死亡,应认定为故意杀人罪的既遂。

观点二:具体符合说认为,徐某对毛毛主观上具有杀人故意,成立故意杀人罪未遂,对蒋某没有杀人故意,属于过失致人死亡,两罪是想象竞合,最终应对徐某以故意杀人罪未遂定罪处罚。

案例2:孙某出院后,决心报仇,约上好友于某,两人埋伏在甲回家的必经之路,决定共同杀掉甲。孙某误打中于某致于某死亡,甲趁机逃走。

问题:孙某的行为如何定性?可以谈不同观点。请说明理由。② 可以从偶然防卫和打击错误两个角度进行分析。

答案:

(1)从孙某和于某的角度看:孙某欲杀害甲,但客观上却杀害了于某,属于

---

① 也是偶然防卫,案例2进一步阐述。
② 参见黎宏:《刑法学总论》(第二版),法律出版社2016年版,第138页。

打击错误。对于打击错误,存在具体符合说与法定符合说两种处理意见。

观点一(法考观点、通说观点):法定符合说认为,孙某构成故意杀人罪既遂。理由:

即便实际上被害的对象与孙某意欲杀害的对象不是具体的一致,也不影响故意犯罪的成立。本案中,孙某主观上有伤害的故意,客观上也导致了他人死亡,主观与客观均是"杀人",应认定为故意杀人罪的既遂。

观点二:具体符合说认为,孙某构成故意杀人罪(未遂)与过失致人死亡罪的想象竞合。理由:

由于客观事实与行为人的主观认识没有形成具体的统一,孙某对甲承担故意杀人罪未遂的责任,对于某的死亡结果承担过失致人死亡的责任,两罪是想象竞合,应择一重罪处罚。

(2)从孙某和甲的角度看:孙某误打中于某,致于某死亡,客观上制止了于某对甲的侵害行为,保护了甲。虽然孙某主观上并没有保护甲的意思,但客观上起到了保护甲的效果,这属于偶然防卫。对于偶然防卫,存在两种处理意见。

观点一:结果无价值论认为,孙某构成正当防卫。理由:

孙某误打中了于某,致于某死亡,但该结果在客观上被法律所允许,而且事实上保护了另一种法益(甲),使得甲免受不法侵害。因此孙某不成立犯罪,是正当防卫。

观点二:行为无价值论认为,孙某构成故意杀人罪。理由:

孙某客观上有杀人的行为,主观上有杀人的故意,并且造成了他人(同伙)死亡的结果。从规范行为的角度看,应承担故意杀人罪的刑事责任。

九、因果关系的错误之"事前的故意"的不同学说:整体(综合)判断与分别判断

理论解读:"事前的故意"是指,行为人误以为第一个行为已经造成结果,出于"其他目的"实施第二个行为,实际上是第二个行为才导致预期结果的情况。例如:甲以杀人的故意对乙实施暴力(第一个行为),造成乙休克后,甲以为乙已经死亡,为了隐匿罪迹,将乙扔至水中(第二个行为),实际上乙是溺死于水中。

对于上述"事前的故意",即甲以杀人的故意对乙实施暴力,后将"尸体"抛入水中。事实上,乙是后来溺水而亡。理论上存在不同的观点,不同观点的实质在于,对前、后行为进行分别判断还是整体判断。

第一种观点认为,行为人的第一行为成立故意杀人罪未遂,第二行为成立过失致人死亡罪;其中有人认为成立想象竞合犯,有人主张成立数罪。

第二种观点认为,如果在实施第二行为之际,对丁死亡持未必的故意(或间接故意),则整体上成立一个故意杀人既遂;如果在实施第二行为之际,相信死亡结果已经发生,则成立故意杀人罪未遂与过失致人死亡罪。

第三种观点认为,将两个行为视为一个行为,将支配行为的故意视为概括的故意,只成立一个故意杀人罪既遂。

第四种观点认为(通说),将前、后两个行为视为一体,视为对因果关系的认识错误处理,只要因果关系的发展过程是在相当的因果关系之内,就成立一个故意杀人罪既遂。

第三、四种观点对于行为人的前、后行为进行综合判断,其理由在于:前、后行为本身是一个整体,行为人确实也是在一个概括的故意下实施的,并且后行为本身也是依附于前行为的,因此,对前、后行为进行整体判断是相对科学的。并且,这种行为与基于杀人的故意并直接导致被害人死亡的结果并无二致,成立故意杀人罪既遂也是相对妥当的,实务上也更具操作的便捷性。其不足在于:对前、后行为进行整体化的判断并综合认定为行为人具有杀人的故意,忽略了行为人在实施前、后具体行为时主观心态上的差异,背离了主客观相统一原则。

第一、二种观点对于行为人的前、后行为进行分别判断,其理由在于:能够更为精准地判断行为人实施前、后行为的主观心态与客观行为,更好地贯彻主客观相统一原则。其不足在于:过于精确化的判断不利于实务操作,要求实务中精准地区分前、后行为去准确判断被害人死亡的时间、行为人的主观心态,并非易事,也会忽略掉前、后行为之间的有机关联。此外,会导致大致相同的行为却得出不同的处理结果。例如,以杀人的故意直接致人死亡的,成立故意杀人罪,而事前故意这一因果关系的错误,却要被认定为故意杀人罪未遂。

（一）初级难度：单一行为犯罪（故意杀人罪）中，被害人死亡晚于预期

即前行为(故意杀人)与后行为(毁尸灭迹)导致被害人死亡，此种情形下，直接按因果关系错误来处理，不同观点的对立在于将前、后行为分别评价(故意杀人罪未遂与过失致人死亡罪并罚)，或将前、后行为整体综合评价(故意杀人罪既遂)。

例如，赵某将钱某约至某大桥西侧泵房后，二人发生争执。赵某顿生杀意，突然勒钱某的颈部、捂钱某的口鼻，致钱某昏迷。赵某以为钱某已死亡，便将钱某"尸体"负重扔入河中。二天后，钱某的尸体被人发现(经鉴定，钱某系溺水死亡)。赵某致钱某死亡的事实，在刑法理论上称为什么？刑法理论对这种情况有哪几种处理意见？(2010年主观题真题)

（二）中级难度：复合行为的结果加重犯（抢劫致人死亡案件）中，被害人死亡晚于预期

情形一：单个人实施抢劫犯罪，导致被害人死亡案件中，因果关系错误的认定。例如，甲以劫取财物的故意将被害人杀害并取财(前行为"抢劫"系复合行为)，后将被害人扔入水中(后行为"抛尸")。事后查明，前行为仅造成被害人重伤，被害人系被水淹死。对前、后行为进行分别评价：抢劫致人重伤与过失致人死亡罪并罚；对前、后行为整体综合评价：抢劫致人死亡。

情形二：事前共谋型共同犯罪(抢劫)案件中，部分行为人基于因果关系的错误导致被害人死亡，对其行为的分别、整体评价，会影响对同案犯行为的定性。

例如，洪某与蓝某共谋抢劫赵某，洪某按计划到达现场，蓝某还未到。洪某使用事先准备的凶器，击打赵某的后脑部，导致赵某晕倒在地不省人事，蓝某此时到达了现场，与洪某一并从赵某身上和提包中找出价值2万余元的财物。蓝某先离开了现场，洪某以为赵某已经死亡，便将赵某扔到附近的水库，导致赵某溺死(经鉴定赵某在死亡前头部受重伤)。(2019年主观题)——本案中，洪某对于被害人的死亡，属于"事前的故意"这一因果关系的错误。

(1)洪某构成抢劫致人死亡，或者抢劫致人重伤与过失致人死亡罪。

洪某误以为赵某已死亡，将其抛"尸"水库致赵某溺亡，属于因果关系错误

中的事前的故意,对此存在两种主流观点:

第一种观点认为,洪某成立抢劫致人死亡。将抢劫行为和抛尸行为视为一个整体,抛"尸"这一介入因素并不异常,不阻却前行为与死亡结果之间的因果关系,构成抢劫罪(致人死亡)一罪。

第二种观点认为,应分开看待抢劫行为与抛"尸"行为,抛"尸"行为中断前行为与死亡结果之间的因果关系,前行为构成抢劫罪(致人重伤),后行为成立过失致人死亡罪,数罪并罚。

(2)蓝某构成抢劫罪(致人死亡)或者抢劫罪(致人重伤)。

第一种观点认为,如果认为洪某构成抢劫罪(致人死亡),而蓝某与洪某的前抢劫行为构成共同犯罪,抢劫的手段包括严重暴力,根据"部分实行,全部负责",蓝某亦应对洪某的暴力手段负责,蓝某也成立抢劫罪(致人死亡)的结果加重犯。

第二种观点认为,如果认为洪某的行为成立抢劫罪(致人重伤)与过失致人死亡罪并罚,即在后面抛"尸"的时候,抢劫已经结束,赵某是被洪某过失行为致死,与共同抢劫没有关系。蓝某对洪某的过失行为不负责任,仅构成抢劫罪(致人重伤)的结果加重犯。

(三)高级难度:因果关系错误与中途加入型共同犯罪(承继的共同犯罪)的结合考查

例如,赵某基于抢劫的故意杀害钱某后,钱某事实上没有死亡,赵某误以为钱某已经死亡。便电话通知好友孙某来到现场,准备抛"尸"。二人一起将钱某抬至汽车的后座,由赵某开车,孙某坐在钱某身边。开车期间,赵某不断地说"真不该一时冲动""悔之晚矣"。其间,孙某感觉钱某身体动了一下,仔细察看,发现钱某并没有死。但是,孙某未将此事告诉赵某。到野外后,赵某一人挖坑并将钱某埋入地下(致钱某窒息身亡),孙某一直站在旁边没做什么,只是反复催促赵某动作快一点。(2016年主观题)

问题1:关于赵某以为钱某已经死亡,为毁灭罪证而将钱某活埋导致其窒息死亡这一事实,可能存在哪几种主要处理意见?各自的理由是什么?

答案:

赵某以为钱某已经死亡,为毁灭罪证而将钱某活埋导致其窒息死亡,属于事前的故意。对此现象的处理，主要有两种观点：

（1）将前、后行为分别评价：将赵某的前行为认定为故意杀人罪未遂（或普通抢劫罪），将后行为认定为过失致人死亡罪，对二者实行数罪并罚或者按想象竞合处理。理由是，毕竟是因为后行为导致钱某死亡，但行为人对后行为只有过失。

（2）将前、后行为进行整体评价：应认定为故意杀人罪既遂一罪（或故意的抢劫致人死亡即对死亡持故意一罪）。理由是，前行为与死亡结果之间的因果关系并未中断，前行为与后行为具有一体性，故意不需要存在于实行行为的全过程。

问题2：孙某对钱某的死亡构成何罪（说明理由）？成立间接正犯还是帮助犯（从犯）？

答案：

孙某对钱某的死亡构成故意杀人罪，是间接正犯还是帮助犯，则根据赵某的行为认定而存在不同。

孙某明知赵某在犯罪，却仍然在犯罪过程中加入，是承继的共犯，但不需要对参加进来之前的抢劫负责，孙某明知钱某没有死亡，却催促赵某动作快一点，显然主观上具有杀人故意，客观上对钱某的死亡也起到了作用，应认定为故意杀人罪。

（1）倘若在前一问题上认为赵某成立故意杀人罪未遂（或普通抢劫罪）与过失致人死亡罪，那么，孙某就是利用赵某过失行为实施杀人的故意杀人罪的间接正犯（因为此时赵某仅存在过失，而孙某存在杀人的故意，孙某的杀人故意赵某并不知晓）。

（2）倘若在前一问题上认为赵某成立故意杀人罪既遂（或故意的抢劫致人死亡即对死亡持故意），则孙某成立故意杀人罪的帮助犯（从犯），可以认为二人具有杀人的共同故意，成立共同犯罪。

十、正当防卫所面临的"不法侵害"的理解：客观侵害说与主客观一体说

理论解读：正当防卫的防卫行为针对的是"不法侵害"，但如何理解"不法侵害"。多数观点（法考观点）认为，只要是客观上的不法侵害，就可以对之实施防卫。因此，对于未达到法定责任年龄、不具有责任能力的人的侵害行为、没有故意或过失的侵害行为,均可以实施防卫行为。少数观点认为,不法侵害不仅要求客观上的侵害,还要求侵害人具备责任能力与罪过,精神病人、未达到法定责任年龄人的侵害不属于"不法侵害",不能实施防卫行为,面临此种"侵害"时应履行退避义务而非实施防卫行为。

司法解释对于这一问题的看法相对折中:有限度地承认面临此类情形可以实施防卫,主张应优先采用相对缓和的手段(如劝阻等)。最高人民法院、最高人民检察院、公安部《关于依法适用正当防卫制度的指导意见》规定:"成年人对于未成年人正在实施的针对其他未成年人的不法侵害,应当劝阻、制止;劝阻、制止无效的,可以实行防卫。"

案例1:赵某刚出巷口,便看到精神病人李某骑着一辆摩托车向路人周某撞去,赵某一脚将李某踹倒,造成摩托车被毁、李某轻伤,因此也保护了周某免受摩托车碰撞。

问题:赵某的行为是否成立正当防卫?请说明理由。可以谈不同观点。

答案:

观点一(法考观点):赵某的行为成立正当防卫。理由:

李某的行为在客观上属于"不法侵害",可以对之实施防卫行为,赵某的行为成立正当防卫。理由:

(1)认定正当防卫,可以最大限度地鼓励防卫人与不法侵害作斗争。

(2)站在防卫人的角度思考,对于防卫人而言,其只能看到"不法侵害"的客观面,至于不法侵害人是否具有责任能力、是否达到法定责任年龄,防卫人确实难以判断。

不足:过于扩张了防卫的范围,尤其是对于不具备责任能力、未达到法定责任年龄的"不法侵害人",与其他"不法侵害人"确实存在差异,但在认定正当防卫时不进行差异化的考查并不妥当。

观点二:赵某的行为不成立正当防卫。李某虽然在客观上实施了不法侵害,但毕竟李某为精神病人,李某的行为不属于刑法意义上的犯罪,不能对其实施正当防卫。理由:

(1)注重对"不法侵害人"的差异化的认识,适度保护了"不法侵害人"的利益,认为如果不法侵害人不具有责任能力、非故意,在实施防卫行为时就应较其他不法侵害人更为缓和。

(2)尤其是对于仅在客观上实施不法侵害的人,多为"弱者",如精神病人、小孩等,对其实施防卫行为应更为慎重。

不足:在保护"不法侵害人"、限缩正当防卫认定范围的同时,对防卫者的防卫行为提出了过于苛刻的要求,同时,也不利于保护包括防卫人在内的其他人合法利益。

案例2:【11402052】①严重精神病患者乙正在对多名儿童实施重大暴力侵害,甲明知乙是严重精神病患者,仍使用暴力制止了乙的侵害行为,虽然造成乙重伤,但保护了多名儿童的生命。观点:

①正当防卫针对的"不法侵害"不以侵害者具有责任能力为前提

②正当防卫针对的"不法侵害"以侵害者具有责任能力为前提

③正当防卫针对的"不法侵害"不以防卫人是否明知侵害者具有责任能力为前提②

④正当防卫针对的"不法侵害"以防卫人明知侵害者具有责任能力为前提③

结论:

A.甲成立正当防卫

B.甲不成立正当防卫

就上述案情,观点与结论对应错误的是下列哪些选项?(　　)④

A.观点①②与A结论对应;观点③④与B结论对应

B.观点①③与A结论对应;观点②④与B结论对应

C.观点②③与A结论对应;观点①④与B结论对应

D.观点①④与A结论对应;观点②③与B结论对应

---

① 全书此类编码,在觉晓App输入即可查询原题。

② 此句话的意思可以理解为:防卫人是否知道不法侵害人是无责任能力的人(如傻瓜),都不影响正当防卫的认定。

③ 此句话的意思可以理解为:防卫人必须认识到不法侵害人是有责任能力的人,才能成立正当防卫。如果防卫人认为不法侵害人是没有责任能力的人(如精神病人),则不能成立正当防卫。

④ 答案:ACD。

十一、偶然防卫、偶然避险及其他与防卫认识有关的问题

理论解读：偶然防卫能否成立正当防卫，存在不同观点。偶然防卫，指无防卫意识的行为，即行为人故意或者过失侵害他人法益的行为，偶然地符合了正当防卫的客观条件——坏心办好事。

例如，甲故意枪击乙时，乙刚好在瞄准丙实施故意杀人行为，但甲对乙的行为不知情，甲将乙杀害，但偶然地保护了丙。对于该偶然防卫，其比标准的正当防卫缺少"防卫意识"，如本案中，甲枪杀乙的行为，虽然在客观上保护了丙，但其主观上并没有保护丙的想法（防卫意识）。但偶然防卫比单纯的故意杀人罪又多出现了一个"好"的结果，如本案，甲基于杀人的故意将乙杀死，没有其他结果的话，当然成立故意杀人罪。但本案中，还出现了一个"好"的结果（保护了丙）。因此，偶然防卫介于"正当防卫"与"故意杀人罪"的"中间地带"，存在观点展示。

对于偶然防卫，理论上通说观点（法考观点，2016年卷二52题）认为成立犯罪（行为无价值论），即不成立正当防卫。另一种观点认为不成立犯罪（结果无价值论）。如果考观点展示型试题，两种观点均需要掌握（2017年卷二53题，2020年主观题）。

例如，甲故意枪击乙时，此时乙刚好在瞄准丙实施故意杀人行为，但甲对乙的行为不知情，甲将乙杀害，但偶然地保护了丙。

观点一：结果无价值论认为，偶然防卫不成立犯罪，是正当防卫。理由：

(1) 由于偶然防卫行为所造成的结果（打死不法侵害人乙），在客观上被法律所允许，而且事实上保护了另一种法益（丙），因此不成立犯罪。

(2) 从结果导向出发，能够实现对行为性质更为准确的判断，也有利于实务操作。行为人主观上确实具有恶意（犯罪的故意），但如何判断行为人主观上的"善""恶"并非容易，尤其是当行为所造成的结果是"善"的情况下，如何判断行为人的主观更非易事。

不足：

(1) 过于强调结果主义的导向，忽略了行为人主观上的恶意，也忽略了类似

行为如果重复上演可能会造成严重后果而非"善果"。

(2)也忽略了刑法本身是一种行为规范,不能鼓励该类"偶然有好结果"的行为。

观点二:行为无价值论认为,偶然防卫成立故意犯罪(通说观点,法考观点)。理由:

注重刑法本身的行为规范属性,强调刑法应规范民众的行为。认为即使该类案件"偶然"地出现了"好"结果,但也不应让公众去效仿,因为类似行为重复上演不一定会产生这么幸运的"好"结果。

不足:过于强调行为面、主观面,忽略了行为在客观上是有益于社会的。

与偶然防卫相对应的问题是偶然避险。偶然避险,是指行为人主观上无避险意识,行为符合紧急避险的客观要件的行为。例如,甲故意砸破乙的车窗(无避险意识),但乙的孩子丙被闷在车内(丙自己玩耍被关在车内),甲的行为偶然地保护了丙。对于偶然避险,理论上通说观点认为成立犯罪(行为无价值论),另一种观点认为不成立犯罪(结果无价值论)。

需要说明的是,同一位刑法学者,一般对相同问题持相同的立场。例如,某一位学者,如果认为正当防卫不需要防卫意识,偶然防卫也成立正当防卫,那么,对紧急避险也应认为不需要避险意识,偶然避险也属于紧急避险。

案例1:【11102007】乙基于强奸故意正在对妇女实施暴力,甲出于义愤对乙进行攻击,客观上阻止了乙的强奸行为。观点:

①正当防卫不需要有防卫认识
②正当防卫只需要防卫认识,即只要求防卫人认识到不法侵害正在进行
③正当防卫只需要防卫意志,即只要求防卫人具有保护合法权益的意图
④正当防卫既需要有防卫认识,也需要有防卫意志

结论:

结论A.甲成立正当防卫

结论B.甲不成立正当防卫

就上述案情,观点与结论对应正确的是哪一选项?(　　)①
A. 观点①观点②与 A 结论对应;观点③观点④与 B 结论对应
B. 观点①观点③与 A 结论对应;观点②观点④与 B 结论对应
C. 观点②观点③与 A 结论对应;观点①观点④与 B 结论对应
D. 观点①观点④与 A 结论对应;观点②观点③与 B 结论对应

案例 2:蒋某基于泄愤,故意砸破徐某的汽车车窗。恰巧当时徐某的孩子因贪玩被锁在车内,呼吸困难,蒋某的行为偶然地保护了孩子。

问题:蒋某的行为应如何认定?存在几种观点?请说明理由。

答案:

蒋某的行为成立偶然避险。蒋某主观上并无避险的意识,但客观上偶然地起到了避免孩子遭受危险的避险效果。对于偶然避险,存在以下两种观点:

观点一:行为无价值论认为,蒋某的行为构成故意毁坏财物罪。本案中,蒋某客观上有毁坏财物的行为,主观上有毁坏财物的故意,应承担故意毁坏财物罪的刑事责任。

观点二:结果无价值论认为,蒋某的行为成立紧急避险,不构成犯罪。本案中,蒋某砸徐某车窗的行为客观上避免了徐某孩子遭受危险,生命法益高于财产法益,故不承担故意毁坏财物罪的刑事责任。

案例 3:徐某与蒋某共谋伤害肖某,同时使用凶器对肖某实施暴力。但徐某在对肖某实施暴力时,因为打击错误导致蒋某身受重伤,肖某趁机逃离。

问题:徐某伤害蒋某的行为应如何认定?请说明理由。

答案:

徐某因打击错误导致蒋某身受重伤,偶然地保护了肖某,成立偶然防卫。关于偶然防卫,存在两种观点:

观点一:徐某的行为无罪。理由:

结果无价值论认为,徐某虽然打中蒋某,导致蒋某重伤,但该结果在客观上被法律所允许,而且事实上保护了另一种法益,使肖某免受侵害,构成正当防卫。

---

① 答案:A。

观点二:徐某的行为成立故意伤害罪。理由:

行为无价值论认为,徐某客观上有伤害的行为,主观上有伤害的故意,应承担故意伤害罪的刑事责任。刑法应注重规范公众的行为,本案即使出现了"好"的结果,也是偶然的,类似行为重复上演就不会有这么幸运的"好"结果。

【注】该题也可以从打击错误的角度回答问题,对于打击错误,存在具体符合说与法定符合说两种学说。具体符合说认为徐某对肖某有伤害的故意,成立故意伤害罪未遂,对同伙蒋某没有伤害的故意,属于过失,成立过失致人重伤罪,想象竞合择一重罪处罚。根据法定符合说,徐某存在伤害的故意,也打伤了人,构成故意伤害罪。

十二、特殊防卫权的性质:法律注意与法律拟制

理论解读:《刑法》第 20 条第 3 款规定:"对正在进行行凶、杀人、抢劫、强奸、绑架以及其他严重危及人身安全的暴力犯罪,采取防卫行为,造成不法侵害人伤亡的,不属于防卫过当,不负刑事责任。"关于特殊防卫的性质,存在不同的观点。

观点一(通说、法考观点):这一规定属于法律注意规定,即特殊防卫本来就是正当防卫,立法者为了突出强调又重申一次。

根据这一观点,特殊防卫并不"特殊",其属于正当防卫,仍然需要符合正当防卫的各项成立条件。也就是说,即便是针对"行凶、杀人、抢劫、强奸、绑架以及其他严重危及人身安全的暴力犯罪"所实施的防卫行为,也需要符合正当防卫的各项条件,如起因、时间、对象、主观、限度等条件,才能认定为正当防卫。既往司法实践中,没有严格遵守正当防卫的认定规定,一旦出现不法侵害人死亡结果的案件,基于"谁死谁最大"的错误理念,哪怕本应构成正当防卫的案件,也否认防卫者构成正当防卫。基于对实务中这种错误做法的纠正,《刑法》规定"特殊防卫",不是要改变正当防卫的认定规则,而是重申正当防卫的认定规则,面临严重暴力的不法侵害,即使造成不法侵害人死亡的,只要符合正当防卫的成立条件,就不能以"谁死谁最大"为由否认正当防卫的认定。

这种观点的理由在于:尊重了正当防卫成立的一般要件,使正当防卫的认

定能够得到统一化。虽然没有扩张正当防卫的适用范围,但在当前我国现实背景下,实务上认定正当防卫本身就过于严格限制,如果对该规定进行过度扩张解释,在实务中也难以践行。

不足:一定程度上限制了防卫权的行使,尤其是对于严重危及人身安全的暴力犯罪,防卫者在当时的情境下可能难以准确把握防卫的限度。适度扩张防卫权的行使范围,超越一般正当防卫的成立条件来认定正当防卫,能够更好地鼓励公民同违法犯罪行为作斗争。

观点二:这一规定属于法律拟制规定,认为这是立法者将本不属于正当防卫的行为(过当行为),特别拟制为属于正当防卫。意即,只要针对"行凶、杀人、抢劫、强奸、绑架以及其他严重危及人身安全的暴力犯罪",就不存在防卫过当的问题,都属于正当防卫。

这种观点的理由在于:适度地扩张了防卫权行使的范围,认为特殊防卫的认定比一般防卫的认定要更为宽容,考虑到防卫者在面临严重危及人身安全的暴力犯罪时的特定情境,赋予了防卫人更大的防卫权。

不足:在我国当前认定正当防卫本身就较为限制的背景下,对立法上的特殊防卫权进行过度扩张解读,会与实务产生较大的差异。同时,也与一般正当防卫的认定存在差异。

我国当前背景下,不是立法上限制了防卫权的认定,而是司法上基于各种压力,尤其基于不法侵害人家属的压力而不敢认定正当防卫。因此,当前的任务不是要对立法进行过于扩大化的解释,而是要在正当防卫的认定中,让司法尊重既有的立法。

案例:徐某深夜潜入蒋某家盗窃,在窃得财物准备逃走之际,蒋某恰好下班回家。徐某为抗拒抓捕,徒手对蒋某进行殴打,并试图用绳子将蒋某绑在座椅上。蒋某为了躲避徐某的控制,拿起挂在一旁墙上的剪刀刺向徐某胸口,导致徐某死亡。

问题:蒋某的行为是否成立防卫过当?存在几种观点?请说明理由。

答案:

首先,徐某盗窃后,为抗拒抓捕而对蒋某实施暴力,成立转化型抢劫。因此,蒋某是针对抢劫行为进行的防卫。

其次,关于蒋某是否属于防卫过当,关键在于对《刑法》第 20 条第 3 款①性质的理解。主要存在以下观点:

观点一(通说、法考观点):这一规定属于法律注意规定。根据这一观点,特殊防卫仍属于正当防卫,需要符合正当防卫的各项成立条件。

本案中,尽管蒋某是针对徐某的抢劫行为进行防卫,但由于徐某只是徒手对蒋某进行殴打,并仅仅是试图控制蒋某,并非严重暴力行为,蒋某却使用凶器防卫,造成了徐某死亡的严重后果,应当认定蒋某的防卫行为明显超过必要限度,成立防卫过当。

观点二:这一规定属于法律拟制规定。认为《刑法》第 20 条第 3 款是立法者将本不属于正当防卫的行为(过当行为),特别拟制为属于正当防卫。

本案中,虽然蒋某在手段上和结果上都明显超过防卫必要限度,但由于蒋某是针对徐某的抢劫行为实施防卫,根据《刑法》第 20 条第 3 款的规定,蒋某的行为拟制为正当防卫,蒋某无罪。

十三、实施防卫挑拨后,是否可以对面临的危险再进行正当防卫:肯定说与否定说

理论解读:防卫挑拨,是指以加害的目的刺激对方进行不法侵害,从而借此达到侵害该不法侵害人的行为。例如,甲欲伤害乙致重伤,但又不想"先下手"。于是,甲使用言语、肉体等各种方式挑拨、激怒乙,让乙"先下手"。待乙"先下手"对甲使用暴力后,甲再以"防卫"为名对乙进行攻击。形式上看,似乎甲的行为是一种防卫行为,"后下手",但整体看,事件的起因就是甲,甲是先下手的。

当前我国实务上在认定正当防卫时,对防卫者提出了过于苛刻的要求,要求防卫者主观上没有任何"瑕疵",否认防卫挑拨者的防卫权。有学者指出,在我国正当防卫的司法实践中,广泛存在着追求道德洁癖的现象。法院往往倾向于将防卫权的享有者限定在对侵害的发生毫无道德瑕疵的"绝对无辜者"之

---

① 《刑法》第 20 条第 3 款规定:"对正在进行行凶、杀人、抢劫、强奸、绑架以及其他严重危及人身安全的暴力犯罪,采取防卫行为,造成不法侵害人伤亡的,不属于防卫过当,不负刑事责任。"

中,但是,无论是从正当防卫的本质,还是从防卫意识的内容,抑或从案件处理的效果来看,都不应剥夺或者限制自招者(防卫挑拨者)的防卫权。①

与之类似的道理:在相互斗殴的情形下,能否肯定在特定情形下一方的行为成立正当防卫。相互斗殴,是指斗殴双方以加害对方为目的,实施的相互侵害的行为。这种行为因为主观上没有防卫意识而不成立正当防卫。无论是防卫挑拨还是相互斗殴,认为不成立正当防卫主要是考虑行为人主观上并非基于防卫意图,而是具有挑拨、斗殴的意图。但是,理论上有越来越多的学者认为,即便是挑拨、斗殴,如果另一方升级暴力,则挑拨者、斗殴者仍可能认定为正当防卫。②

案例:瘦小的甲故意挑衅高大的乙,骂乙是一头肥猪。乙勃然大怒,掐住甲的脖子让甲几乎无法呼吸长达一分钟。甲伸手拿起旁边的砖头朝乙的脑袋砸去,造成乙重伤。乙遂松手,后甲逃离现场。甲行为能否认定为正当防卫?

观点一:否定说认为,防卫挑拨后,不能进行正当防卫。理由:

只要行为人实施了挑拨行为,就说明行为人没有防卫意识,因而其以"防卫"为名而侵害他人的行为,就不能成立正当防卫。

不足:过于限制了防卫权的行使范围,认为只要行为人存在过错(挑拨),就"一刀切"地否认行为人后续的防卫权利,并不合理。

行为人如果只实施了轻微的挑拨行为,而遭到对方实施杀害行为,也认为没有进行防卫的权利,对"挑拨者"而言,并不公平。

---

① 参见陈璇:《克服正当防卫判断中的"道德洁癖"》,载《清华法学》2016年第2期,第53页。
② 正当防卫案件与互殴案件在审判实务中的认定较为混乱,虽然2020年最高人民法院、最高人民检察院、公安部《关于依法适用正当防卫制度的指导意见》对区分互殴与正当防卫作了相关规定,欲进一步明确二者的区别,但由于实务中案情较为复杂,互殴案件依旧难以被认定为正当防卫。多数情况下,司法机关强制赋予行为人"回避义务",要求行为人面对危险时应理性克制;对于被害人存在过错的情形,未肯定该情节对防卫性质的影响;甚至过度要求行为人防卫意图的纯洁性,否定防卫过程中防卫意图与伤害意图可以并存。因此有必要在结合司法实务与《关于依法适用正当防卫制度的指导意见》的基础上,进一步明确如下原则:只有在面对无民事或限制民事行为能力人及行为人在起因方面有重大过错时才被赋予"回避义务";区分被害人的一般过错与严重过错,以合理认定正当防卫;在相互"约架"及在面对轻微暴力但采取致命反击行为时,排除防卫意图,否定正当防卫的成立。参见邓洁、徐光华:《互殴情形下防卫权的范围:实务考察与标准再明确》,载《东南法学》2022年第1期,第208页。

观点二(法考观点):肯定说认为,防卫挑拨后,可以进行正当防卫。理由:

防卫挑拨是否一概不成立正当防卫,应当具体地判断挑拨行为与不法侵害人(被挑拨者)的侵害行为之间的通常性,即比较二者之间的过错、暴力程度。如果行为人只实施了轻微的挑拨行为,对方却实施重大杀伤行为的,显然不能否认挑拨者具有正当防卫权。①

不足:

(1)增加了实务上的判断难度,容易导致同案异判的现象发生,尤其是挑拨行为、被挑拨者的反击行为达到何种程度,才能肯定挑拨者的防卫权,判断起来并非易事。

(2)肯定挑拨者的防卫权,可能助长部分挑拨行为。

十四、行为人对被害人承诺的认识:不要说与必要说

理论解读:得到被害人承诺的行为,可以阻却行为的犯罪性。但是,如果被害人事实上已经承诺,行为人主观上却没有认识到,能否以被害人承诺为由,阻却行为的犯罪性。

观点一(法考观点):不要说认为,只要被害人事实上承诺了,无论行为人是否认识到了,都可以阻却行为的犯罪性。理由:

坚持刑法的目的是保护法益,强调结果无价值论,认为该类案件中被害人事实上已经承诺放弃法益,这种法益就不值得刑法保护,不应以犯罪论处。

不足:过度强调刑法的保护法益机能,忽略了刑法的行为规范机能。虽然该类案件客观上没有侵害法益,但是行为人主观上有侵害法益的故意,并基于此故意而实施了行为,行为本身的"恶"也是刑法所禁止的。如果此类行为不以犯罪论处,不利于实现刑法的行为规范(规制)机能。

观点二:必要说认为,强调行为无价值论,认为刑法应注重规范人的行为。被害人承诺了,且需要行为人认识到被害人的承诺,才可以阻却行为的犯罪性。

---

① 例如,倘若一个人只是对另一个人实施语言侮辱、挑拨,在通常情况下最多只能预想到对方实施一般暴力行为,而对方却对挑拨者实施杀害行为的,也不能否认挑拨者的正当防卫权。参见张明楷:《正当防卫的原理及其运用——对二元论的批判性考察》,载《环球法律评论》2018年第2期,第51页。

如果行为人并没有认识到被害人的承诺,应以犯罪论处。理由:

(1)坚持刑法的行为规制机能,行为人主观上基于侵害法益的故意并实施了相应的行为,并且该行为"形式上"造成了危害结果,从规范行为的角度,应将该类行为认定为犯罪。

(2)将该类行为认定为犯罪,有助于塑造公众的行为习惯。

不足:过度强调了刑法的行为规制机能,是站在预防主义的角度,忽略了行为客观上并没有造成法益侵害的结果,不符合刑法的谦抑性。

案例1:某公安局局长徐某为了让犯罪嫌疑人肖某有揭发他人罪行的立功表现,便安排了一起"假抢劫"。徐某让蒋某同意被抢劫,蒋某同意后,徐某教唆徐毛毛对蒋某实施了抢劫行为。但徐毛毛并不知道蒋某承诺被抢。

问题:徐某、徐毛毛的行为如何定性?请说明理由。

答案:

(1)徐某的行为不构成抢劫罪,因为得到了被害人蒋某的承诺。

(2)徐毛毛的行为的定性,即是否构成抢劫罪,关键在于是否要求行为人认识到被害人承诺。存在以下两种观点:

观点一:不要说认为,徐毛毛不成立抢劫罪。不要求行为人认识到被害人的承诺,基于结果无价值论的立场,只要没有事实上侵害他人法益,就不构成犯罪。尽管徐毛毛不知道蒋某同意抢劫,但事实上蒋某同意了,行为并没有实际侵害法益,徐毛毛也不成立抢劫罪。①

观点二:必要说认为,徐毛毛成立抢劫罪(未遂)。要求行为人认识到被害人的承诺,基于行为无价值论的立场,基于犯罪的故意而实施了行为,即使没有事实上侵害法益,也应规范该类行为而认定为犯罪。本案中,徐毛毛并不知道蒋某同意被抢劫,也即蒋某的承诺对于徐毛毛而言无效,从刑法规范行为的角度看,徐毛毛成立抢劫罪(未遂)。

案例2:徐某一直想强奸貌美如花的肖某,但事实上肖某对徐某早有好感。

---

① 关于"被害人承诺"是否要求行为人认识到被害人的承诺这一问题,张明楷教授认为,既然被害人同意,行为人的行为与法益损害结果,就不存在受保护的法益,故不必要求行为人认识到被害人的承诺。参见张明楷:《刑法学》(第六版),法律出版社2021年版,第298页。

某日,徐某闯入肖某的单身宿舍,趁肖某熟睡之际,与肖某发生了性关系,后离开。事实上,肖某当时没有睡着,只是假装睡着,事实上同意与徐某发生性关系。

问题:徐某的行为如何认定?请说明理由。可以谈不同的观点。

答案:

观点一:徐某的行为成立强奸罪的未遂。理由:

(1)虽然被害人承诺(愿意)与徐某发生性关系,但徐某对此并不知情。

(2)徐某主观上有强奸的故意,客观上基于这一故意实施了特定的行为,只是没有事实上侵害法益,可以认定为强奸罪的未遂。这种观点更多的是强调行为无价值,认为刑法应注重规范人们的行为。

不足:过度地强调刑法规范人们的行为,有违刑法的谦抑性。尤其对于本案,事实上并没有侵害法益的行为,以犯罪论处可能会导致刑法的处罚范围扩大。站在被害人(肖某)的角度看,其也不愿意追究徐某的刑事责任。

观点二:徐某不构成犯罪。理由:

(1)徐某的行为事实上没有侵害法益,没有违背肖某的意志与其发生性关系,从结果无价值的角度看,不宜认定为犯罪。

(2)这种观点更强调刑法的法益保护机能,没有实际侵害法益的行为,不认定为犯罪,符合刑法的谦抑精神。

不足:忽略了刑法是一种行为规范,仅以行为没有实际侵害法益为由,就否认这一行为构成犯罪并不妥当。类似行为重复上演,可能会侵害法益,本案中出现被害人喜欢徐某,纯粹是偶然的情况,刑法应注重规范行为。

十五、预备犯的处罚范围:形式说与实质说

理论解读:我国刑法对预备犯规定了处罚,原则上,犯罪预备行为是值得刑法处罚的行为。但是,是否应对所有的预备行为进行处罚,是需要认真思考的一个问题。尤其是当今社会强调刑罚轻缓化,适度限制预备犯的处罚范围,是有积极意义的。对于预备犯的处罚,理论上存在两种观点:形式论者认为,只要实施了预备行为,原则上就应以犯罪预备处罚,扩张了刑法的处罚范围。实质

论者认为,对于犯罪预备行为,如果危害性相对较小,没有法益侵害的实质风险的,不宜作为犯罪处理。但行为是否"实质"上侵害了法益,确实是需要具体判断的问题。

案例:甲欲杀乙,通过快递投递了一包毒药(冒充保健品)给乙。但该快递还未到达乙处,在运输途中因遇暴雨,被淋湿而导致毒药的毒性失效。

问题:甲的行为是否构成犯罪?可以谈不同观点。请说明理由。

答案:

观点一,**形式说**认为,甲的行为成立<u>故意杀人罪的犯罪预备</u>。理由:

因为甲实施了犯罪预备行为,只是因为意志以外的原因而未得逞,才导致犯罪没有完成,**从规范行为的角度看**,应对此类行为以犯罪预备论处。

不足:形式化地理解了犯罪预备,对于客观上没有法益侵害的危险性,或者危险性较小的行为,以犯罪论处,会扩张刑法的处罚范围,有违刑法的谦抑性。

事实上,多数国家和地区的实践中,对预备犯也是进行限制认定,只有危害性较大的犯罪预备行为,才会以犯罪论处。如果大量处罚犯罪预备,就必然导致原本不是犯罪预备的日常生活行为也受到怀疑,极可能**使一些外部形态类似于准备工具的日常生活行为受到刑罚制裁**。同时,在犯罪预备阶段,行为人可能随时放弃犯罪决意。如果广泛地处罚预备行为,反而**可能促使行为人着手实行犯罪**。①

观点二(法考观点),**实质说**认为,甲的行为**不构成犯罪**。理由:

(1)甲的行为形式上符合犯罪预备的要件,但**实质上没有严重的社会危害性**,不值得运用刑法进行处罚。尤其是该行为距离造成实际的法益侵害还较远,限制处罚范围符合刑法的谦抑精神。

(2)如果对该行为追究刑事责任,**将导致刑法处罚范围过广**。例如,日常生活中提起板凳、拳头打人而未得逞的案件,如果认定为故意杀人罪或故意伤害的犯罪预备、犯罪未遂,也不符合司法实践的做法。

不足:

(1)**不利于规范行为**,对于已经为犯罪做准备的行为,以实质上危害性较小

---

① 参见张明楷:《刑法学》(第六版),法律出版社2021年版,第434页。

就否认犯罪的成立,不利于发挥刑法的预防和惩罚功效。

（2）如何从实质上判断行为的危害性大小,标准并不明确。对于同样是为犯罪做准备的行为,哪些行为构成犯罪预备,哪些不构成犯罪预备,缺乏统一的标准,实务中也难以操作。

十六、犯罪既遂的判断时点

理论解读：犯罪既遂的标准如何确定,刑法理论上对于不同犯罪,可能有不同的思考方式。即使对于同一类型的犯罪,也可能存在不同的观点。这些不同观点的背后,在很大程度上是因为对特定犯罪的处罚态度的差异。

1. 取得型财产犯罪如盗窃罪、敲诈勒索罪的犯罪既遂的判断。

只要行为人取得(控制)了财物,就是盗窃罪既遂。其他取得型的财产犯罪,如诈骗罪、敲诈勒索罪,也应作相同的理解。需要注意的是,随着被害人对财物的保管、监控方式的多样化、复杂化,犯罪行为人是否取得(控制)财物的认定也存在一定的难度。早期的法考真题,被害人对财物的占有、控制都是"人"对财物的实际控制、物理上的控制,因此,犯罪行为人只要破坏了被害人对财物的控制,就可以认定其取得了财物,从而构成犯罪既遂。但现今,被害人对财物的控制不仅仅是"人"本身对财物的控制,还可能通过视频、远程监控、第三方托管账户对自己财物进行管理或控制,因此,如何认定犯罪行为人是否取得(控制)财物,会更加复杂。

例如,电信诈骗犯沛权对夏某实施诈骗行为,夏某将其在觉晓教育2024年度的收入3万元转入沛权的银行账户。第二天,沛权将该银行卡交由光华并告知实情,要求光华帮他去银行将该3万元取出,光华照办。对于沛权将3万元骗入自己的银行账户行为,能否认定为诈骗罪既遂,能否认为其控制了财物,可能存在一定的争议。尤其是我国当前电信诈骗犯罪活动较为严峻,对银行账户的管控较为严格。如果认为夏某将3万元打入沛权的银行账户,沛权就构成犯罪既遂,那么在此之后取款的行为成立掩饰、隐瞒犯罪所得罪。如果认为3万元打入沛权的银行账户,还不能认为沛权的诈骗行为实质上终了,不能认为沛权控制了财物,那光华属于"中途加入",光华帮助沛权取款的行为成立诈骗罪的共犯。

综上,如何理解财产犯罪既遂所要求的控制说,如何理解"控制"说,理论上存在不同的观点。

观点一:限制说认为,只有行为人"现实地握有"财物才成立犯罪既遂。

理由:

判断的标准较为明确,只有行为人"现实地控制"财物,才认定为犯罪既遂。也符合司法实践中对大多数财产犯罪既遂的判断标准。

不足:过于机械化地理解了犯罪既遂的标准,尤其是当前社会,犯罪行为人与财产所处的位置可能不在同一时空,要求只有行为人"现实地控制"财物才认定为犯罪既遂,可能并不合适。

观点二:扩张说(法考观点)认为,"控制"并不要求行为人将财物"拿到手",只要能将财物拿到自己指定的位置且被害人会失去控制,就应该认定为"控制"了财物,应成立财产犯罪既遂。理由:

更符合当下实务的需要,随着社会的不断发展,犯罪已经突破了时间的限制,犯罪行为、犯罪人与财物可能并非在同一地点,尤其是犯罪行为也多样化,要求只有行为人现实地握有财物或者物理上控制财物才成立犯罪既遂,可能并不合适。

不足:对"控制"进行了扩张解释,但扩张后如何理解"控制",具体标准如何把握,可能会因标准的不明确而出现判断上的困难。并且,很可能行为人并没有事实上"控制"财物也被认定犯罪既遂。

案例1:2017年,赵某敲诈勒索周某10万元,威胁周某若不给付10万元将通过网络公布隐私。周某害怕,就按照赵某的指示,将10万元现金放到指定的垃圾桶旁边。赵某将事情的真相告诉了刘某,让刘某去垃圾桶旁边取钱,刘某取到钱后与赵某平分,每人得5万元。(2021年真题)

问题:有观点认为刘某成立敲诈勒索罪,请说明理由。有观点认为刘某成立侵占罪,请说明理由。

答案:

观点一:刘某成立敲诈勒索罪的共犯。理由:

(1)赵某叫刘某去垃圾桶旁边取钱时,赵某并没有实际取得(控制)该财物,赵某的行为还未完成(既遂)。

(2)刘某取钱时,是在赵某的敲诈勒索罪进行中的中途加入,应成立敲诈勒索罪的共犯,是承继的共犯。

观点二:刘某成立侵占罪。理由:

(1)赵某实施敲诈勒索行为,指令被害人将财物放在垃圾桶旁边时,就已经构成敲诈勒索罪既遂。①

(2)刘某在前行为人(赵某)的敲诈勒索行为已经既遂后,财物放弃在垃圾桶旁边,属于无人占有的状态,刘某将无人占有的财物据为己有,成立侵占罪。②

2. 贩卖毒品罪的既遂标准:交付说与进入交易环节说(达成合意说)

对于违禁品(包括毒品)买卖型犯罪,理论上的多数观点认为,立法的目的是禁止该违禁品的流转,因此,只有毒品已经交付,才能成立贩卖毒品罪的既遂(交付说)。其他诸如销售伪劣产品罪、非法买卖枪支罪,都要求伪劣产品、枪支交付后,才能成立犯罪既遂。但实务上,基于严厉打击毒品犯罪的需要,会将贩卖毒品罪的犯罪既遂标准提前化,认为只要进行交易环节,或者买卖双方就毒品买卖达成一致意见,就成立犯罪既遂(达成合意说)。

观点一(理论观点、法考观点):交付说。

以毒品实际转移给买方为既遂,转移毒品后行为人是否已经获取了利益,则并不影响既遂的成立。例如,甲在网上向卖家乙预订了毒品,次日,甲、乙二人交付毒品后,被警察抓获。二人构成贩卖毒品罪既遂。(2020年真题)

交付说的理由:

(1)符合立法对违禁品流转型犯罪(包括贩卖毒品罪)的立法原意,立法就是为了禁止毒品的流转。

---

① 敲诈勒索罪等取得型财产犯罪的犯罪既遂标准是取得说(控制说),对控制说应作扩大解释,只要被害人将财物放至行为人的指定地点,排除被害人对财产的占有,就应认定为行为人控制了财物,成立犯罪既遂。当然,也有观点认为,敲诈勒索罪既遂标准应采用"失控说",只要被害人失去了对财物的控制,无论行为人是否控制财物,都应认定为犯罪既遂。本案中,当周某将财物放至垃圾桶旁边时,就失去了对财物的控制,因此无论赵某是否控制财物,赵某都构成犯罪既遂。参见张明楷:《刑法学》(第六版),法律出版社2021年版,第1332页。

② 也有观点认为,刘某是将他人的犯罪所得予以隐瞒,构成掩饰、隐瞒犯罪所得罪。

(2)而且,这种观点也与其他类型的违禁品交易型犯罪是一致的。例如,对于销售伪劣产品罪、贩卖淫秽物品牟利罪,要求伪劣产品、淫秽物品的转移交付,才是犯罪既遂。

不足:对于不同类型的违禁品流转型犯罪,没有进行区别化的对待。因为毒品较之其他类型的违禁品,危害性更大,更应从严打击。应将其犯罪既遂的标准适度提前,只要买卖双方进入了交易环节,或者达成了交易的合意,就成立犯罪既遂。

观点二(实务观点):进入交易环节说或达成合意说。理由:

(1)有利于严惩毒品犯罪,毒品犯罪较之其他涉违禁品的相关犯罪,危害性更大。

(2)毒品犯罪相对隐蔽,及时提早、从严处罚有其必要性。

《刑事审判参考》指导案例第1290号——唐立新、蔡立兵贩卖毒品案,应以毒品是否进入交易环节为标准,至于是否实际交付毒品,均不影响犯罪既遂的成立。唐立新与蔡立兵已进入毒品交易现场,谈妥了交易价格,对带到现场的毒品进行了查验和称重,虽然还没交付毒资和毒品,亦可以认定为犯罪既遂。

案例2:赵某花了3000元购买了60克毒品,与王某约定好3天后,以8000元的价格进行交易。第二天,赵某因害怕,决定放弃交易,并将毒品悉数进行掩埋。到了约定的交易时间,王某因未见到赵某,便向公安机关举报了赵某贩卖毒品,公安机关从土壤里提取到了毒品的成分。(2021年黑龙江延考题)

问题:有的观点认为赵某成立贩卖毒品罪犯罪中止,有的观点认为不成立,分别说明理由。

答案:

本题的关键在于贩卖毒品罪的既遂标准,对此,存在两种观点。

观点一(交付说,法考观点):赵某成立贩卖毒品罪犯罪中止。这种观点认为,贩卖毒品罪以毒品实际转移给买方为既遂,即要求交付毒品。

本案中,赵某在将毒品交付、转移给买方之前,决定放弃交易,并将毒品悉数进行掩埋,是自动放弃犯罪,成立犯罪中止。

观点二(进入交易环节说)认为,赵某成立贩卖毒品罪的犯罪既遂。这种观点认为,只要买卖双方进行了交易,即便毒品还没有交付,甚至只要买卖双方达成了合意,就应认定为贩卖毒品罪的既遂。

本案中,赵某与王某已确定了交易价格、时间及数量,毒品贩卖进入交易环节,贩卖毒品的行为已完成,成立犯罪既遂。

十七、犯罪中止与犯罪未遂的区分:主观说与客观说

理论解读:犯罪未遂是"欲达目的而不能",犯罪中止是"能达目的而不欲"。行为人主观上还是希望犯罪既遂所要求的结果能够出现,但行为人本人主观上认为"不能"达到既遂,进而停止犯罪行为的,是犯罪未遂。否则,成立犯罪中止。但对于"能"或"不能"的判断:

观点一:主观说(通说,法考观点),应以犯罪分子本人的主观判断为标准,即使行为人本人的判断是错误的。① 只要行为人主观上认为"能"继续实施犯罪,其停止下来,成立犯罪中止;否则,成立犯罪未遂。理由:

犯罪未遂与犯罪中止在客观上都未能将犯罪进行完毕,在客观上是相同的。刑法之所以对犯罪未遂与犯罪中止规定不同的从宽处罚力度,就是基于行为人主观上对停止犯罪的态度。因此,采取主观说,以行为人本人的意愿来认定"能"或"不能",更符合立法对犯罪未遂、犯罪中止从宽处罚差异化的立法精神。

不足:

(1)正确认识行为人的"主观"上的"能"或"不能",可能存在判断上的不确

---

① 犯罪未遂、犯罪中止,作为两种未完成的犯罪停止形态,其在客观上都没有完成犯罪,主要区别在于:行为人的主观心态不一样。犯罪未遂是"未遂心愿",行为人停止犯罪是基于其意志以外的原因而造成的,其内心还想完成犯罪,并没有改恶从善。而犯罪中止是主动放弃、停止犯罪,行为人停止犯罪是出于己意,其内心认为犯罪能够继续完成,但主动停止犯罪、放下屠刀,希望改恶从善。例如,甲正在教室盗窃电脑,突然听到楼下警车响,甲以为警察是来对其实施抓捕的,遂闻风而逃。事实上,警车根本不是来抓甲的,而是处理其他事情的。但甲错误地认为警察就是来抓他的,甲的内心并没有改恶从善,犯罪没有完成是违反了他的意志的,他是被吓跑的,因此成立犯罪未遂。又如,甲正在教室盗窃电脑,事实上警察已经在楼下布下了天罗地网,但甲并不知情。甲在盗窃过程中,突然看见桌上有一本《圣经》,心想:"做个好人吧!感谢上帝!"于是,甲离开了现场。甲根本不知道警察的存在,其内心认为犯罪能够完成,出于改恶从善,停止犯罪,当然成立犯罪中止。

定性而不易操作。此时,可能借助社会一般人的标准(客观说)更具有方法论上的明确性,当然,客观说仅以社会一般人的主观为标准,忽略了行为人的主观方面也是有问题的。

(2)不同的犯罪行为人主观上可能有不同的态度,完全可能出现对于同一类案件,因行为人的主观上的认识不同,出现犯罪未遂、犯罪中止认定上的差异。

观点二:客观说,应以社会一般人的判断为标准,即便行为人本人认为"能"继续实施犯罪,只要是社会一般人认为"不能",其停止下来,成立犯罪未遂。可以这样认为,客观说就是"大家投票",以多数意见判断"能"或"不能"。理由:

(1)有利于克服主观说的弊端,标准相对明确。毕竟,主观说以行为人主观的想法为标准,但行为人主观上究竟是怎么样的,判断标准不具有明确性,难以判断。

(2)尤其是对于同一案件,不同的主体对于犯罪"能"或"不能"继续进行,可能存在不同看法,如果依主观说,相同的案件事实,可能会由于犯罪主体的不同而出现犯罪未遂、中止不同的结论。

不足:虽然客观说解决了判断标准的明确性问题,但是,以社会一般人的看法代替犯罪行为人本人的看法,可能存在方法论上的疑问。

需要说明的是,主观说与客观说在判断行为属于犯罪未遂、中止时,对绝大多数案件而言,得出的结论是一致的。因为,行为人的看法与社会一般人的看法,在多数情况下是一致的,即"与众相同"。只有当行为人本人与社会一般人的看法不一致,即"与众不同"时,主观说与客观说得出的结论才会存在差异。

案例1:甲在实施盗窃行为时,听到警车响,以为是来抓他的,便迅速逃离现场。事实上根本没有警车,从当时的情况来看,是可以将犯罪行为实施完毕的,但甲当时认为犯罪行为不能实施下去,进而放弃犯罪的,成立犯罪未遂。

该案中,如果警察到来,无论是甲本人(主观说),还是社会一般人(客观说),都认为犯罪"不能"继续进行下去,停止下来,成立犯罪未遂。即使甲本人的判断是错误的,也应以本人的判断为标准。

案例2:蒋某是一个极度迷信的人,从小听家里老人说,如果在月经期间与女性发生性关系会暴病而死。某日,蒋某在强奸肖某时,正值肖某月经期间,蒋某心想:"真倒霉",遂扬长而去。

问题:请对蒋某的犯罪形态进行分析,存在几种观点,请说明理由。

答案:

本案关键在于蒋某放弃强奸行为是否属于自动放弃犯罪,对此存在以下观点:

观点一:蒋某成立犯罪中止。理由:

客观说认为,应当根据社会一般人观念对犯罪"能"与"不能"进行判断,如果当时的情况对社会一般人不会产生强制性影响,认为"能"继续实施犯罪,而行为人放弃的,成立犯罪中止;否则,成立犯罪未遂。

本案中,在社会一般人看来,与女性在月经期间发生性关系并非特别大的、无法克服的障碍,属于"能"继续实施犯罪,行为人此时停止下来,成立犯罪中止。

观点二:蒋某成立犯罪未遂。理由:

主观说认为,行为是否"能"继续实施,应以行为人本人的主观判断为标准。

本案中,蒋某从小迷信,在其看来,与女性在月经期间发生性关系属于非常大的障碍,蒋某放弃强奸行为并非自愿,属于"不能"继续实施犯罪,成立犯罪未遂。

案例3:2020年,赵某的妻子万某发现赵某犯罪后劝其自首,赵某不从,恼羞成怒想要勒死妻子。正当赵某拿皮带勒万某脖子的时候,万某叫喊,听到呼喊的两个孩子跑过来(一个3岁,一个5岁),赵某觉得不应该当着两个孩子的面杀死妻子,于是停止行凶,仅造成万某轻伤。(2021年主观题)

问题:赵某是故意杀人罪的犯罪中止还是犯罪未遂?请说明理由。①

---

① 【延伸阅读】:司法实践中对于类似案件也认定为犯罪中止。例如,苟某故意杀人案:2008年11月7日晚,被告人苟某与丈夫(被害人黄某)在家中喝酒,被告人苟某喝多了,于是丈夫扶她回屋休息。11月8日凌晨1点,因被告人苟某口渴,叫黄某给她倒水,黄某不倒。于是被告人苟某起床到厨房喝水,因想起黄某在外面找女人的事,于是拿菜刀向熟睡中的黄某连砍30余刀。儿子洋洋(化名)惊醒,护着父亲不让母亲砍,为此被告人苟某中止了砍杀行为。11月8日凌晨2点,被告人苟某投案自首,并对黄某进行施救。经南阳市公安局法医鉴定,被害人黄某构成重伤。2009年9月22日,河南省南阳市卧龙区人民法院一审,以故意杀人罪(中止)判处被告人苟某有期徒刑八年。参见北大法宝:【法宝指引码】CLI.CR.111121。

答案：

观点一：如果持客观说，[1]赵某的行为成立犯罪未遂。理由：

客观说认为，根据社会一般观念对犯罪"能"还是"不能"进行判断，如果当时的情况对社会一般人不会产生强制性影响，认为"能"继续实施犯罪，而行为人放弃的，成立犯罪中止；否则，成立犯罪未遂。

本案中，社会一般人在实施砍杀妻子时，如果自己的小孩在身边，应该难以（不能）继续实施犯罪，故赵某应成立犯罪未遂。[2]

观点二：如果持主观说（通说），[3]赵某的行为可能成立犯罪中止。理由：

主观说认为，行为是否"能"继续实施，应以行为人本人的主观判断为标准。如果赵某本人认为，还能够继续实施杀害行为，但主动放弃犯罪，成立犯罪中止。否则，成立犯罪未遂。

十八、加重构成与犯罪既、未遂的认定

理论解读： 对于加重构成，是否承认其存在未遂形态，理论上存在不同的观点。早期刑法理论较为"粗糙"，仅承认基本犯罪存在既、未遂的区分，对于加重犯，则不承认存在既、未遂的区分。例如，行为人主观上想盗窃数额特别巨大（50万元）的财物，并对该财物实施了盗窃行为，但最终仅得到了数额较大（5000元）的财物。既往司法实践不承认加重犯存在未遂形态，仅根据结果判断，行为人事实上仅得到了5000元，就应认定为盗窃罪数额较大的既遂。这种观点符合实务的便利主义要求，但一定程度上背离了罪刑相适应原则。毕

---

[1] 客观说的合理性在于，如果在当时的情况下社会一般人也会放弃犯罪，行为人放弃的，不能表明行为人没有特殊预防的必要性，也就没有必要对其认定为犯罪中止而特别从宽处理。但是，由于"社会经验""社会一般人的立场"的含义并不清楚，客观说确实也会带来方法论上的疑问。参见付立庆：《刑法总论》，法律出版社2020年版，第280页。

[2] 例如，甲在外地打工期间，于黑夜里实施抢劫行为，在抢劫过程中发现对方是自己的胞兄弟乙，于是停止了抢劫行为。从客观说的角度来看，社会一般人认为无法继续实施犯罪，甲不能继续实施，成立犯罪未遂。

[3] 主观说也有其合理性。行为人在具体案件中认为他能够达到目的而放弃犯罪的，就表明了其可谴责性的减少，应认定为犯罪中止。但是，行为人主观上认为犯罪究竟是"能"还是"不能"继续实施，存在判断的模糊性。参见张明楷：《刑法学》（第六版），法律出版社2021年版，第470—472页。

竟,行为人主观上有盗窃数额特别巨大财物的故意,并且基于该故意实施了特定的行为,仅因为结果为5000元就认定为盗窃罪数额较大,忽略了行为人主观上数额特别巨大的故意,也忽略了行为客观指向数额特别巨大财物的危险性。

2005年我在武汉大学攻读博士学位期间,就呼吁要承认加重犯的未遂形态,这样有利于更好地实现罪刑相适应原则、贯彻主客观相统一原则,并以《犯罪既遂问题研究》作为我的博士学位论文题目,该论文后来于2009年在中国人民公安大学出版社出版。① 后来,我陆续发表了多篇相关的学术论文,其中《犯罪既遂标准的层次性之提倡》一文较为清楚地说明了这一问题,现提供其摘要:

我国刑法中规定了大量的加重犯,如数额加重犯、结果加重犯、情节加重犯等。对于加重犯而言,加重构成所要求的要件并非是客观的处罚条件,部分的加重构成是独立于基本罪的构成要件,即便没有实现加重构成,也可能成立加重犯的未遂。犯罪既遂的标准是犯罪构成要件实现说,加重犯的犯罪既遂标准应是基本犯的构成要件与加重犯的构成要件的共同实现。虽然我国刑事立法对基本犯与加重犯规定了相同的罪名,但基本犯与加重犯应有各自独立的犯罪既遂标准,而非适用单一的犯罪既遂标准,只有这样才能更好地实现罪刑相适应,也才符合刑法分别规定犯罪既遂、未遂并设立不同处罚原则的立法意图。域外的立法及司法实践也表明,只有坚持犯罪既遂标准的层次性而非单一性,才能更好地实现罪刑相适应。随着刑法理论与审判实践对定罪量刑的精确化要求,应推进犯罪既遂标准的层次性。②

具体而言,是否承认加重犯的未遂形态,存在肯定说、否定说两种观点:

观点一:肯定说(法考观点)认为,应承认加重犯的未遂形态。例如,持枪抢劫而分文未得,认为成立"持枪抢劫"的未遂;针对数额特别巨大的财物(50万元)实施盗窃行为,实际仅得数额较大(5000元)的财物,应成立盗窃罪"数额特别巨大"的未遂。——注重行为面、主观面。理由:

(1)更为全面地贯彻了主客观相统一原则,不仅仅以客观结果认定行为的

---

① 参见徐光华:《犯罪既遂问题研究》,中国人民公安大学出版社2009年版,第1页。
② 参见徐光华:《犯罪既遂标准的层次性之提倡》,载《刑法论丛》2013年第4期,第126页。

性质,而是注重于行为本身针对"加重构成"的主观恶性及客观危险性。

(2)并且,承认加重犯的未遂,也有助于实现罪刑相适应原则,对于造成相同客观结果的行为,行为人的主观恶性、客观上行为的危险性存在差异,刑法对其处罚就应区别对待。

不足:

(1)在客观结果之外,注重行为人的主观面及行为客观上可能侵害严重法益的危险性,但是,如何判断行为人的主观面及行为可能具有的危险性,在实务操作中并不容易。例如,行为人仅盗窃得到6000元,如何证明其主观上有盗窃600万元的想法、如何判断行为有侵害600万元财物的客观危险性及可能性,可能会增加判断上的困难。

(2)立法上对于加重犯是否承认其存在未遂形态,本身也并不是特别明确的。

观点二:否定说认为,不承认加重犯存在未遂形态。例如,持枪抢劫而分文未得,否定说认为成立"持枪抢劫",不认定为未遂;针对数额特别巨大的财物(50万元)实施盗窃行为,仅得数额较大(5000元)的财物,成立盗窃罪"数额较大",不成立盗窃罪"数额特别巨大"的未遂。——注重结果面。

应该说,承认加重构成存在既、未遂的区分(肯定说)已经成为较为主流的观点(法考观点),见2017年卷二5。如果考观点展示,上述肯定说、否定说两种观点均需要掌握,见2016年主观题。

案例1:【11702005】 甲冒充房主王某与乙签订商品房买卖合同,约定将王某的住房以220万元卖给乙,乙首付100万元给甲,待过户后再支付剩余的120万元。办理过户手续时,房管局工作人员识破甲的骗局并报警。根据司法解释,关于甲的刑事责任的认定,下列哪一选项是正确的?(　　)①

A. 以合同诈骗罪220万元未遂论处,酌情从重处罚

B. 以合同诈骗罪100万元既遂论处,合同诈骗120万元作为未遂情节加以考虑

---

① 答案:B。

C. 以合同诈骗罪 120 万元未遂论处,合同诈骗 100 万元既遂的情节不再单独处罚

D. 以合同诈骗罪 100 万元既遂与合同诈骗罪 120 万元未遂并罚

2011 年《最高人民法院、最高人民检察院关于办理诈骗刑事案件具体应用法律若干问题的解释》第 6 条规定:"诈骗既有既遂,又有未遂,分别达到不同量刑幅度的,依照处罚较重的规定处罚;达到同一量刑幅度的,以诈骗罪既遂处罚。"司法解释的实质在于:部分既遂、部分未遂的案件,分别计算既遂、未遂部分所处的量刑档次,以重的为主、轻的为辅。本案应认定为合同诈骗罪 100 万元既遂,未遂的 120 万元作为量刑情节。该案来源于王新明合同诈骗案(最高人民法院指导案例 62 号)。

案例 2:徐某听闻蒋某家有价值 800 万的名画,于是趁蒋某不在家时,潜入蒋某家中顺利盗得"名画"。但该"名画"实际上是价值 8000 元的赝品,原 800 万的名画被蒋某于前两天转移至他处。(2016 年主观题)

问题:关于徐某法定刑的适用与犯罪形态的认定,可能存在哪几种观点?请说明理由。

答案:

观点一(法考观点):对徐某应当按 800 万元适用数额特别巨大的法定刑,同时适用未遂犯的规定,并将取得价值 8000 元的赝品的事实作为量刑情节,即认定为数额特别巨大的未遂。这种观点将数额巨大与特别巨大作为加重构成要件,承认加重构成存在既、未遂形态的区分。

观点二:对徐某应当按 8000 元适用数额较大的法定刑,认定为犯罪既遂,不适用未遂犯的规定。这种观点将数额较大、数额巨大、数额特别巨大视为单纯的量刑因素或量刑规则,不存在未遂形态。①

案例 3:甲(男)尾随下夜班归来的乙(女),用砖块猛击乙(女)头部,欲造成乙(女)重伤后实施奸淫。后查明甲(男)虽与乙(女)发生了性关系,但并未造

---

① 张明楷教授对该案持此观点,他认为,行为人想骗 100 万元,客观上也有可能骗 100 万元,但事实上只骗到 2 万元,只能按诈骗 2 万元既遂处罚。参见张明楷:《侵犯人身罪与侵犯财产罪》,北京大学出版社 2021 年版,第 20 页。

成乙(女)重伤,仅造成轻伤。

问题:甲的行为是否成立强奸致人重伤的犯罪未遂?

答案:

观点一(法考观点):构成强奸致人重伤的犯罪未遂。理由:

(1)甲客观上实施了足以造成重伤结果的危害行为,主观上亦追求重伤结果的出现,但由于其意志以外的原因未出现重伤结果,应成立强奸致人重伤的犯罪未遂。

(2)承认结果加重犯存在未遂,不至于放纵行为人而仅认定为普通强奸罪,有利于对被害人进行更为全面周延的保护。

不足:我国刑法对结果加重犯规定的法定刑过重,从刑法的谦抑性角度出发,应当严格限制结果加重犯的适用,因此不宜承认结果加重犯存在未遂。对于没有造成加重结果的,即便行为人主观上对于造成加重结果有故意,也不宜认定为结果加重犯的未遂。

观点二:不构成强奸致人重伤的犯罪未遂,仅成立强奸罪的基本犯。理由:

(1)结果加重犯以加重结果的发生为成立条件,只有发生加重结果才成立结果加重犯,不会出现结果加重犯的犯罪未遂的情形。本案中,既然重伤结果没有出现,就不符合结果加重犯的成立条件,不可能出现强奸致人重伤的犯罪未遂。

(2)我国刑法对结果加重犯规定了畸重的法定刑,倘若承认结果加重犯存在未遂,会导致对行为人的处罚过于严厉。

不足:刑法之所以规定结果加重犯,是因为在实施某些基本犯罪的过程中往往具有发生更为严重结果的高度风险,行为人的主观恶性及行为在客观上的危险性均较大,否认结果加重犯的未遂,既不利于特定情况下的被害人保护,也与立法原意背道而驰。

十九、不能犯是否构成犯罪:构成犯罪(未遂)与无罪说

理论解读:由于行为人对有关犯罪事实的认识错误,而使该犯罪行为在当时不可能达到既遂的情况,分为对象不能犯与手段(工具)不能犯。例如,误将

稻草人当作仇人开枪,属于对象不能犯。又如,误将白糖当作毒药去毒杀他人,误以为枪支(空枪)有子弹而对他人实施枪击行为,都属于手段(工具)不能犯。

原则上,不能犯是成立犯罪未遂的(亦称可罚的不能犯、相对不能犯)。上述举例中的不能犯,原则上是应作为犯罪论处的。但对于法益侵害危险性几乎可以忽略的不能犯,理论上的多数观点认为还是不应作为犯罪处理(亦称不可罚的不能犯、绝对不能犯)。由于我国在引入日本刑法中"不能犯"这一概念时,可能存在概念使用的不一致,有人对不能犯作了狭义的理解,认为只有绝对没有客观危险性的行为才能认定为不能犯,进而认为不能犯是无罪的。也有人对不能犯作了广义的理解,认为只要是对象、手段、工具缺失的,都应认定不能犯。

法考对不能犯采用了广义的概念,严格区分了可罚的不能犯(相对不能犯)、不可罚的不能犯(绝对不能犯),前者当然构成犯罪,后者不构成犯罪。不能犯是否可罚(构成犯罪),需要综合判断行为造成法益侵害的可能性大小、行为本身对国民造成的不安感、他人如果继续效仿类似行为有无可能侵害法益等。一般认为,只有行为绝对没有造成法益侵害的可能性的不能犯,才可以考虑不作为犯罪处理。例如,在荒山野外,误将稻草人当作仇人而开枪射击,不可能导致他人伤亡的,不成立犯罪未遂,此属于绝对不能,因为该类行为在案件发生当时没有造成他人危险的可能性,即便该行为重复上演,也不可能造成被害人的死亡结果。从历年国家法律职业资格考试真题反馈的信息来看:没有考过不构成犯罪的绝对不能犯。从历年真题中总结的结论是:第一,不能犯原则上是有罪的,除非是没有法益侵害的危害性的"绝对不能犯",可以不作为犯罪处理。第二,如果考观点展示,也仅针对"相对不能犯":站在行为的立场,不能犯有罪(法考观点);站在结果的立场,不能犯无罪。

对于相对不能犯,能否入罪,理论上存在两种观点:

肯定说的理由:(1)包括刑法在内的法律是一种行为规范,不能犯虽然没有最终造成法益侵害的结果,但是从规范行为的角度看,有必要将其作为犯罪处理。类似行为如果重复上演,是有可能造成严重危害结果的。(2)规范行为的目的是保护法益,但保护法益也需要从规范行为做起,对于不能犯应规范其行为。尤其近年来,随着我国刑法修正越来越体现轻罪化、扩张罪名的趋势,如刑法规定了危险驾驶罪、高空抛物罪、妨害安全驾驶罪、危险作业罪等这些轻罪名,这些犯罪均是行为犯(抽象危险犯)或具体危险犯,为了体现刑法的行为规制机能,提前规范行为以保护法益。

否定说的理由:(1)认为肯定说过于扩张不能犯入罪的范围,一定程度上体现了刑法的社会防卫思想,过度地扩张了刑法的适用对象。(2)在行为本身没有造成具体法益侵害,或者"此次"行为不具有侵害法益的客观危险性的情况下,仅以规范行为为理由就入罪,容易导致主观归罪。(3)附随后果比犯罪本身所受的刑罚处罚还要更严重,应限制入罪的范围。如犯罪后,犯罪人本人及其近亲属在入学、就业、参军等都会受到严格的限制,甚至是终身的限制。社会舆论对其否定性的评价也会长期影响行为人。

案例1:【11202053】因乙移情别恋,甲将硫酸倒入水杯带到学校欲报复乙。课间,甲、乙激烈争吵,甲欲以硫酸泼乙,但情急之下未能拧开杯盖,后甲因追乙离开教室。甲未能拧开杯盖,其行为属于可罚的不能犯。

案例2: 2005年卷二7.甲深夜潜入乙家行窃,发现留长发穿花布睡衣的乙正在睡觉,意图奸淫,便扑在乙身上强脱其衣。乙惊醒后大声喝问,甲发现乙是男人,慌忙逃跑被抓获。甲的行为成立强奸罪未遂。

案例3: 2003年卷二4.甲为上厕所,将不满1岁的女儿放在外边靠着篱笆站立,刚进入厕所,就听到女儿的哭声,急忙出来,发现女儿倒地,疑是站在女儿身边的4岁男孩乙所为。甲一手扶起自己的女儿,一手用力推乙,导致乙倒地,头部刚好碰在一块石头上,流出鲜血,并一动不动。甲认为乙可能死了,就将其抱进一个山洞,用稻草盖好,正要出山洞,发现稻草动了一下,以为乙没死,于是拾起一块石头猛砸乙的头部,之后用一块磨盘压在乙的身上后离去。案发后,经法医鉴定,甲在用石头砸乙之前,乙已经死亡。该题中,对于后来想砸活人而实际上对象是尸体的,官方答案成立故意杀人罪未遂。

刑法学研究要考虑塑造国民的规范意识,要确立刑法规范明确的晓谕功能;某种行为被评价为无罪,意味着这种行为无害,即便再次发生也可以容忍;某种行为,一旦成立未遂犯,意味着这种行为,即使没有造成任何损害,也会使公众感到震惊,触及国民规范意识的底线,因而需要处罚,以此坚决杜绝他人效仿,防止其重演。①

案例4:(2022客观题延考)甲欲杀丙,在丙的茶杯中投放了足以致死量的毒药。甲在投毒的过程中被乙发现,乙也要杀丙,欲在茶杯中投放毒性更强的毒药,甲表示同意(乙投毒性更强的毒药)。最终,两种毒剂因"中和"而失去毒性,丙喝下后没有死。关于甲、乙的行为性质,下列说法正确的是?（　　）(多选)②

A. 乙的行为降低了危险,不构成犯罪
B. 乙的行为构成偶然避险
C. 甲的行为构成故意杀人未遂
D. 甲、乙构成故意杀人罪的共同犯罪

案例5:徐某想出售自己家中的毒品进行牟利,但误将面粉当作毒品而带出,最终将"面粉"当作"毒品"卖给了吸毒人员蒋某。

问题:如何认定徐某的行为,存在几种观点？请说明理由。③

答案:

观点一(司法解释、审判实务持此观点):徐某的行为成立贩卖毒品罪(未遂)。理由:

行为无价值论认为,虽然徐某误将面粉当作毒品贩卖,但徐某是拥有毒品

---

① 参见周光权:《刑法总论》(第三版),中国人民大学出版社2016年版,第295页。
② 答案:CD。
③ 在刑法理论上极端的结果无价值论的学者认为,误将面粉当作毒品出售的,由于没有贩卖毒品的具体危险,因此,可以考虑无罪。但是,审判实践中以往的观点,更多的是从行为无价值论的立场出发,认为此种行为应认定为贩卖毒品罪(未遂)。1994年最高人民法院印发的《关于执行〈全国人民代表大会常务委员会关于禁毒的决定〉的若干问题的解释》(现已失效)第17条,亦持此观点。现今的审判实践亦支持此观点,如《刑事审判参考》指导案例第37号——误认尸块为毒品而予以运输的行为,被认定为运输毒品罪(未遂);黄某诈骗、潘某等贩卖毒品案中,黄某明知是假毒品而让潘某、宋某误以为真毒品去贩卖,黄某构成诈骗罪,潘某、宋某构成贩卖毒品罪(未遂)。参见广东省珠海市中级人民法院(2015)珠中法刑一终字第477号刑事裁定书。

的,且主观上有贩卖毒品的故意,类似行为重复上演,有造成贩卖毒品的客观危险性。因此,成立贩卖毒品罪(未遂)。审判实践中多持此观点。

观点二:徐某的行为无罪。理由:

结果无价值论认为,徐某误将面粉当作毒品出售,并没有贩卖毒品的具体危险。因此,可以考虑无罪。

二十、预备行为(帮助行为)正犯化:绝对正犯化与相对正犯化

理论解读:预备(帮助)行为正犯化,是指立法者对预备(帮助)行为规定了独立的罪名、法定刑。但是,对于这些独立规定的罪名(法定刑)如何理解,理论上存在不同的观点。

有的认为是绝对正犯化,只要实施了帮助行为,即使被帮助者没有实施实行行为,也应该认定为独立的罪名。有的认为是相对正犯化,认为即便规定了独立的罪名,该帮助行为能否独立定罪,也应综合考虑其危害性大小、对法益的侵害程度,即考虑被帮助的对象(实行犯)是否实施了犯罪行为。虽然帮助了他人,但被帮助的对象没有实施具体的实行行为的,对帮助者也不应认定为犯罪。

一般认为,较为严重犯罪的帮助行为,立法对其规定了独立的罪名及法定刑的,就属于绝对正犯化。危害性相对较小的犯罪的帮助行为,立法将其正犯化就是相对正犯化。当然,对于特定的罪名,究竟是绝对正犯化,还是相对正犯化,确实也存在不同的认识。例如,对于帮助信息网络犯罪活动罪,是将信息网络犯罪行为的预备行为、帮助行为规定为独立的罪名。在电信诈骗较为严峻时期,实务上可能更多地是贯彻绝对正犯化,只要实施了帮助行为,即使相对方没有实施诈骗行为,或者难以查清相对方是否实施了诈骗行为,也将帮助者认定为帮助信息网络犯罪活动罪。反之,如果在对电信诈骗及其相关犯罪的打击相对轻缓的背景下,对帮助信息网络犯罪活动罪的认定贯彻相对正犯化,只有相对方实施了诈骗行为,甚至要求帮助行为起的作用较大,才将帮助者认定为帮助信息网络犯罪活动罪。

情形一:绝对正犯化。即便被帮助者没有实施犯罪行为,对于帮助者、预备者也应该认定为独立的罪名。也就是说,不适用共犯从属性理论,只要实施了

该帮助行为、预备行为，即使相对方没有实施实行行为，也应对该帮助行为、预备行为定罪。

例1：《刑法》第107条【资助危害国家安全犯罪活动罪】将帮助行为（资助）正犯化，规定为独立的罪名，只要实施了资助行为的，不再作为帮助犯（共犯）论处，而是作为独立的罪名，即资助危害国家安全犯罪活动罪。丁资助林某从事危害国家安全的犯罪活动，但林某尚未实施相关犯罪活动即被抓获。丁属于资助危害国家安全犯罪活动罪（既遂）（2016年第2卷第53题D项）。

例2：《刑法》103条第2款，对于煽动他人分裂国家的行为，是分裂国家罪的预备行为，根据预备犯的处罚原则"可以比照既遂犯从轻、减轻处罚或者免除处罚"，从宽的力度太大。有鉴于此，立法者将这一行为规定为独立的罪名（煽动分裂国家罪），并规定了独立的法定刑。只要实施了煽动行为，就属于实行行为，即便被煽动者没有实施实行行为，也构成煽动分裂国家罪的既遂。

情形二：相对正犯化。对该帮助行为能否定罪，应遵从共犯从属性理论（通说），只有被帮助者利用该帮助且实施了实行行为，帮助者的行为才能作为犯罪论处。张明楷教授认为，这种"相对正犯"就不属于"正犯化"。他认为，帮助信息网络犯罪活动罪即属于这种情况，如果被帮助者没有实施网络犯罪，帮助者的行为就不能认定为帮助信息网络犯罪活动罪。①

(1) 甲得知乙要实施电信网络诈骗，便给乙提供了全套的互联网技术支持。但是，乙事后并没有实施电信网络诈骗行为。甲的行为不构成帮助信息网络犯罪活动罪。（2022年真题）

(2) 甲明知乙是为了利用网络进行诈骗，为其提供了网络技术帮助，结果乙是利用丙提供的网络技术实施的诈骗犯罪，并未使用甲提供的网络技术，甲不构成帮助信息网络犯罪活动罪。（2022年真题）

(3) 甲明知乙要实施诈骗犯罪，仍为乙提供了网络技术帮助，乙利用该网络技术实施了诈骗犯罪。对甲也可以以诈骗罪的共犯论处，构成帮助信息网络犯

---

① 《刑法》第287条之二第1款规定【帮助信息网络犯罪活动罪】："明知他人利用信息网络实施犯罪，为其犯罪提供互联网接入、服务器托管、网络存储、通讯传输等技术支持，或者提供广告推广、支付结算帮助，情节严重的……"

罪活动罪与诈骗罪的竞合。(2022年真题)

案例：甲得知乙要实施电信网络诈骗，便给乙提供了全套的互联网技术支持。但是，乙事后并没有实施电信网络诈骗行为。

问题：对于甲的行为，能否以帮助信息网络犯罪活动罪论处，可能存在几种观点，请说明理由。

答案：

<u>观点一(法考观点)</u>：甲的行为不构成帮助信息网络犯罪活动罪。<u>理由</u>：

(1)《刑法》第287条之二规定的帮助信息网络犯罪活动罪，是帮助行为<u>相对正犯化</u>。只有被帮助者实施了信息网络犯罪活动(如电信网络诈骗、网络传播淫秽物品等)，帮助行为才能够以犯罪论处。

(2)该帮助行为并非对特别严重的犯罪的帮助，危害性相对较小，<u>应适度限制处罚范围，只有被帮助者实施了信息网络犯罪的实行行为，才宜以犯罪论处</u>。并且，《刑法》第287条之二对该罪要求"情节严重"，如果被帮助者没有实施实行行为，也难以认定为"情节严重"，不宜以犯罪论处。

<u>不足</u>：

(1)虽然形式上限制了刑法的处罚范围，实现了刑法的谦抑性，但实质上，<u>不利于对信息网络犯罪的打击</u>。尤其近年来，我国信息网络犯罪较为突出，该类犯罪也不同于传统犯罪，犯罪数量、危害性均较大，<u>破案率、追赃挽损率较低</u>，对于相关帮助予以严惩，是应对该类行为的较好对策。

(2)与司法解释的规定存在矛盾，司法解释规定，对正犯(如电信网络诈骗犯)无法查处是否构成犯罪的，可以依照共犯(帮助犯)本身的犯罪数额或情节认定其构成帮助信息网络犯罪活动罪。

<u>观点二</u>：甲的行为构成帮助信息网络犯罪活动罪。<u>理由</u>：

(1)《刑法》第287条之二规定的帮助信息网络犯罪活动罪，是帮助行为<u>绝对正犯化</u>。只要实施了帮助行为，即便相对方没有实施犯罪行为，也应以帮助信息网络犯罪活动罪论处。

(2)<u>要对该类帮助行为严惩</u>，尤其我国当前，电信网络诈骗案件较为突出，对于相关帮助人员也应严惩，基于刑法防卫社会的思想而扩张处罚范围，有利于更为全面地打击犯罪。

（3）符合司法解释的规定。2019年最高人民法院、最高人民检察院《关于办理非法利用信息网络、帮助信息网络犯罪活动等刑事案件适用法律若干问题的解释》第12条规定,在无法查证被帮助对象是否达到犯罪的程度的情况下,只要具备一定的条件①,仍然可构成帮助信息网络犯罪活动罪。

不足：

（1）过度地强调刑法防卫社会的思想,扩张了刑法的打击面。对信息网络犯罪提供帮助的行为较为广泛,还包括诸如提供银行卡等行为,如果动辄以犯罪论处,加之该类犯罪在实践中的证明标准相对要求较低,会导致处罚面过宽。

（2）从实务案例来看,多数行为人的帮助对象在3人及以下,危害性相对较小,"一对多"的帮助行为并非实践中本罪的主流表现形式。② 不宜过度扩张入罪的范围。

【延伸阅读】有学者对截至2021年1月4日,共计1081份帮助信息网络犯罪活动罪判决书进行实证统计,总结出,在全部2131名被告人中,其所帮助的正犯行为为"犯罪行为"的占比81.8%,近18%的判决书并未以正犯行为具备刑

---

① 最高人民法院、最高人民检察院《关于办理非法利用信息网络、帮助信息网络犯罪活动等刑事案件适用法律若干问题的解释》第12条第2款规定："实施前款规定的行为,确因客观条件限制无法查证被帮助对象是否达到犯罪的程度,但相关数额总计达到前款第二项至第四项规定标准五倍以上,或者造成特别严重后果的,应当以帮助信息网络犯罪活动罪追究行为人的刑事责任。"

《关于办理非法利用信息网络、帮助信息网络犯罪活动等刑事案件适用法律若干问题的解释》第12条,明知他人利用信息网络实施犯罪,为其犯罪提供帮助,具有下列情形之一的,应当认定为刑法第287条之二第1款(帮助信息网络活动罪)规定的"情节严重"：

（一）为三个以上对象提供帮助的；
（二）支付结算金额二十万元以上的；
（三）以投放广告等方式提供资金五万元以上的；
（四）违法所得一万元以上的；
（五）二年内曾因非法利用信息网络、帮助信息网络犯罪活动、危害计算机信息系统安全受过行政处罚,又帮助信息网络犯罪活动的；
（六）被帮助对象实施的犯罪造成严重后果的；
（七）其他情节严重的情形。

② 参见周振杰、赵春阳：《帮助信息网络犯罪活动罪实证研究——以1081份判决书为样本》,载《法律适用》2022年第6期,第86页。

事违法性作为本罪成立的条件。① 因此否定说的论点具有一定合理性,但近18%的判决书认定对违法行为的帮助同样可以构成本罪,说明肯定说同样具备一定的实践基础。②

二十一、帮助犯所要求的"明知他人实施犯罪"认定

理论解读:成立刑法中的帮助犯,要求行为人主观上"明知"他人(正犯、实行犯)在实施犯罪。但这种明知应该达到何种程度,是要求达到充分、确定的明知,还是只要"可能"知道他人在实施犯罪即可,抑或对"可能"的程度有何种要求,存在不同的观点。

与正犯所实施的行为直接侵害法益不同,帮助犯并没有直接侵害法益,形式上与日常生活行为十分相似。如提供银行卡、菜刀给他人,也可能是日常生活中的团结互助行为。因此,如果对帮助行为入罪范围过于扩大,可能会导致刑法过度干预日常生活。例如,沛权向光华借一张银行卡,光华本来就生性多疑,怀疑沛权"可能"会用于电信网络诈骗。但又想,沛权作为中国政法大学的教授、博士生导师,去电信网络诈骗的"可能性"应该很小,于是将银行卡借给沛权,后来沛权果然用该银行卡实施了电信网络诈骗。该案中,光华即使知道沛权可能实施诈骗,但这种可能性很低。如果要这样理解话,那"凡事皆有可能",一般我们把刀借给他人是用于切菜的,当然有可能(哪怕是百分之一的可能)用于犯罪。如果将这种帮助行为动辄上升到犯罪的高度,那以后人们相互之间就不敢借任何东西了,这会导致过于扩张刑法的处罚范围,影响人们的日常正常交往。反之,如果入罪范围过窄,又会助长该类帮助行为对他人犯罪的帮助。

实务中,较为典型的就是提供银行卡给他人,但被他人用于电信网络诈骗犯罪,对于帮助者能否认定为帮助信息网络犯罪活动罪,存在争议。尤其是要

---

① 并未以正犯行为具备刑事违法性作为本罪成立的条件,具体包括:(1)正犯实施的是违法行为;(2)判决书对正犯行为完全未提及;(3)判决书虽然提及了正犯行为但从描述中难以确认其是否为犯罪或违法行为。

② 参见周振杰、赵春阳:《帮助信息网络犯罪活动罪实证研究——以1081份判决书为样本》,载《法律适用》2022年第6期,第86页。

求帮助者对于他人的诈骗犯罪要达到何种程度的"明知",实务做法基于打击犯罪的形势的不同需求,可能会做出宽严有别的入罪态度。

案例:徐某向陈某谎称自己被银行列入黑名单,无法申请银行卡,向陈某买银行卡,陈某明知徐某可能是利用该银行卡进行电信网络诈骗,但仍然将银行卡卖给徐某,后徐某果然利用该银行卡进行电信网络诈骗犯罪。(2023年真题)

问题:关于陈某的行为定性,在刑法理论中有几种观点(至少写出三种)?你的观点和理由是?

观点一:陈某的行为属于中立的帮助行为,不成立犯罪。**理由**:

(1)成立帮助犯要求具有确定的故意,仅具有不确定的故意还不充分。①

(2)这有助于限制帮助行为入罪的范围,否则诸多日常生活中的帮助行为、经营行为,行为人主观上也可能认识到会被他人用于犯罪,如果被作为犯罪处理,会导致处罚范围扩张。

本案中,陈某仅仅是明知徐某可能利用该银行卡实施电信网络诈骗犯罪,而非确信徐某必然实施电信网络诈骗犯罪。因此,陈某仅具有不确定的犯罪故意,不成立可罚的帮助犯。②

观点二:陈某的行为成立帮助信息网络犯罪活动罪与诈骗罪的想象竞合,应当择一重罪处罚。③ **理由**:

---

① 参见陈洪兵:《中立的帮助行为论》,载《中外法学》2008年第6期,第931页。例如,五金店店员徐某明知毛毛买菜刀可能用于杀害妻子,但也可能是用于切菜,仍然将菜刀卖给毛毛,即使毛毛后来杀害了妻子,也不宜将徐某以故意杀人罪的帮助犯论处。

② 这种观点的合理性在于,有利于限制刑法的处罚范围,尤其是部分日常生活行为(卖菜刀、借用银行卡行为),如果仅因为有被用于犯罪的风险,就过度地用刑法制裁,会在相当程度上制约人们的日常生活行为。

在实务中,这种情况由于行为人主观恶性不大,且仅出售一张银行卡社会危害性较小,可能以行为人犯罪情节显著轻微,危害不大为由不予起诉。例如,金某某在明知自己的银行卡,可能被用于实施犯罪的情况下,依然将自己名下的一张银行卡出售给他人。后他人利用该银行卡实施了电信网络诈骗活动。检察院认为,金某某的行为已经构成帮助信息网络犯罪活动罪,但由于情节显著轻微,且认罪认罚,因此最终不予起诉。参见浙江省金华市婺城区人民检察院婺检刑不诉〔2021〕20394号不起诉决定书。

③ 实务中有部分案例支持这一观点。例如,韦明军明知韦虹昌可能利用其出售的电话卡实施电信网络诈骗犯罪,仍然通过各种方式收购电话卡,并以每张90元的价格贩卖给韦虹昌。后韦虹昌利用这些电话卡诈骗他人,获利40万元。在本案中,法院认为韦明军的行为是帮助信息网络犯罪活动罪和诈骗罪的想象竞合,最终以较重的诈骗罪定罪处罚。参见广西壮族自治区宾阳县人民法院(2020)桂0126刑初305号刑事判决书。

(1)成立帮助犯要求行为人主观上具有犯罪故意即可,既包括确定的故意,也包括未必的、不确定的故意。尤其在我国当前对银行卡管理严格、电信诈骗还比较突出的背景下,对成立帮助犯所要求的故意的要求会相对降低标准。

本案中,陈某明知他人可能将银行卡用于犯罪而向其提供银行卡,主观上有帮助他人犯罪的故意,客观上有提供银行卡的行为,成立帮助信息网络犯罪活动罪。

(2)陈某的"帮助"行为在客观上对他人的电信网络诈骗起到了帮助作用,陈某对此主观上至少也有一定程度的认知,应成立诈骗罪的帮助犯。

(3)最后,陈某属于一行为触犯了数罪名,系想象竞合,应当择一重罪处罚。

观点三:陈某的行为仅成立帮助信息网络犯罪活动罪。

理由:

(1)成立帮助犯要求行为人主观上具有犯罪故意即可,既包括确定的故意,也包括未必的、不确定的故意。

(2)《刑法》第287条之二将帮助信息网络犯罪活动的行为规定为独立的罪名,这一立法目的是将帮助行为正犯化。因此,对于陈某的行为无须再认定为具体犯罪(如诈骗罪)的帮助犯,除非对他人的诈骗起到了较为决定性的帮助作用。或者说,对于更重的罪名(如诈骗罪),成立共犯要求在主观上明知的程度、客观上参与的程度更高。

综上,陈某的行为成立帮助信息网络犯罪活动罪。

我的观点:我支持第三种观点,陈某的行为仅成立帮助信息网络犯罪活动罪。[①] 理由:

[①] 实务中有部分案例采取了第三种观点。例如,被告人付昊在已经实际意识到转移的钱款可能"不干净(涉及网络犯罪资金)"的情况下,仍将银行卡提供给他人用以实施网络犯罪,并从中获取相应报酬。法院认为结合本案的现有证据,尚不足以证实被告人付昊与诈骗犯罪分子具有共谋、协商等共同诈骗的犯罪故意,且付昊对犯罪分子诈骗谁、如何实施诈骗的情况并非全部知晓。因此,付昊的行为不成立诈骗罪的共犯。但是,根据现有的证据材料,能够认定三被告人在已实际意识到钱款可能涉及犯罪资金的情况下,仍向他人提供银行卡并从中获利,且其行为对诈骗犯罪起到重要作用,达到情节严重。最终,法院认定付昊的行为成立帮助信息网络犯罪活动罪。参见辽宁省新民市人民法院(2021)辽0181刑初152号刑事判决书。

（1）**符合实务做法**。对于明知他人实施电信网络诈骗行为而提供帮助是否成立诈骗罪的共犯，实务中有观点认为，应当以是否"事先通谋"为判断标准。① 也就是说，如果售卡人仅仅依靠出售银行卡获利，没有与诈骗犯罪人事先通谋的，不构成诈骗罪的共犯，仅仅以帮助信息网络犯罪活动罪论处即可。

（2）**符合立法目的**。刑法将帮助信息网络犯罪活动的行为规定为独立的罪名，立法目的就是欲给相关犯罪(如诈骗、网络赌博、网络传播淫秽物品等)的帮助行为规定为独立的罪名，原则上应尊重这一特别规定。

（3）**符合行为人主观认知**。在本案中，陈某仅仅是怀疑出售的银行卡会被用于违法犯罪活动，并没有对徐某的具体犯罪活动具有清晰的认知。并且，陈某也没有事先参与徐某的诈骗犯罪活动。因此，陈某的行为仅成立帮助信息网络犯罪活动罪，而不成立诈骗罪的帮助犯。

二十二、共同犯罪与间接正犯的区别："是否实质上支配他人"如何具体判断

理论解读：共同犯罪与间接正犯的区别在于，行为人是否"支配"他人的行为。但如何理解"支配"(控制)他人，可能存在理解上的不同，也会造成对间接正犯的认定的限制或扩张。或者说，对于间接正犯所要求的"支配""控制"他人，应达到何种程度，存在不同的观点，这也会影响间接正犯的成立范围，进而影响间接正犯与共同犯罪的区分。

观点一：限制说认为，只有当具体实施行为的人，完全不知道利用者、支配者的犯罪故意时，才能认为其被"支配""利用"了，才能将支配者认定为间接正犯。否则，不能认定为间接正犯，应认定为共同犯罪。

观点二：扩张说则认为，即使具体实施行为的人大致知道利用者的犯罪故意，只要不是完全、全部知道，也可以认为其被"利用"了，利用者成立间接正犯。

一旦认定为间接正犯，就意味着行为在犯罪中起到了"主导""支配"作用，对犯罪是"单方主导"，处罚就会相对更重。而认定为共同犯罪，则意味着犯

---

① 参见薛璐璐、李佳峰：《电信网络诈骗犯罪中"掐卡"行为的认定》，载《中国检察官》2023年第4期，第79页。

罪是"共同主导",对其处罚会适度轻于间接正犯。

案例:甲欲杀丁,甲也知道乙要杀丙。当丙未出现且丁出现时,甲欺骗乙说丙出现了。乙信以为真,继而开枪,导致丁死亡。

问题:甲、乙成立故意杀人罪的共犯,还是甲对乙构成间接正犯?

观点一:甲、乙成立共同犯罪。甲有杀人的故意,乙有杀人的故意,二人至少在行为时具有共同杀害"眼前这个人"的故意,二人成立故意杀人罪的共同犯罪。

或者说,乙在杀"眼前这个人"这一问题上没有被操控、支配、利用,甲不成立间接正犯。

观点二:甲对乙成立间接正犯。由于甲、乙的故意内容不完全一致,甲的故意内容是"杀害丁",乙具有"杀害丙"的故意。就"杀害丁"这一问题上,甲利用、支配了乙,甲对乙是"间接正犯"。

二十三、共同犯罪的"共同"

理论解读:关于共同犯罪的学说,各行为人要"共同"到何种程度,才成立共同犯罪,理论上存在完全犯罪共同说、部分犯罪共同说、行为共同说等不同学说。[①] 成立共同犯罪,就意味着各行为人均需要对共同的结果承担责任,那么,各行为人要"共同到何种程度"才需要对整体的结果承担责任,随着社会风险的不断加剧,尤其是工业社会、信息社会出现的危险、后果比传统农业社会要严重很多,所以,理论上对共同犯罪所要求的"共同"的标准也存在逐步降低的现象。

观点一:完全犯罪共同说

完全犯罪共同说认为,共同犯罪必须是数人共同实行特定的犯罪,或者说二人以上只能就完全相同的犯罪成立共同犯罪。

例如,甲以杀人的故意、乙以伤害的故意共同对丙实施暴力行为导致丙死亡。持此观点的一部分学者认为,由于甲和乙都是正犯,但各自触犯的罪名不同,因而不成立共同正犯,只能分别以单独犯论处。这样的结论虽然严格限定了共同正犯

---

① 参见张明楷:《刑法学》(第五版),法律出版社2016年版,第393—394页。

的成立范围,却没有考虑法益侵害的事实。完全犯罪共同说基本上被淘汰。

这种观点的不合理之处在于,当甲、乙共同基于伤害的故意对被害人毛毛实施伤害行为,造成毛毛重伤时,二人罪名相同,成立共同犯罪,均需要对重伤结果负责。如果甲基于杀人的故意,乙基于伤害的故意,共同对被害人拳打脚踢,造成被害人重伤的,二人不成立共同犯罪,如果能证明是乙造成的重伤结果,甲就不需要对该重伤结果负责。

观点二:部分犯罪共同说(法考观点)

部分犯罪共同说认为,二人以上虽然共同实施了不同的犯罪(罪名),但当这些不同的犯罪之间具有重合的性质时,则在重合的限度内成立共同犯罪。法考采用此观点。

例如,甲以伤害的故意,乙以杀人的故意,二人共同对被害人毛毛拳打脚踢,造成毛毛死亡。甲成立故意伤害(致人死亡)罪,乙成立故意杀人罪,二人在故意伤害罪的范围内成立共同犯罪。

观点三:行为共同说①

行为共同说认为,共同犯罪是指数人共同实施了行为,只要行为具有共同性就可以成立共同犯罪;在"意思联络"方面,也不要求数人必须具有共同故意实施犯罪的意思联络,只要就实施行为具有意思联络(甚至过失的意思联络)就

---

① 【考生疑惑】不少考生认为,现在法考对于共同犯罪的成立坚持了"行为共同说"。部分教材也认为,法考坚持了"行为共同说"。笔者查阅了市场上目前的法考教材,认为法考坚持"部分犯罪共同说"的有罗翔、徐光华、杨艳霞等;认为法考坚持"行为共同说"的有蔡雅奇、孙自立等。我也与各位老师沟通过,事实上,两种观点并没有根本性的冲突,持"部分犯罪共同说"的论者对该学说进行了扩大解释,将部分行为共同的也认为是部分犯罪共同说;持"行为共同说"的论者对其学说作了扩大解释,认为行为不仅仅是客观上的行为,还包括主观上要有一定的共同故意。这就好比,某个姑娘说,想找一个172cm身高的男朋友,甲认为170cm以上就属于"高个",对"高个"进行了扩大解释,所以,甲认为该姑娘想找一个"高个"男友。乙则认为190cm以上才属于"高个",对"高个"进行了缩小解释,所以,乙认为该姑娘想找一个"矮个"男友。事实上,甲、乙都知道该姑娘期待男友的身高是172cm,这一点是共同的。回到争议问题,纯粹、标准的"行为共同说",不考虑行为人的主观是否有故意、是否有共同的故意,只要客观上有共同的行为,哪怕是过失的行为也成立共同犯罪。根据这一标准,二人共同打猎,过失开枪导致了被害人死亡,即使查不清是谁的枪打中了被害人,"共同过失"也成立共同犯罪,二人均需要对共同的死亡结果承担过失致人死亡罪的刑事责任。但这一观点明显与法考真题相违背,也与《刑法》第25条所规定的"共同犯罪是指二人以上共同故意犯罪"的立法相冲突。即便有部分人,甚至出题人赞同"行为共同说",但同时也认为这种学说与当前立法之间还存在一定的差距。例1.甲、乙二人共同商量去"搞"一 (转下页)

可以成立共同犯罪。用通俗的话来说,只要二人的行为"在一起",二人就是共同犯罪。

例如,甲、乙两人相约在一阳台上,选中离阳台 8.5 米左右处一个树干上的废瓷瓶为目标比赛枪法(共用一支 JW-20 型半自动步枪)。两人轮流各射击子弹 3 发,均未打中,但其中一发子弹穿过树干,将离阳台 100 余米的行人丙打死,无法查清是谁的子弹造成了被害人死亡。根据行为共同说,只要二人在客观上共同实施了不法行为,二者就可以成立共同犯罪,至于行为人主观上是故意还是过失,则不是需要考虑的问题。该案中,甲、乙二人共同实施了该行为,即便主观上对于造成被害人死亡结果是过失的,没有共同的故意,也成立共同犯罪,二人均需要对死亡结果负责,即二人均成立过失致人死亡罪。这种观点有其合理性,但是突破了《刑法》第 25 条所要求的"共同犯罪,是指二人以上共同故意犯罪"。

案例 1:【11502007】15 周岁的甲非法侵入某尖端科技研究所的计算机信息系统,18 周岁的乙对此知情,仍应甲的要求为其编写侵入程序。关于本案,下列哪一选项是错误的?(　　)①

A. 如认为责任年龄、责任能力不是共同犯罪的成立条件,则甲、乙成立共犯

B. 如认为甲、乙成立共犯,则乙成立非法侵入计算机信息系统罪的从犯

C. 不管甲、乙是否成立共犯,都不能认为乙成立非法侵入计算机信息系统罪的间接正犯

(接上页)个妇女,甲的"搞"是劫财,乙的"搞"是劫色,二人共同对被害妇女丙实施暴力殴打,当即被警察抓获,甲成立抢劫罪(未遂)、乙成立强奸罪(未遂)。这种情形下,可能认为甲、乙二人毕竟有共同"搞"(暴力殴打)的故意,可以认为二人在"暴力殴打"的范围之内成立共犯。如果"暴力殴打"导致了被害人轻伤,二人成立故意伤害罪的共犯。如果"暴力殴打"仅造成轻微伤(不构成犯罪),二人可以认为在违法行为(暴力殴打)的范围内成立共同,也就是说,二人重合的内容"暴力殴打"本身不构成犯罪,但二人也成立共同犯罪。但即便认为这种情形成立"共犯",至少二人有"故意",且有重合的故意,与纯粹的行为共同说还是有距离的。

所以,如果认为上述甲、乙成立共同犯罪是基于"行为共同说"得出的结论,要对该"行为共同"作扩大解释,是"有共同故意且重合"的共同行为。如果认为甲、乙成立共同犯罪是基于"部分犯罪共同说"得出的结论,要对该"部分犯罪共同"作扩大解释,该"犯罪共同"包括"违法行为(暴力轻微伤)"的共同。因此,无论持何种观点,都认为二者成立共同犯罪。

① 答案:D。

D. 由于甲不负刑事责任，对乙应按非法侵入计算机信息系统罪的片面共犯论处

案例2：甲、乙二人在马路边用气枪玩啤酒瓶射击比赛，看谁打中的瓶子多。在射击时，突然击中在旁边的路人丙，导致丙死亡，无法证明是谁的子弹打中的。

问题：请说明对甲和乙所应承担刑事责任的不同观点，并说明理由。

答案：

观点一（法考观点）：甲、乙二人不构成犯罪。理由：

（1）甲、乙二人没有杀人的故意，更没有共同的故意，仅有过失，共同过失不构成共同犯罪，每个人均只需要对自己行为所造成的结果承担责任。

（2）由于过失必须造成结果才能定罪处罚，且无法查明结果是谁造成的，故根据存疑有利于被告原则，不能将结果归属于甲和乙，甲、乙均无罪。

观点二：甲、乙均成立过失致人死亡罪。理由：

（1）只要有共同的客观行为就成立共同犯罪（行为共同说），甲、乙二人共同实施了开枪射击行为，即便没有故意也成立共同犯罪。所以甲和乙均需要对整体的结果承担责任，甲、乙均成立过失致人死亡罪。

（2）行为共同说有利于更好地惩治犯罪，实现刑法的社会防卫机能。尤其在各行为人基于共同的行为，但主观上存在过失，甚至共同过失的情形下，不认定为共同犯罪，难以追究各行为人的刑事责任，不利于对被害人利益的保护。

不足：背离了《刑法》第25条关于共同犯罪要求"二人以上共同故意犯罪"的规定，不符合罪刑法定原则的要求。并且，在没有共同故意且没有查清结果发生的原因的情况下，将所有共同行为人认定为犯罪，会过度扩张处罚范围，不符合罪责自负。

二十四、教唆无责任能力者能否成立共犯：肯定说与否定说

理论解读：教唆他人犯罪的，如果成立教唆犯，就意味着教唆者与被教唆者之间是共犯关系，被教唆者应该是有责任能力的人。但问题是，被教唆者应该具有

多大的责任能力,是应同时具有完全的辨认与控制能力,还是只需要具备部分责任能力也可以,对此可能存在不同的认识。如果对教唆犯的认定范围过宽,即对共同犯罪的认定过宽,就会限缩间接正犯的成立范围。反之,就会扩张间接正犯的成立范围。

案例:甲教唆有辨认能力但没有控制能力的精神病人乙,让乙用剪刀刺瞎丙的双眼。结果乙用剪刀将丙杀害。如何判断甲、乙之间的关系,甲是教唆犯(共同犯罪)还是间接正犯?毕竟甲主观上只有"教唆"伤害的故意,但客观上乙并没有责任能力,事实上起到了"间接正犯"的效果,但甲确实没有完全"支配、控制"乙的意图,如何处理该案?

观点一:甲成立教唆犯。教唆对象也可以是无责任能力者,但这里的无责任能力的人,一定是具有规范意识的人,即有辨认能力就可以。①

在本案中,虽然乙是无责任能力者,但是其具有辨认能力和规范意识,也就是说乙能够认识到自己的行为意义。因此,甲未并完全控制乙,应当成立教唆犯而非间接正犯。

甲教唆乙实施伤害行为,但乙最终实施了杀人行为,乙属于实行过限。伤害的故意与杀人行为在故意伤害罪内可以重合,甲成立故意伤害罪的教唆犯,对故意伤害罪(致人死亡)负责。

观点二:甲不成立教唆犯,成立间接正犯。若要成立教唆犯,教唆对象必须是有责任能力者,教唆未达责任能力的人,只能成立间接正犯。

在本案中,甲是唆使无责任能力的乙(精神病人)去实施犯罪,甲、乙就不成立共犯,甲仅能成立间接正犯。

甲以伤害的故意利用乙,乙最终实施了杀人行为,乙属于实行过限。伤害的故意与杀人行为在故意伤害罪内可以重合,因此甲最终成立故意伤害罪的间接正犯,对故意伤害罪(致人死亡)负责。②

---

① 参见张明楷:《刑法学》(第六版),法律出版社2021年版,第414页。
② 司法实务中也承认间接正犯存在实行过限。参见《刑事审判参考》指导案例【第1439号】徐某诈骗案——间接正犯是否存在实行行为过限。

二十五、亲手犯的共同犯罪中犯罪停止形态的认定:整体认定与分别认定

理论解读:亲手犯,是指犯罪构成要件中规定的实行行为只能由正犯亲自实施,而不能利用他人为工具,以间接正犯的方式实施的犯罪。一般是指必须由行为人亲自实施犯罪构成的实行行为才能实现的犯罪形态,主体与行为之间具有不可分割性或不可替代性是亲手犯的核心内容。典型的如强奸罪、脱逃罪。①

对于"亲手犯"的共同犯罪,部分行为人完成了犯罪,部分行为人没有完成。对于没有完成犯罪的行为人,能否认定为犯罪既遂,存在肯定说与否定说两种观点。肯定说更多地强调从整体性的角度把握共同犯罪,只要有部分行为人的行为既遂了,就可以认为共同犯罪已经既遂,其他共同犯罪人也需要承担犯罪既遂的责任。而否定说更多地强调分别从各行为人自身的角度看问题,认为亲手犯不同于其他犯罪,如果行为人本人没有实施完成相关行为(如奸淫、脱逃)的,应认定为犯罪未遂。

案例:甲、乙、丙共同强奸A,甲、乙实施强奸行为完毕之后,丙主动中止强奸行为。对于丙的行为如何认定?

观点一(法考观点):一人既遂,全体行为人都成立犯罪既遂,故丙的行为成立犯罪既遂。最高人民法院亦有案例支持这一观点,《刑事审判参考》指导案例第128号、第790号。

理由:

(1)能够更好地贯彻共同犯罪中"一人既遂、全体既遂",即使个别人没有实施强奸行为,但其对共同强奸行为的参与亦起到了作用,与其他人的犯罪既遂结果有因果关系。

(2)刑法中其他类型的共同犯罪,也是贯彻"一人既遂、全体既遂"。否认其构成犯罪既遂,一定程度上是否认各行为人之间是共同犯罪,将各行为人等

---

① 需要说明的,是否承认亲手犯的概念,在多大范围内承认亲手犯,理论上存在不同的观点。但是,至少,对于强奸罪、脱逃罪这类犯罪在认定共同犯罪时,确实其特殊性,即便认为其不属于亲手犯,也有必要专门讨论。

同于单个人犯罪。

观点二：丙的行为成立强奸罪的犯罪中止。陈兴良教授、最高人民法院1993年发布的案例支持这一观点。

理由：

(1)过度地强调"一人既遂、全体既遂"，忽略了行为人本身在犯罪过程中主观上更多的是"为自己"，亲手犯中，如果其行为没有完成，则应认定为犯罪未遂。

(2)如果以犯罪既遂论处，也不利于实现罪刑相适应原则，毕竟行为人主动中止了自己的犯罪行为。

二十六、片面共犯是否属于共犯：肯定说与否定说

理论解读：共同犯罪是"两相情愿""心心相印"，而片面共犯是"一相情愿""单相思"。片面共犯是指，参与同一犯罪的人中，一方认识到自己是在和他人共同犯罪，而另一方没有认识到有他人和自己共同犯罪。片面共犯中，"片面者"必须对他人的犯罪起到作用，有"因果力"，如果没有起到促进、帮助作用的，不能认定为片面共犯。①

片面共犯中，各行为人没有"共同"的故意，但客观行为"共同"导致了危害结果（各行为人的行为共同与结果之间有因果关系），不符合标准意义上的共同犯罪，但又不同于孤立的单个人犯罪，能否以共同犯罪论处，理论上还存在一定的争议。

类型一：片面的共同实行犯（正犯）

例如，甲以杀人的故意对乙实施砍杀行为（实行行为），在甲中途休息时，丙为了使甲的杀人行为能够更快完成，亦对乙砍了两刀后离去，最后甲将乙砍死。丙虽然参与了故意杀人的实行行为，但甲并不知情，丙的行为属于片面的共同实行犯（正犯）。

---

① 例1. 2021年仿真题：甲见赵某私入某小区王某家，猜想赵某是去盗窃，便在赵某不知情的情况下为赵某放风。后看到主人王某返回该小区，为拖延时间，故意与王某聊天，致使赵某盗窃既遂。甲构成盗窃罪的片面共犯（帮助犯），因为甲的放风行为对赵某的盗窃起到了实质性的帮助作用。例2. 2021年仿真题：甲看到李某私自进入某小区王某家，猜想李某是去盗窃，便在李某不知情的情况下为李某放风，其间什么也没发生，王某并没有回来。李某盗窃结束后，下楼时发现甲，才知道甲已经默默地为他"站岗"两个小时，便给甲100元。甲不构成盗窃罪的片面共犯，因为在该案中，甲的行为并没有对李某的盗窃行为起到任何作用，李某盗窃时也对此不知情，故甲不构成盗窃罪的片面共犯。

对于片面的共同实行犯(正犯)丙是否属于共同犯罪,存在不同的观点:(法考是观点展示,两种观点都考)

观点一:肯定片面共同正犯是共同犯罪,丙需要对其主观上认识到的全部行为负责任。即丙需要对整体行为承担责任,成立故意杀人罪既遂。(坐大牢)

观点二:否定片面共同正犯是共同犯罪,丙只需要对自己的行为单独承担责任。丙只砍了两刀,成立故意杀人罪未遂。(坐小牢)

事实上,无论是肯定还是否定片面共同正犯成立共同犯罪,都不至于放纵"片面者"丙,丙毕竟参与了实行行为(直接侵害法益),丙的行为本身亦可以构成犯罪。因此,两种观点都有一定的道理。

肯定说的理由在于:

(1)对于片面实行者,确实对他人的犯罪起到了促进作用,有因果力。

(2)如果否认共同犯罪而不认定为犯罪既遂,就是否认其行为与既遂结果之间有因果关系,也不符合客观事实,容易放纵犯罪分子。

肯定说的不足在于:

(1)片面共同实行犯确实不符合《刑法》对共同犯罪所要求的二人以上"共同故意"犯罪,扩张了共同犯罪的成立犯罪。这种观点违反了罪刑法定,且会让行为人突破刑法规定承担更为不利的后果(犯罪既遂)。

(2)承认片面的共同实行犯是共犯,就会导致"片面的共同实行犯"与"二人以上共同故意犯罪"均认定为共犯,对片面者给予了过重的刑罚,也不符合罪刑相适应原则。

类型二:片面的教唆犯

被教唆者没有意识到自己被教唆的情况。刑法理论上多否认片面的教唆犯。当然,也有观点认为,既然可以肯定片面的共同正犯,就没有必要否定片面的教唆犯。

例如,甲将乙的妻子丙与他人通奸的照片放在乙的桌子上,欲教唆乙杀害丙。乙发现后立即产生杀人故意,将丙杀死。但乙并没有认识到自己是被甲"教唆"而实施犯罪,甲是片面的教唆犯。

类型三：片面的帮助犯

例如，乙进入丙的住宅实施盗窃，甲在该小区散步时，发现了乙的盗窃行为，同时发现，被害人丙正在从外面回到小区门口。为了帮助乙顺利地实施盗窃而不被丙发现，甲拖着丙聊天长达四个小时，最后乙顺利盗窃而离去。本案中，甲没有实施盗窃罪的实行行为，但实施了帮助行为（与丙聊天），客观上确实对实行犯乙的盗窃行为起了帮助作用，是片面的帮助犯。

对于片面的帮助犯甲，是否属于共同犯罪，存在不同的观点：

观点一：如果肯定甲的片面帮助行为也是共犯，甲需要对共同的整体行为承担责任，甲构成盗窃罪既遂。（通说，法考观点，对于片面的帮助犯，不会出现观点展示问题）

观点二：如果否认片面帮助犯成立共犯，甲仅需要对自己的行为单独承担责任，但单纯的聊天行为本身，似乎难以被追究刑事责任。从这一意义上看，否认片面的帮助犯，意味着甲无从被追究刑事责任，这并不妥当。毕竟，甲对乙的盗窃行为确实有"贡献"。

【深度说理】 为什么片面的帮助犯必须认定为共同犯罪？

从生活道理来解释这个问题就是，片面的帮助行为，孤立地看，与日常生活行为并无二样，只有将片面的帮助行为与被帮助者的行为（实行行为）结合起来"共同"看，才能看出其危害性（狐狸尾巴）。因此，必须承认片面的帮助犯是共同犯罪。孤立地来看，本案中甲"和他人聊天四个小时"似乎还是一个"好人"，难以看清楚他的庐山真面目，只有将楼下聊天与楼上盗窃行为结合起来共同看，才不至于对甲"误判"。但是，前述类型一所指的片面的实行犯，由于实行行为已经直接侵害法益（前述案例中的砍被害人两刀），无论是对其进行孤立的考查，还是整体（共同）的考查，都能给其定罪，不至于放纵犯罪分子。所以，片面的实行犯是否成立共犯可以存在不同的理解。

案例1：【12101012】 A. 甲见赵某私入某小区王某家，猜想赵某是去盗窃，便在赵某不知情的情况下为赵某放风。后看到主人王某返回该小区，故意与王某聊天，拖延王某，为赵某盗窃争取时间，后赵某盗窃既遂。

答案:

甲构成盗窃罪的共同犯罪。

甲明知赵某进入他人住宅欲实施盗窃行为,仍然与返回家的主人王某聊天的,该聊天行为确实对赵某的盗窃起到了帮助作为,有因果关系。

甲成立盗窃罪的共同犯罪(帮助犯),系片面共犯。对于片面的帮助犯甲,应肯定片面帮助犯成立共犯,甲需要对共同的整体行为承担责任,甲构成盗窃罪既遂。(通说,法考观点)

案例2:【11702054】甲知道乙计划前往丙家抢劫,为帮助乙取得财物,便暗中先赶到丙家,将丙打昏后离去(丙受轻伤)。乙来到丙家时,发现丙已昏迷,以为是丙疾病发作晕倒,遂从丙家取走价值5万元的财物。关于本案的分析,下列哪些选项是正确的?(　　)①

A. 若承认片面共同正犯,甲对乙的行为负责,对甲应以抢劫罪论处,对乙以盗窃罪论处

B. 若承认片面共同正犯,根据部分实行全部责任原则,对甲、乙二人均应以抢劫罪论处

C. 若否定片面共同正犯,甲既构成故意伤害罪,又构成盗窃罪,应从一重罪论处

D. 若否定片面共同正犯,乙无须对甲的故意伤害行为负责,对乙应以盗窃罪论处

案例3:徐某得知蒋某将要强奸徐毛毛(女),便提前给徐毛毛投放了安眠药使其昏迷,并暗中观察蒋某的奸淫行为,但蒋某对此并不知情。待蒋某强奸徐毛毛并离开现场后,徐某又奸淫了徐毛毛。

问题:徐某的行为如何定性,存在几种观点,请说明理由。

答案:

徐某在未与蒋某通谋的情况下,基于单方面的意思提前给徐毛毛投放安眠药,方便蒋某奸淫徐毛毛,属于片面的共同正犯。关于片面共同正犯是否属于共同犯罪,存在以下两种观点:

---

① 答案:ACD。

观点一：徐某的行为成立轮奸。理由：

肯定片面共同正犯是共同犯罪。徐某需要对其主观上认识到的全部行为负责任，即徐某需要对整体行为承担责任，不仅要对自己的行为与结果负责，而且要对蒋某的奸淫行为承担责任，故徐某成立轮奸。

观点二：徐某的行为构成普通的强奸罪。理由：

否认片面共同正犯是共同犯罪。徐某只需要对自己的行为单独承担责任，不对蒋某的强奸实行行为负责，徐某仅构成普通的强奸罪。①

二十七、教唆未遂如何认定：共犯从属性与共犯独立性

理论解读：《刑法》第 29 条第 2 款规定：如果被教唆的人没有犯被教唆的罪，对于教唆犯可以从轻或者减轻处罚。根据这一规定，成立教唆未遂，只是"可以从轻或者减轻处罚"，但也会被追究刑事责任。

没有争议的是，教唆者教唆他人犯罪，被教唆者着手实施犯罪但未能既遂，对被教唆者认定为犯罪未遂，教唆者属于教唆未遂。因为此种情形下，被教唆者已经着手实施犯罪，行为的危险性已经较为紧迫，追究教唆者、被教唆者（实行者）未遂犯的责任是必要的。

存在争议的是：如果被教唆的人没有着手实施犯罪，能否适用《刑法》第 29 条第 2 款之规定，将教唆者认定为教唆未遂，进行处罚？例如，光华打电话教唆沛权杀人，苦口婆心教唆两个小时以后，沛权断然拒绝了光华的教唆，光华能否被认定为教唆未遂？存在两种观点：

观点一（共犯从属性，法考观点）：教唆犯的行为无罪（结果无价值论者多主张此观点）。②

---

① 参见张明楷：《刑法学》（第六版），法律出版社 2021 年版，第 599 页。可能会有人认为，即便否认徐某先前的行为构成强奸罪的片面共同正犯，但至少徐某也构成片面的帮助犯，需要对前强奸罪承担责任。因此，徐某需要对前、后强奸行为均承担责任，系轮奸。这种理解是错误的。刑法理论的主流观点认为，轮奸实质上是"共同强奸正犯（实行犯）"，即要求行为人对前、后强奸行为均实施了实行行为，而非帮助行为。只有徐某对前、后强奸行为均是实行犯，徐某才是轮奸。

② 例如，甲和乙均缺钱。乙得知甲的情妇丙家是信用社代办点，配有保险柜，认为肯定有钱，便提议去丙家借钱，并说："如果她不借，也许我们可以偷或者抢她的钱。"甲说："别瞎整！"乙未再吭声。——本案中，甲不接受教唆，甲无罪。根据共犯从属性理论，乙从属于甲，乙也无罪。（2009 年主观题）

这种观点的理论依据是"共犯从属性",只有单纯的教唆、帮助行为,并不构成犯罪;必须是被教唆、被帮助的人着手实施犯罪时,共犯才成立。如果被教唆者没有实施"实行行为",教唆、帮助行为便失去了凭借,对法益便不具有侵害的现实危险,不构成犯罪。应当说,共犯从属性理论限制了犯罪的成立范围,缩小了刑法的处罚面,对于推进刑罚轻缓化是有其积极意义的。①

观点二(共犯独立性):教唆犯的行为仍然成立犯罪,属于教唆未遂(行为无价值论者多主张此观点)。这种观点的理论依据是"共犯独立性",行为人的危险性一旦通过一定的行为流露出来,即可认定其有实行行为,这就是独立的犯罪行为。

无罪说(共犯从属性)的理由:(1)有利于缩小处罚范围,更好地贯彻了结果无价值。虽然行为人实施了教唆行为,但该教唆行为要经由被教唆者的"实行行为"才能侵害具体的法益。如果被教唆者没有"实行行为",从保护法益的角度看,无处罚的必要。(2)并且对于该类案件,实务中一般也不认定为犯罪,搜集相关的证据(教唆行为)也确属难事。

无罪说(共犯从属性)的不足是:(1)过于强调结果主义的导向,忽略了刑法对行为的塑造。毕竟行为人实施了教唆行为,甚至引起了他人的犯罪故意,只是因为被教唆者没有着手实行犯罪就认定为无罪,不利于严惩教唆者。(2)尤其是如果针对较为严重的犯罪实施教唆行为,为了贯彻共犯从属性理论而认定为无罪,不利于对重大法益的保护。

案例1:蒋某在和徐某聊天的过程中,表达了自己对徐毛毛(女)有强烈的好感,于是徐某怂恿蒋某用少量的安眠药,先让徐毛毛睡着,再对徐毛毛进行奸淫。蒋某听从徐某的建议,买了安眠药,准备晚上去徐毛毛家中将安眠药掺入徐毛毛水杯中再实施奸淫行为,但蒋某因为害怕最终放弃,未投安眠药。

问题:徐某的行为如何定性,存在几种观点,请说明理由。

答案:

徐某教唆蒋某对徐毛毛实施奸淫,但因蒋某害怕并未实施奸淫行为。对于

---

① 在共犯从属性内容,对于"从属"的程度不同,又会存在不同的观点。有的认为,只要被教唆者有预备行为,教唆者就应受处罚而认定为教唆未遂,即教唆者从属于被教唆者的预备行为;有的认为,只有被教唆者着手实行犯罪,教唆者才能认定为教唆未遂,即教唆者从属于被教唆者的实行行为。

徐某能否适用《刑法》第29条第2款之规定①,将徐某认定为教唆未遂,存在以下两种观点:

观点一:徐某的行为成立教唆未遂。理由:

共犯独立性的观点认为,行为人的危险性一旦通过一定的行为流露出来,即可认定其有实行行为,这就是独立的犯罪行为。

本案中,徐某教唆蒋某对徐毛毛实施奸淫行为,属于独立的犯罪行为,尽管蒋某没有着手实施被教唆的罪,徐某也应受处罚,成立教唆未遂。

观点二:徐某的行为无罪。理由:

共犯从属性的观点(通说)认为,只有单纯的教唆、帮助行为,并不构成犯罪,必须是在被教唆、被帮助的人着手实施犯罪时,共犯才成立。

本案中,徐某虽然教唆蒋某对徐毛毛实施奸淫行为,但因蒋某并未着手实施被教唆的罪,故徐某无罪。

案例2:李某非常恼火,回家与妻子陈某诉说。陈某说:"这种人太贪心,咱可把钱偷回来。"李某深夜到黄家伺机作案,但未能发现机会,便将黄某的汽车玻璃(价值1万元)砸坏。(2012年真题)

问题:对于陈某教唆李某盗窃的行为,应如何定性?

答案:

观点一:成立盗窃罪的教唆未遂。共犯独立性说认为,陈某的行为应该以犯罪论处,教唆者陈某能否定罪,不从属于被教唆者是否实施实行行为,仅独立于自己的教唆行为,只要教唆者实施了教唆行为就应该以犯罪论处。

观点二:无罪。共犯从属性说认为,教唆者能否定罪,从属于被教唆者是否着手实施了实行行为,由于被教唆的人没有实施盗窃(未着手),陈某的行为无罪。

二十八、共同犯罪中因打击错误侵害了"同伙":无罪说与有罪说

理论解读:在共同犯罪中,部分共犯人侵害了共同一方的其他共犯人的利

---

① 《刑法》第29条第2款:"如果被教唆的人没有犯被教唆的罪,对于教唆犯,可以从轻或者减轻处罚。"

益,对于被侵犯者,能否以犯罪论处,存在不同的观点。

例如,甲、乙共同伤害毛毛,二人在对毛毛实施开枪射击时,甲的子弹打中了乙致乙轻伤,毛毛趁机逃跑。甲的行为成立故意伤害罪无疑。而对于遭受伤害的乙,能否以故意伤害罪论处,存在不同的观点:

观点一:本人自身的法益不是犯罪侵害的对象,乙的行为不构成犯罪。

观点二(法考观点):乙毕竟实施了犯罪行为,至少有预备行为,只是没有造成其原本意欲造成的结果,应认定为故意伤害罪(预备)或未遂。

无罪说的理由是:贯彻了法益保护的导向,坚持了结果无价值。毕竟,乙的身体受到伤害,不是乙成立故意伤害罪的对象。换言之,乙自伤身体的行为也不会构成犯罪,仅因为乙有伤害的故意就认定其构成犯罪,会导致主观主义刑法观。

无罪说的不足是:过于注重行为没有造成刑法所保护的法益这一客观事实,忽略了乙主观上有犯罪的故意,客观上也为犯罪进行了准备,认定为无罪不利于规范乙的行为。

案例1:【11901002】甲准备去盗窃渔网(渔民为捕鱼设置大量渔网),渔民乙明知甲的行为,为其提供了渔船,甲利用渔船盗窃了渔网。事实上,甲盗窃的对象为乙家中的渔网。下列说法正确的是?(　　)①

A. 两人构成盗窃罪既遂

B. 两人构成盗窃罪未遂

C. 甲构成既遂,乙构成未遂

D. 甲构成既遂,乙构成犯罪预备

答案及解析:

乙构成盗窃罪预备。乙主观上有与甲共同盗窃的故意,客观上也支持了甲的盗窃行为,乙构成盗窃罪符合主客观相统一原则。但由于乙的财产不是乙的犯罪行为所侵害的对象,换言之,乙的盗窃对象应不包括自己本人所有的财产。对于乙的行为,究竟如何处理,理论上存在三种不同认识:

---

① 答案:D。

观点一(法考观点):盗窃罪预备。由于本案中,甲并没有着手盗窃"他人"的渔网,而是乙自己的渔网。故乙的行为也仅认定为预备行为,而非实行行为,成立盗窃罪预备。

观点二:无罪。由于没有实质上侵害法益,从客观主义、结果无价值的角度看,不构成犯罪。

观点三:盗窃罪未遂。乙和甲共谋参与了盗窃行为,并且事实上已经着手实施了盗窃行为,由于该渔网是乙自己的而不能认定为犯罪既遂,但可以将乙的行为认定为盗窃罪未遂。但如果认定为未遂的话,就意味着行为人着手实施了实行行为,有侵害法益的危险性。而本案中,乙的盗窃对象是自己的渔网,可以认为没有法益侵害的直接、紧迫危险,认定为犯罪未遂,可能有一定的疑问。

其中,不构成犯罪,是张明楷教授所主张的观点,但当年真题选项中并没有"无罪"这一选项(当年真题据考生回忆版,没有"无罪"的选项)。同时,张明楷教授也不赞成成立盗窃罪未遂,张明楷教授指出:"即使行为人相信渔网为他人所有,但事实上完全属于自己时,就没有作为诈骗未遂处罚的必要。"①命题人采用了相对折中的态度,既不认定为无罪,也不认定为未遂,而主张认定为犯罪预备。

案例 2:甲、乙、丙三名罪犯计划脱逃,三人共谋,如果有人追捕就开枪射击。在夜间逃亡的过程中,狱警追捕,甲误将乙当作追捕者,以杀人的故意向其射击,造成乙轻伤。(2022 年客观题延考)

答案及解析:

甲、乙、丙均成立故意杀人罪的共同犯罪,甲、丙成立故意杀人罪未遂,乙成立故意杀人罪预备。②

(1)如果甲射击的是追捕者或者其他人,仅造成了被害人轻伤,三名逃犯都要承担故意杀人罪未遂的刑事责任。因为相对于三名逃犯而言,其他任何人的生命都是其不得侵犯的法益。

(2)甲、丙对乙造成了伤害,应成立故意杀人罪未遂。

(3)乙不需要对自己的伤害结果承担责任。乙的生命、身体虽然是甲、丙不

---

① 张明楷:《诈骗犯罪论》,法律出版社 2021 年版,第 373 页。
② 当年该题是客观题,只考了一种观点,乙的行为成立故意杀人罪预备。

得侵犯的法益,但不是乙不得损害的利益。因此,就必须承认,乙与甲、丙的共谋行为虽然与乙的生命危险之间具有心理的因果性,但是,由于乙对自己的生命危险阻却了违法性,故在不法层面,只有甲与丙承担故意杀人罪未遂的刑事责任,甲是正犯,丙是共同正犯。

(4)乙参与了故意杀人罪的准备行为,成立故意杀人罪预备,综合考虑其危害性较小的,也可以认为乙不构成犯罪。

二十九、同种数罪是否需要并罚:否定说与肯定说

理论解读:我国刑法理论的多数观点认为,同种数罪不并罚。例如,行为人先后实施了多个故意杀人罪,也仅能认定为故意杀人罪一罪。但也有学者对此持反对意见,认为既然实施了数个独立成罪的行为,就应该数罪并罚。对于同种数罪,能否认定为数罪而并罚,存在不同观点:

观点一:否定说认为,同种数罪不并罚,认定为一罪即可。实务中,对于同种数罪,一般也不并罚,这也有利于实务操作。并且,行为人主观上是同一类型的故意,客观上是同一类型的行为,认定为一罪也是合适的。理由:

(1)对于同种数罪认定为一罪,符合实务的通行做法,在操作上也更具有便利性,无须细分为数罪。

(2)在我国司法实践中,多次盗窃的,累计计算盗窃数额,认定为一罪即可。多次故意杀人的,认定为故意杀人罪,综合评价为故意杀人罪情节严重即可。

不足:对于部分轻罪案件,如果将同种数罪仅认定为一罪,可能会违反罪刑相适应原则,需要并罚。例如,徐某对蒋某、肖某、夏某、李某等三十余人实施了故意伤害行为,将各被害人造成了轻伤。如果仅将徐某认定为故意伤害罪(轻伤)一罪,法定刑为三年以下有期徒刑,会导致罪刑失衡。

观点二:肯定说认为,应"有限度地承认"同种数罪可以并罚。如果以一罪论处,尤其是将数个同一罪名的轻罪认定为一罪,会导致罪刑失衡的,可以考虑并罚。

当然,如果同种数罪,认定为一罪时,不会导致罪刑失衡,则没有必要并罚。例如,徐某实施了入户抢劫、在公共交通工具上抢劫、持枪抢劫,对于徐某的三次抢劫行为,仅将其认定为抢劫罪一罪,作为加重情节,其法定刑为"十年以

上有期徒刑、无期徒刑或者死刑",仅认定为一罪也能实现罪刑均衡。

三十、法条竞合与想象竞合的关系的界定

理论解读:对于想象竞合与法条竞合的关系,是学界关注度非常高的一个问题。因为两种竞合关系,涉及不同的处罚原则,如果是想象竞合,择一重罪处罚;如果是法条竞合,特别法优先。例如,毛毛将江西的四特酒冒充价格更贵的茅台酒卖给他人,同时触犯了诈骗罪与销售伪劣产品罪,如果认为两罪是想象竞合,则应坚持重法优先而将其认定为诈骗罪。如果认为是法条竞合,则应坚持特别法优先而将其认定为销售伪劣产品罪。销售伪劣产品是一种特殊领域的诈骗,销售伪劣产品罪的入罪标准为 5 万元,诈骗罪的入罪标准为 3000 元。相同犯罪数额,认定为诈骗罪处罚更重。①

没有争议的是:如果两罪之间是包含与被包含关系(完全重合关系),属于法条竞合,典型的如非法拘禁罪与绑架罪、诈骗罪与保险诈骗罪,所有的绑架罪都包含了非法拘禁罪,所有的保险诈骗罪都符合诈骗罪的要件。如果两罪之间是偶然竞合,竞合程度很低的,是想象竞合,典型的如盗窃罪与破坏电力设备罪,只有极少数的盗窃案件会触犯破坏电力设备,如盗窃正在使用中的电线。或者说,破坏电力设备罪也并不必然符合盗窃罪的构成要件,很多破坏电力设备案件仅仅是"破坏"。

有争议的是:如果两罪竞合(交叉)程度不高,究竟是法条竞合,还是想象竞合,有一定的争议。例如,招摇撞骗罪与诈骗罪,冒充国家机关工作人员的招摇撞骗行为,除了骗钱,还可能骗荣誉、地位,与诈骗罪之间存在交叉重合,应当说,实务中有相当一部分的招摇撞骗罪是为了骗取财物,两罪重合(交叉)的程度比较高。又如,销售伪劣产品罪与诈骗罪之间,销售伪劣产品的行为多数可能欺骗了消费者(以假充真、以次充好、以不合格产品冒充合格产品),同时触犯了诈骗罪。但也有一些销售伪劣产品的行为是以假卖假,直接告诉买方真相,并不触犯诈骗罪。因此,销售伪劣产品罪与诈骗罪存在交叉重合。对于上述重合程度较高的,究竟是想象竞合,还是法条竞合,存在争议。

---

① 参见徐光华:《金融诈骗罪特别从宽于诈骗罪的再认识》,载《中国法学》2024 年第 1 期,第 85 页。

表1展示了想象竞合与法条竞合的异同点。

表1

	想象竞合	法条竞合
相同点	一行为触犯数罪名(行为的竞合)	一行为触犯数罪名(法条的竞合)
不同点	所触犯的两个罪名之间原来没有任何关系 例.盗窃罪与破坏电力设备罪,只是由于行为人实施了特殊的行为,例.盗窃正在使用中的电力设备,才使我们将此二罪联系起来。——偶然的竞合	两个罪名之间天然就存在交叉或者包含关系,一眼就能够看出来,或者稍作分析就能够看出来。——必然的竞合 例1.贷款诈骗罪与诈骗罪,我们一看就知道,贷款诈骗罪是诈骗罪的"儿子",二者之间存在包含关系; 例2.交通肇事罪与过失致人死亡罪,交通肇事罪的案件绝大多数是致人死亡的,稍作分析我们就知道,交通肇事案件有相当一部分属于过失致人死亡罪,二者之间存在交叉关系。
	想象竞合是行为人的一行为偶然地符合多个罪名,它与法律条文如何规定本身无关,而与犯罪人实施犯罪的行为有关,所以是一种动态竞合。对于想象竞合,行为人的行为究竟符合哪些犯罪的构成要件,需要在判决书中明确列举出来,以便让人判断行为人所触犯的多个罪名孰轻孰重,以及法官对从一重罪处罚的把握是否准确。——临时的竞合	法条竞合,形式上存在竞合关系,但在适用法律时,一旦选择甲罪,就排斥乙罪的适用,判决中只需要列举适用的罪名即可,对于没有适用的罪名,可以不予理会。——永恒的竞合 例.在道路上开车过失撞死他人,仅适用交通肇事罪就可以,无须解释为什么不适用过失致人死亡罪,因为特别法优于一般法。
	损害的一般是两个客体 例.盗窃正在使用中的电力设备。如果定盗窃罪,那么破坏电力危害公共安全的属性则没有评价。如果定破坏电力设备罪,仅评价了破坏电力设备危害公共安全的属性,没有评价行为的侵财属性。(重法优先)	用一个罪评价就可以 例1.行为人实施贷款诈骗行为,虽然既符合诈骗罪的构成要件,也符合贷款诈骗罪的构成要件,但仅以特别法贷款诈骗罪一罪就足以评价该行为,而不会出现想象竞合犯中以一罪论处会出现评价上的不完整。(特别法优先) 例2.国家工作人员甲非法为境外机构提供国家秘密的,甲构成为境外机构非法提供国家秘密罪和故意泄露国家秘密罪的法条竞合,仅认定为为境外非法提供国家秘密罪。(2020年公法卷第56题D项)

(续表)

	想象竞合	法条竞合
	结论： 1. 交叉(竞合)的程度很小,可以认为是想象竞合。 2. 如果两罪交叉(竞合)的程度很大,观点展示:法条竞合(多数学者)、想象竞合(少数学者)。 3. 两个法条处于包含关系时,属于法条竞合。即:一个法条能够充分评价另一个行为的所有不法内容时。	

【深度讲解】想象竞合与法条竞合的"竞合"程度之差异①

想象竞合与法条竞合均是一行为触犯了两(数)罪名,主要差异在于,所触犯的两罪名之间的竞合(重合)程度。

第一,如果两罪之间完全没有任何关联,如脚注中的图(1),是对立关系,不存在竞合。类似于故意杀人罪与贪污罪,一个行为同时触犯故意杀人罪与贪污罪的概率几乎没有,可以认为,故意杀人罪与贪污罪是对立关系,完全不存在竞合。

第二,两罪之间存在完全包含关系的竞合,100%重合,如脚注中的图(2),这是较为典型的法条竞合。其本质在于,A 罪的构成要件能够完全包含 B 罪的构成要件,就好比,100 元能够完全包含 80 元。仅侵犯了一个罪的客体,或者说用其中一个罪评价(处罚)即可。

例1. 故意杀人罪与故意伤害罪,任何故意杀人,都是程度更为严重的故意伤害,可以认为故意杀人罪与故意伤害罪是完全包含关系,是法条竞合。——生命权(故意杀人罪的保护法益),生命权包括了身体健康权(故意伤害罪)。可以认为,故意杀人罪是"致人死亡型的伤害"。

例2. 绑架罪与非法拘禁罪,所有的绑架罪,都必然包含非法拘禁罪,绑架罪

①
图(1) 对立　　图(2) 包含竞合　　图(3) 交叉竞合

就是在非法拘禁罪的基础上,再增加了勒索财物的目的。——绑架罪的客体包含了非法拘禁罪的客体。可以认为,绑架罪是"勒索财物型的非法拘禁"。

例3. 强奸罪与强制猥亵罪,所有的强奸罪,都是强制猥亵罪的升级版。可以认为,强奸罪是"发生性交型的猥亵"。

例4. 贷款诈骗罪必然涉及骗取贷款罪,抢劫致人死亡和抢劫罪的基本犯,都是法条竞合关系。

第三,两罪之间存在交叉关系,如脚注中的图(3),视交叉(重合)的程度来判断两罪的关系。侵犯了两个罪的客体,A罪不能完全包含B罪。

(1)两罪竞合(重合)程度较低的,是想象竞合。并非所有的A罪都符合B罪的构成要件,或者说,并非所有的B罪都符合A罪的构成要件。

例1. 较为典型的如盗窃罪与破坏电力设备罪,并非所有的盗窃罪都符合破坏电力设备罪,仅有少部分盗窃罪(如盗窃正在使用中的电线)符合破坏电力设备罪的构成要件,两罪的竞合(重合)程度非常低。

盗窃案件,触犯破坏电力设备罪的比例非常低,同时,破坏电力设备罪会触犯盗窃罪的比例也非常低。可以认为,全国每年发生的盗窃案件,能够同时触犯(竞合、重合)破坏电力设备罪的,可能不到万分之一。因此,是想象竞合。

例2. 甲把300g毒品稀释至1000g,并告知乙这是纯毒品,让乙以纯毒品的价格卖给丙。乙将毒品以纯毒品的价格卖给丙,并将所卖钱款交给甲。甲的行为成立诈骗罪与贩卖毒品罪的想象竞合。(2020年真题)

诈骗罪与贩卖毒品罪竞合的程度太低。多数诈骗罪与贩卖毒品罪没有关系;同时,多数贩卖毒品罪与诈骗罪也没有关系。本案行为人以不纯的毒品冒充纯毒品销售,同时触犯了诈骗罪与贩卖毒品罪,是想象竞合。

(2)争议点:竞合(重合)程度很高的,比如80%以上重合,多数学者认为是法条竞合,少数学者认为是想象竞合。

例1. 交通肇事罪与过失致人死亡罪。认定为交通肇事罪的案件,达到犯罪的程度的,应该绝大多数都造成了被害人死亡,当然,也有少数是重伤的。因此,交通肇事罪与过失致人死亡罪的重合度(交叉度)较高,但不是完全重合,可以认为是法条竞合。换言之,交通肇事罪中致人死亡的案件,符合过失致人死亡罪的构成要件;交通肇事罪中致人重伤的案件,不符合过失致人死亡罪的构成要件。两罪不是完全重合,不是包含与被包含的关系。

但也有少数观点认为,只要两罪不是包含与被包含的关系,不是完全重合关系,就是想象竞合,交通肇事罪与过失致人死亡罪是想象竞合。

例2.招摇撞骗罪与诈骗罪。招摇撞骗罪骗取的不仅限于财物(通常是),还可能是荣誉、地位等。对于骗取财物型的招摇撞骗行为,可以认定为诈骗罪。但还有部分招摇撞骗行为(骗取荣誉、地位)不能认定为诈骗罪。因此,两罪之间只能说是部分(或较高度)重合。有观点认为是法条竞合,有观点认为是想象竞合。(2022年客观题)

例3.破坏军婚罪与重婚罪。两罪的行为方式不完全一致,破坏军婚罪的行为方式包括:再结婚、同居。而重婚罪的行为方式,仅限于"再结婚"(含事实婚姻)。

行为人与军人的配偶"再结婚"的,同时构成破坏军婚罪与重婚罪。但是,与军人的配偶同居的,构成破坏军婚罪,却不构成重婚罪。也就是说,破坏军婚罪的案件,并非都构成重婚罪,两罪是交叉竞合,重合度较高。多数观点认为是法条竞合,少数观点认为是想象竞合。

案例1:关于法条关系,下列哪一选项是正确的(不考虑数额)?(　　)(单选)①

A.即使认为盗窃与诈骗是对立关系,一行为针对同一具体对象(同一具体结果)也完全可能同时触犯盗窃罪与诈骗罪

B.即使认为故意杀人与故意伤害是对立关系,故意杀人罪与故意伤害罪也存在法条竞合关系

C.如认为法条竞合仅限于侵害一犯罪客体的情形,冒充警察骗取数额巨大的财物时,就会形成招摇撞骗罪与诈骗罪的法条竞合

---

① 答案:D。

D. 即便认为贪污罪和挪用公款罪是对立关系，若行为人使用公款赌博，在不能查明其是否具有归还公款的意思时，也能认定构成挪用公款罪

案例 2：徐某从网络购物平台买了假警服和假警官证，冒充警察，欺骗路过的货车司机蒋某，称前方一公里处河堤水位过高，征用蒋某的货车开入河中填堵洪水，并开具虚假的证明，让蒋某去找有关部门补偿。蒋某见徐某是警察便同意，随即将货车交给徐某，徐某开车离开。（货车价值数额特别巨大）

问题：有人认为徐某构成招摇撞骗罪，你支持还是反对，请说明理由。

答案：

观点一：招摇撞骗罪与诈骗罪是法条竞合，应坚持特别法优先，徐某的行为构成招摇撞骗罪。理由：

本案中，徐某通过假警服和假证件冒充警察，足以使蒋某相信其警察身份，利用该身份欺骗蒋某，侵犯了国家机关的公共信赖，构成招摇撞骗罪。招摇撞骗行为是一种特殊领域的诈骗行为，应坚持法条竞合特别法优先，认定为招摇撞骗罪。

观点二：招摇撞骗罪与诈骗罪是想象竞合，应坚持重法优先，徐某的行为诈骗罪。理由：

本案中，徐某编造"自己是警察、前方河堤水位过高，需要征用货车填堵洪水"等事实，使得蒋某产生错误认识，基于错误认识将货车交付给徐某，构成诈骗罪。同时也触犯了招摇撞骗罪。考虑如果认定为诈骗罪"数额特别巨大"判处的刑罚更重，因此以诈骗罪论处，能更好地实现罪刑相适应。

案例 3：赵甲怕警察发现逃到外省，向王某借款 10 万元开了一个小商店，伙同孙某将价值 20 元的低档白酒当作价值 3000 元的高档白酒销售，获利 60 万余元。赵甲认为孙某没有起到什么作用，只分给孙某 5 万元。

问题：有人认为赵甲与孙某构成销售伪劣产品罪，你支持还是反对。

答案：

即对于销售伪劣产品罪与诈骗罪，究竟是想象竞合还是法条竞合，存在不同的观点。

观点一：如果认为是想象竞合，应坚持重法优先，认定为诈骗罪。

观点二：如果认为是法条竞合，应坚持特别法优先，认定为销售伪劣产品罪。也就是说，该案究竟是定诈骗罪，还是销售伪劣产品罪，可以从不同的角度来说明自己的理由，都是合理的。

案例4：甲盗伐了国有森林的100棵树，价值200万元。①

问题：关于甲的行为，有一种观点认为应以盗窃罪论处。还有一种观点认为应以盗伐林木罪论处。请说出两种观点的理由和不足。你支持哪种观点，请说明理由。

答案：

观点一：甲的行为成立盗伐林木罪。理由：

盗伐林木罪与盗窃罪之间是法条竞合的关系。甲的行为同时触犯盗伐林木罪与盗窃罪的，应当适用法条竞合中特别法优先于一般法的规则，认定为特别法盗伐林木罪。

这种观点的不足：这种观点违背了罪刑相适应原则。盗伐林木罪的最高法定刑为15年有期徒刑，而盗窃罪的最高法定刑为无期徒刑。根据司法解释规定，非法实施剥树皮的行为，牟取经济利益较大的，以盗窃罪论处。② 据此，如果剥100棵树的树皮，价值100万元的，就可以以盗窃罪论处，判处无期徒刑。但是，如果盗伐100棵树，价值200万元的，以盗伐林木罪论处，却只能最高判处15年有期徒刑，违背了罪刑相适应原则。

观点二：甲的行为成立盗窃罪。理由：

这种观点认为，盗伐林木罪与盗窃罪之间是想象竞合的关系。本案中，甲盗伐价值200万元的100棵树，值得判处无期徒刑。因此，应当按照想象竞合犯从一重处，认定为盗窃罪。当然，也有观点认为，即便认为盗窃罪与盗伐林木

---

① 参见张明楷：《洗钱罪的保护法益》，载《法学》2022年第5期，第69页。
② 根据2023年《最高人民法院关于审理破坏森林资源刑事案件适用法律若干问题的解释》第11条规定，下列行为符合《刑法》第264条规定的，以盗窃罪定罪处罚：（一）盗窃国家、集体或者他人所有并已经伐倒的树木的；（二）偷砍他人在自留地或者房前屋后种植的零星树木的。非法实施采种、采脂、掘根、剥树皮等行为，符合《刑法》第264条规定的，以盗窃罪论处。在决定应否追究刑事责任和裁量刑罚时，应当综合考虑对涉案树木资源的损害程度以及行为人获利数额、行为动机、前科情况等情节；认为情节显著轻微危害不大的，不作为犯罪处理。

罪是法条竞合,此时为了实现罪刑相适应,也应坚持重法优先。

这种观点的不足:这种观点突破了法条竞合与想象竞合的区分标准。在一个行为同时触犯两个法条时,只适用其中一个法条就能够充分、全面评价行为的所有不法内容时,成立法条竞合。本案虽然触犯了盗窃罪与盗伐林木罪,但认定为盗伐林木罪能实现对行为的全面评价。因此,二者应该是法条竞合的关系。

我的观点:甲的行为成立盗伐林木罪。理由:

(1)对这种立法上的特别考虑,在司法上必须尊重。① 刑法对盗伐林木罪这一特别罪的处罚轻于盗窃罪,盗伐林木的行为与一般的盗窃行为相比,发案率低、行为实施的难度较大、侦查机关对该类行为不容易侦破、对公众造成的恐慌程度较低等因素决定了公众对该类行为的容忍程度较高。②

(2)立法上降低盗伐林木罪的法定最高刑,是出于缩小刑罚打击面的目的。因此,在进行法律解释时应当尊重这种立法选择,依照法条竞合特别法优先的原则,认定甲的行为成立盗伐林木罪。

三十一、结果加重犯之基本犯罪行为与加重结果的因果关系判断:扩张说与限制说

理论解读:结果加重犯所要求的基本犯罪行为与加重结果之间的因果关系,如何认定,可能存在不同的认识。有的持限制说,强调行为性质,强调行为本身具有造成加重结果的可能性,才认定具有较为直接的因果关系,从而认定为结果加重犯。有的则进一步扩大解释(法考观点,扩张说),除行为本身的性质之外,行为所处的时空、情境如果具有造成加重结果的高度可能,进而造成了加重结果的,也应认定为结果加重犯。

案例:徐某路上闲逛时,偶遇仇人蒋某,徐某遂决定教训一下蒋某。徐某捡

---

① 参见周光权:《法条竞合的特别关系研究——兼与张明楷教授商榷》,载《中国法学》2010年第3期,第158页。

② 参见石溅泉、杜伟:《论盗伐林木罪与盗窃罪的关系——与张明楷教授商榷》,载《重庆文理学院学报(社会科学版)》2012年第1期,第82页。

起地上的砖头朝蒋某腿部砸去。蒋某见状跳入旁边的河中。徐某见蒋某在水中挣扎,在未确认蒋某是否会游泳的情况下离开现场。后蒋某因不会游泳,溺死在河中。

问题:徐某的行为是否成立故意伤害(致人死亡)罪这一结果加重犯?

答案:

观点一(扩张说、法考观点)认为,徐某构成故意伤害(致人死亡)罪。

(1)徐某的追杀行为导致蒋某跳入旁边的河中,是正常的介入因素,不中断因果关系,徐某应对蒋某跳水负责。

(2)徐某虽然不确定蒋某是否会游泳,但至少主观上对蒋某当时溺水有预见的可能性,具有过失,应对蒋某的死亡结果负责,认定为故意伤害(致人死亡)罪这一结果加重犯。

观点二(限制说)认为,徐某不构成故意伤害(致人死亡)罪。这种观点认为,用石头砸被害人的腿这一行为本身并不具有致人死亡的高度危险性,不宜认定为结果加重犯。

扩张说的理由是:(1)结果加重犯是强调基本犯罪行为具有造成加重结果的高度可能性,行为人还实施了该基本犯罪行为,当然需要对该加重结果负责。(2)即便行为本身不具有造成加重结果的可能,如果行为所处的情境决定了行为具有加重结果的可能,行为人主观上亦对此有认识,说明其主观恶性较大,应以结果加重犯论处。

扩张说的不足是:(1)我国刑法对结果加重犯所规定的法定刑过重,过于扩张其成立犯罪会导致处罚畸重。(2)并且,脱离行为本身的属性而以行为所处的时空环境来判断行为是否具有造成加重结果的高度可能性,会存在判断上的不准确性。这样也会导致,相同的行为,因为所处的情境不同,在认定结果加重犯这一问题上,出现截然相反的结论。

三十二、不同犯罪之间的关系:竞合与对立

理论解读:早期刑法理论多强调不同犯罪之间是对立关系(非此即彼)。也就是说,毛毛的行为要么构成 A 罪(抢劫罪),要么构成 B 罪(绑架罪),抢劫罪

与绑架罪是对立关系。这就像"男人"与"女人"的关系,毛毛要么是男人,要么是女人,而不可能既是男人又是女人。

而现今刑法理论(法考观点),已经逐步强调犯罪之间的竞合关系(亦此亦彼),行为在构成 A 罪的同时,并不能否认其同时构成 B 罪,A 罪与 B 罪存在重合。这就像"江西人"与"好人"的关系,我是"江西人",但同时也可能是"好人"。适度承认不同犯罪之间存在竞合的理由在于:

第一,可以更为合理地解决实务中的诸多疑难且定性存在争议的问题,能够更好地实现罪刑相适应。

例1. 甲(成年女性)猥亵了乙(男儿童),成立猥亵儿童罪。但是,如果甲强行与乙(男儿童)发生性关系呢,如果认为"猥亵"和"强奸"是两个独立的、对立的行为,那么,甲的行为将无法定罪,因为根据《刑法》第236条的规定,强奸罪对象是女性。但是,得出这样的结论,显然是不合理的。甲猥亵乙可以成立犯罪(猥亵儿童罪),强奸乙却不能定罪?

但这是机械地坚持罪刑法定原则,问题的根源出在将猥亵、强奸看作两种完全不同的行为,即认为二者是对立关系。事实上,换个角度看问题,认为猥亵的危害系数是50分,强奸的危害系数是100分,强奸是"超级猥亵",二者之间存在竞合关系(重合),就可以很好地解决这一问题了。甲强奸乙(男儿童)的行为,至少可以认定为猥亵儿童罪。

例2.《刑法》规定了非法出租、出借枪支罪。甲(警察)将枪借给其表弟乙玩3天,甲的行为构成非法出借枪支罪。但如果甲将枪送给其表弟乙呢?

可能有人认为,《刑法》没有规定非法送枪罪,仅规定了非法出租、出借枪支罪,故甲的行为无罪。得出这样的结论,明显不合理。其症结在于,将"出租、出借"与"送"理解为是对立关系,认为"送"不是"出租、出借"。但是,完全可以换一个角度看问题,"送"相当于无数次、永久性的"出借",既然出借一次都构成非法出借枪支罪,那么,永久性的、无数次的出借(送),至少可以认定为非法出借枪支罪。

第二,生活道理也告诉我们,对于有些问题,我们不要太过于强调对立。

例3.某沙县小吃店的各项食品的价格明了,都是以人民币计价的。但甲身上只有美元,如果认为美元与人民币之间是对立关系,那甲就不能吃饭了,就得饿死?显然不合适。完全可以认为,美元是可以换算为人民币的,1美元等于6.45元人民币(以当时汇率),该店完全可以强调美元与人民币的竞合(换算),甲支付美元也可以购买食品,这样才有助于解决问题,而不至于饿死甲!

当然,有些犯罪行为不可能存在竞合关系,例如,盗窃罪与故意杀人罪,完全是毫不相干的罪名。又如,美元和冥币之间,也毫不相干,不可能换算。承认不同犯罪之间的竞合的问题在于:过度强调犯罪之间的竞合,会模糊行为的类型特征。例如,前述案例中谈到,承认强奸与猥亵的竞合,将"强奸"行为也理解为是特殊的"猥亵"行为,就会模糊"强奸"与"猥亵"的界限。因为,在社会一般人的观念中,"强奸"是要发生性关系的,而"猥亵"是不发生性关系的。如果认为"强奸"也属于"猥亵",那么"猥亵"行为也可以发生性关系,与强奸行为之间的界限就模糊了。

刑法本质上是一种行为规范,需要向公众清晰地表明每个犯罪的行为类型特征、不同犯罪之间的差异,进而指导、评价、规范公众的行为。过度地强调不同犯罪之间的竞合,将会导致刑法的行为规制机能受损,也使刑法各罪名的构成要件缺乏明确性。

案例1:根据《刑法》与司法解释的规定,国家工作人员挪用公款进行营利活动、数额达到1万元或者挪用公款进行非法活动、数额达到5000元的,以挪用公款罪论处。国家工作人员甲利用职务便利挪用公款1.2万元,将8000元用于购买股票,4000元用于赌博,在1个月内归还1.2万元。能否认定为挪用公款罪?(2014年卷二62题)

"非法活动"与"营利活动"不是对立关系,可将赌博行为评价为营利活动,认定甲属于挪用公款1.2万元进行营利活动,故甲的行为成立挪用公款罪。例如,甲挪用公款8000元购买了第一只股票,又挪用公款4000元购买了第二只股票,共计挪用1.2万元公款从事营利活动,甲的行为成立挪用公款罪无疑。而甲的行为的危害性比真题中的行为人的危害性要轻,如果真题中的行为人的行为不认定为犯罪，显然是不合适的。虽然孤立地看，真题中行为人挪用公款从事非法活动（4000元）、从事营利活动（8000元）均未达到犯罪的标准。但是，可以将"非法活动"解释为"营利活动"，赌博行为虽然是非法活动，也是以营利为目的的。这样一来，行为人的行为解释为挪用公款12000元从事营利活动，进而认定为挪用公款罪。

案例2：一个月后，甲与张某发生矛盾后，甲以伤害故意砍张某两刀，随即心生杀意又砍两刀，但是四刀中只有一刀砍中并致其死亡，且无法查明由前后四刀中的哪一刀造成死亡。后甲逃离。

问题：甲的行为如何认定？可以谈不同观点。请说明理由。

答案：

观点一：甲的行为可分别认定为故意伤害罪未遂与故意杀人罪未遂，应数罪并罚。理由：

如果认为故意杀人罪与故意伤害罪是对立关系，根据事实存疑有利于被告原则，没有证据证明甲的前两刀（伤害行为）确定造成了被害人受伤结果，故前两刀的行为只能认定为故意伤害罪（未遂）；同样，也没有证据证明甲的后两刀（杀人行为）确定造成被害人死亡结果，故后两刀的行为也仅能认定为故意杀人罪（未遂）。所以，甲的行为应分别认定为故意伤害罪未遂与故意杀人罪未遂，应数罪并罚。

观点二：甲的行为成立故意伤害（致人死亡）罪。理由：

如果认为故意杀人罪与故意伤害罪是竞合关系，即故意杀人罪是程度更为严重的故意伤害罪，无论是前两刀（伤害行为）造成被害人死亡，还是后两刀（杀人行为）造成被害人死亡，甲的行为已经造成了被害人死亡的结果。根据事实存疑有利于被告原则，无论是伤害行为，还是杀人行为（与伤害行为存在竞合，是更为严重的伤害），至少可以认为伤害行为造成了死亡结果。故，甲的行为成立故意伤害（致人死亡）罪。

案例3：甲在高某下班后，将高某堵在一条小巷，要求高某交出10万元。高某未随身携带财物。甲便持刀架着高某到高某家中当面向其丈夫何某要钱，何某按要求将10万元打入指定账户。甲收到钱后离开。

问题:甲的行为如何认定？可能存在几种观点。请说明理由。

答案:

观点一:甲的行为仅成立抢劫罪。理由:

如果认为抢劫罪与绑架罪是对立关系。本案中,犯罪行为人、被害人都在犯罪现场,是两面关系,甲的行为仅成立抢劫罪,不构成绑架罪。

观点二(法考观点):甲的行为成立抢劫罪,亦成立绑架罪。理由:

如果认为抢劫罪与绑架罪是竞合关系,而非对立关系。既然交付财物的人,不在犯罪现场(三面关系),都能成立绑架罪。那么,本案中,甲绑架高某后,当场向其丈夫索要财物的,更应该成立绑架罪,与抢劫罪存在竞合。

案例4:关于诈骗罪和盗窃罪,下列选项正确的是？(　　)(多选)(2020年真题)①

A.如果诈骗罪是盗窃罪的间接正犯,那么所有的诈骗罪都符合盗窃罪的构成要件

B.无论按照什么学说,一个行为针对同一对象,不可以既构成盗窃罪又构成诈骗罪

C.即使认为盗窃罪与诈骗罪是对立关系,一个行为同时侵害两个对象的,可能同时触犯盗窃罪与诈骗罪

D.如果认为诈骗罪必须具有处分的意识,则一个行为一般不会同时成立盗窃罪与诈骗罪

三十三、注意规定与法律拟制

理论解读:注意规定的设置,并不改变相关规定的内容,只是对相关规定内容的重申;换言之,即使刑法不设置该注意规定,也应该是这样处理的,或者说,删掉这一规定也没有关系。例如,《刑法》第156条规定:与走私罪犯通谋,为其提供贷款、资金、账号、发票、证明,或者为其提供运输、保管、邮寄或者其他方便的,以走私罪的共犯论处。这一规定是关于走私犯罪的共犯的注意规

---

① 答案:ACD。

定,但即便没有这款规定,根据共同犯罪的基本理论,"与走私罪犯通谋"的,也应该以走私罪的共犯论处。

法律拟制,是指将原本不符合某种规定的行为也按照该规定处理。也就是说,刑法对这一问题作了特别规定。换言之,在法律拟制的场合,尽管立法者明知T2与T1在事实上并不完全相同,但出于某种目的仍然对T2赋予与T1相同的法律效果,将T2视为T1的一个事例,对T2适用T1的法律规定。例如,《刑法》第269条规定:犯盗窃、诈骗、抢夺罪,为窝藏赃物、抗拒抓捕或者毁灭罪证而当场使用暴力或者以暴力相威胁的,依照本法第263条(抢劫罪)的规定定罪处罚。此即法律拟制。因为该条规定的行为(T2)原本并不符合《刑法》第263条(抢劫罪)的构成要件(T1),但第269条将该行为(T2)赋予与第263条抢劫罪(T1)相同的法律效果;如果没有第269条的规定,对上述行为就不能以抢劫罪论处,而只能对前一阶段的行为分别认定为盗窃、诈骗、抢夺罪,将后一阶段的行为视性质与情节认定为故意杀人罪、故意伤害罪。

存在争议的问题是:刑法中的部分规定,究竟是注意规定还是法律拟制,理论上可能存在不同的观点。例如,《刑法》第247条前段规定了刑讯逼供罪与暴力取证罪,该条后段规定,致人伤残、死亡的,依照本法第234条、第232条的规定定罪从重处罚。类似的规定还有,《刑法》第238条(非法拘禁罪)第2款规定:非法拘禁过程中,使用暴力致人伤残、死亡的,以故意伤害罪、故意杀人罪论处。如何理解这些规定?

如果认为本规定属于法律拟制(法考观点),那么,只要是刑讯逼供或者暴力取证致人死亡的,无论行为人主观上是"故意"还是"过失"导致被害人死亡的,均应转化为故意杀人罪。换言之,尽管"过失导致被害人死亡的行为"原本不符合故意杀人罪的成立条件,但法律仍然赋予其故意杀人罪的法律效果。

如果认为本规定属于注意规定(实务观点),那么,刑讯逼供过程中过失致人死亡的,仅能认定为过失致人死亡罪。只有故意致人死亡的,才能认定为故意杀人罪。《刑法》第247条的规定并不能改变故意杀人罪、过失致人死亡罪的认定规则。

案例1:毛毛组织、领导了一起聚众斗殴事件,在聚众斗殴过程中,毛毛这方的积极参加者蒋某将对方的肖某殴打致死,蒋某对肖某主观上仅有伤害的故意,对肖某的死亡结果持过失的心态。

问题:毛毛、蒋某的行为构成何罪?是否存在不同的观点?请说明理由。
答案:
观点一:毛毛、蒋某的行为成立故意杀人罪。理由:
将《刑法》第292条第2款的规定认定为法律拟制①,在聚众斗殴过程中只要致使他人死亡,无论行为人主观上是故意还是过失,都应以故意杀人罪论处。

(1)《刑法》将聚众斗殴过程中致人死亡认定为故意杀人罪,其目的是严惩该类行为,即使行为人主观上是出于过失,也应认定为故意杀人罪。

(2)并且,司法实践中,聚众斗殴过程中造成被害人死亡的,行为人主观上绝大多数是出于故意,要再进一步具体认定行为人主观上是故意还是过失,会增加实务操作的难度,应直接推定为行为人主观上对死亡结果有故意,成立故意杀人罪。

不足:

(1)将仅基于过失,甚至无罪过的造成被害人死亡的行为认定为故意杀人罪,一定程度上背离了罪刑相适应原则,会不当加重对被告人的处罚。

(2)同时,不区分行为人主观上是故意、过失还是无罪过,一律认定为故意杀人罪,既会导致不同的行为得到相同的处理结果,也会导致司法人员不努力甄别行为人主观心态的司法惰性。

观点二:毛毛、蒋某的行为成立故意伤害(致人死亡)罪。理由:
将《刑法》第292条第2款的规定理解为注意规定,认为该款规定并没有改变故意伤害罪、故意杀人罪的认定规则。那么,聚众斗殴过程中,只有故意导致被害人死亡的,才能认定为故意杀人罪,而过失导致被害人死亡的,不能认定为故意杀人罪。

案例2:毛毛为要回蒋某欠自己的赌债10万元,便将蒋某拘禁,并向蒋某父母索要赌债。

---

① 《刑法》第292条第2款规定:聚众斗殴,致人重伤、死亡的,依照本法第二百三十四条(故意伤害罪)、第二百三十二条(故意杀人罪)的规定定罪处罚。

问题1：如果在拘禁过程中，毛毛要钱无果，出于气愤将蒋某的大拇指砍下（重伤）。毛毛的行为是构成故意伤害罪一罪，还是以非法拘禁罪与故意伤害罪并罚？请说明理由。可以谈不同观点。（2021年真题）

答案：

《刑法》第238条第2款规定：犯前款罪（非法拘禁罪），致人重伤的，处三年以上十年以下有期徒刑；致人死亡的，处十年以上有期徒刑。使用暴力致人伤残、死亡的，依照本法第234条（故意伤害罪）、第232条（故意杀人罪）的规定定罪处罚。

观点一：毛毛的行为成立非法拘禁罪与故意伤害罪，应数罪并罚。理由：

如果认为《刑法》第238条第2款规定这一规定在"罪数"的认定上，属于注意规定，不改变定罪的基本规则，数罪就是数罪。那么，行为人先后实施了两个犯罪行为，应数罪并罚。

观点二：毛毛的行为仅成立故意伤害罪一罪，之前实施的非法拘禁不必再评价。理由：

如果认为《刑法》第238条第2款属于法律拟制，将本该是两行为、两罪的，拟制（特别规定）为一罪。那么，毛毛先后实施了两个犯罪行为，仅能认定为故意伤害罪一罪。——罪数的拟制

问题2：如果在拘禁过程中，毛毛基于伤害的故意对蒋某使用暴力，不慎造成蒋某死亡。毛毛的行为如何认定？请说明理由。可以谈不同观点。

答案：

观点一：毛毛的行为成立故意杀人罪。理由：

如果认为《刑法》第238条第2款，非法拘禁过程中，使用暴力致人死亡的，成立故意杀人罪。在罪过形式上，为法律拟制，只要在非法拘禁过程中使用暴力致人死亡，无论行为人主观上是故意或过失，都成立故意杀人罪。——罪过形式的拟制

观点二：毛毛的行为成立故意伤害（致人死亡）罪。理由：

如果认为《刑法》第238条第2款在罪过形式上为注意规定，不改变定罪量刑的规则。毛毛基于伤害的故意导致被害人死亡的，应认定为故意伤害（致人死亡）罪。

三十四、特别自首的认定

理论解读：特别自首，是指已经被采取强制措施的人，即行为人已经在司法机关的控制之下，如实交代司法机关尚未掌握的其他罪行（余罪）。如果行为人实施的其他异种（罪名不同）的犯罪行为，即便司法机关当时并不知道，但很可能、很容易被司法机关"顺藤摸瓜"而查获、发现，行为人的主观交代对司法机关、对节约司法资源而言，意义有限，不能成立特别自首。行为人的交代必须对司法机关有意义，或者说，必须交代司法机关短期之内发现不了的其他罪行，才能成立特别自首，即必须给司法机关"帮大忙"。

争议焦点：根据司法解释规定，成立特别自首，如实交代的"异种罪行"必须与已经被抓获、掌握的罪行，没有法律上、事实上的密切联系。其理由在于，司法机关已经掌握前罪，即便行为人不供述后罪，如果前后罪有密切联系，司法机关也能"顺藤摸瓜"找出后罪并追究后罪的刑事责任，行为人对后罪的供述对司法机关意义有限。——这只是"帮小忙"。但问题是，如何判断行为人所交代的后罪与前罪之间是否具有"事实、法律上的密切关系"？

案例：丁、戊二人共同盗窃后，开始分赃，但二人因分赃不均，产生矛盾。丁恐戊泄露盗窃之事，遂将戊杀害。后丁因故意杀人罪被刑事拘留，经讯问后，丁除交代其故意杀人的犯罪事实外，还交代自己伙同戊盗窃的犯罪事实。

问题：对于交代盗窃罪，丁是否成立特别自首？如有不同观点，请分别列出，并说明理由。

答案：

丁能否成立特别自首，关键在于丁交代的盗窃罪是否与故意杀人罪有事实上的密切关联，对此，存在两种观点：

观点一：丁成立特别自首。理由：丁实施的盗窃犯罪与故意杀人犯罪是相对独立的两个犯罪，盗窃犯罪并不必然导致故意杀人犯罪的发生，司法机关掌握其故意杀人犯罪并不必然能够推断或知晓其曾实施盗窃犯罪，两者不具有事实上的密切关联,丁成立特别自首。①

观点二:丁不成立特别自首。理由:丁所交代的故意杀人犯罪事实中,包含了盗窃罪的相关内容,盗窃后分赃不均是丁杀害戊的起因,与司法机关已掌握的故意杀人罪有事实上的密切联系,不符合特别自首的构成条件。

三十五、被窝藏人主动供述他人窝藏犯罪的行为,是否成立立功:肯定说与否定说

理论解读:自首、立功之所以可以获得从宽处罚,是因为节约了国家司法资源。尤其是立功,对行为人处罚通常较自首更为宽容。因此,应适度限制立功的范围。实务中,实施犯罪行为后,得到了他人的窝藏,本犯检举揭发窝藏者的,能否成立立功,存在不同的意见。

案例:毛毛杀人后的第二天,告知其亲属徐某自己杀人的事实并希望徐某提供处所对其窝藏,徐某答应了毛毛的要求,让毛毛在徐某家中生活了近100天。某日,毛毛在商场购物被警察因前述故意杀人罪而抓获。毛毛在看守所期间,主动交代了其亲属徐某的窝藏行为。对于毛毛检举窝藏者徐某的行为,是否成立立功?

观点一:成立立功。理由:

(1)立功所要求的揭发"他人"犯罪行为,是指与本人共同犯罪以外的其他犯罪人的犯罪事实。

(2)我国刑法仅对明知他人犯罪而提供帮助的行为规定为窝藏犯罪,而对犯罪后被窝藏的人未规定为犯罪,因此被窝藏人与窝藏人不构成共同犯罪。就窝藏这一行为而言,毛毛不构成犯罪,徐某构成窝藏罪。

---

① 丁实施的盗窃犯罪与故意杀人犯罪客观上虽具有一定关联,正是因盗窃后分赃不均引发的矛盾,导致丁杀害戊。盗窃罪是故意杀人罪的前因,两者之间具有一定的因果联系。但是,丁实施的盗窃犯罪与故意杀人犯罪是相对独立的两个犯罪,盗窃犯罪并不必然导致故意杀人犯罪的发生,类似案件在司法实践中也并不多见。司法机关掌握其故意杀人犯罪并不必然能够推断或知晓其曾实施盗窃犯罪。两者不符合《关于处理自首和立功若干具体问题的意见》所规定的"在法律、事实上密切关联"的情形,应当认定为不同种罪行。丁在可以隐瞒或编造杀害戊起因的情况下如实交代故意杀人罪的案发起因。因此,丁主动交代盗窃犯罪事实符合特别自首的成立条件,应当认定为特别自首。参见《刑事审判参考》指导案例第718号张春亭故意杀人、盗窃案。

(3)被窝藏人(毛毛)到案后交代他人(徐某)的窝藏自己的犯罪行为,符合法律规定的"揭发他人犯罪行为",应认定为立功。

不足:

这种观点回避了被窝藏人的逃匿行为与窝藏者的窝藏行为之间的关联性和因果关系。徐某的窝藏罪是毛毛"制造"出来的,基于处罚的必要性及期待可能性理论,刑法未对本犯(毛毛)认定为窝藏罪。如果对于毛毛检举揭发其所"制造"出来的窝藏罪,也认定为立功的,无异于鼓励行为人犯罪之后找更多的人对其窝藏,然后再去检举揭发。

观点二:不成立立功。理由:

(1)实施犯罪后,被窝藏人接受他人帮助的行为包含于窝藏犯罪行为之中,实际上被窝藏人也是窝藏犯罪的参与者、制造者。

(2)被窝藏人主动揭发的他人窝藏犯罪行为,与其本人的犯罪行为及其逃匿行为具有必然关联性和因果关系,对此不能认定为立功。

不足:这种观点可能会不利于司法机关打击窝藏犯罪。如果认为被窝藏人主动供述他人窝藏犯罪的行为不成立立功,结合窝藏犯罪隐秘性的特点,对于立功的条件设置过高,不利于鼓励被窝藏者揭发窝藏者。

第二章　刑法分则中的观点展示

三十六、财产犯罪的保护法益：占有权还是所有权

理论解读：理论上，围绕着财产犯罪的保护法益是所有权还是占有权，有争议较大的两类观点：①

观点一（占有权说，法考观点）：财产犯罪的保护法益，不仅仅是保护财产所有权，还保护其他权利，典型的如占有权。意即，自己所有的财物，处于他人的合法占有之下，通过非法的方式取回，由于破坏了他人对财物的合法占有（占有权），该行为也成立财产犯罪。例如，甲的汽车处于国家机关的管理过程中，甲将本属于自己所有的汽车偷回来，侵犯了国家机关对该汽车当前的合法占有，可以成立盗窃罪。理由：

（1）有利于维护社会的财产秩序，即便是本人所有的财物，只要处于他人合法占有之下，尤其是处于公务机关的查封、扣押之下，这种占有状态也应受刑法保护。

（2）在当前社会财产关系较为复杂的背景下，行为人侵犯的财物的所有权究竟归属于谁，也存在判断上的不确定性，以"占有"作为财产犯罪的保护法益对实务而言更具有可操作性。

不足：

（1）我国刑法对财产犯罪规定相对较重的法定刑，占有说过于扩张了财产犯罪的适用范围，导致处罚过重，有违罪刑相适应原则。

（2）偷回自己所有但处于他人占有状态下的财物，与偷他人所有的财物，均

---

① 参见徐光华：《"以刑制罪"视阈下财产罪保护法益的再认识》，载《中国法学》2016年第6期，第108页。

认定为盗窃罪,没有区分侵犯所有权与侵犯占有权的差异。

观点二(所有权说):财产犯罪的保护法益为所有权,单纯的占有权并不值得刑法保护。上述案件仅侵犯了占有权而没有侵犯他人的财产所有权,不应以盗窃罪论处。这种观点主要是考虑,将盗窃自己所有的财产以盗窃罪论处,可能会处罚过重,并不合适。这种观点也得到了审判实践的有力支持。①

案例1:【11801031】某法院将扣押的车辆放在停车场,甲对该停车场的保管员乙谎称自己是法院的人,受法院的委托过来把车开走。保管员乙信以为真,并收取了甲给的保管费后,让甲把汽车开走。下列哪一说法是错误的?(　　)(单选)②

A. 甲的行为构成诈骗罪,保管员乙对该车辆有处分权

B. 甲的行为成立盗窃罪,保管员乙对该车辆没有处分权

C. 如果甲是该车辆的所有权人,甲通过欺骗方式骗回自己所有的汽车的,若坚持财产犯罪的保护法益为财产所有权,甲的行为不成立诈骗罪

D. 如果甲是该车辆的所有权人,甲通过欺骗方式骗回自己所有的汽车的,若坚持财产犯罪的保护法益为财产占有权,甲的行为成立诈骗罪

案例2:毛毛的车因涉嫌运输毒品被公安机关扣押,但该车已经抵押给银行,银行知道此事后催毛毛还款。毛毛便在晚上9时来到公安局后院内,在未办理任何返还涉案车辆手续的情况下,用该车的备用钥匙将车开走。

问题:毛毛的行为是否构成盗窃罪,可能存在几种不同的观点,请说明理由。

---

① 需要说明的是,我国司法实践中对于诸多犯罪的认定,可能会存在罪与非罪,或者此罪与彼罪认定上的模糊之处。例如,前述指出的,偷回自己所有的财物能否认定为盗窃罪,或者交通肇事罪与以危险方法危害公共安全罪之间究竟该如何区分,绑架罪与非法拘禁罪如何区分。遇一些疑难、模糊的问题的时候,实务中可能会优先考虑量刑的合理性,进而选择合适的罪名,如果认定为 A 罪会导致处罚过重,实务中可能会转向 B 罪。比如,交通肇事造成 100 余人死亡,行为人又没有逃逸情节,如果认定为交通肇事罪会导致处罚太轻,但行为人主观上究竟是故意还是过失可能又比较模糊,不是非常典型的故意或者过失,实务中就转而定重罪(以危险方法危害公共安全罪)。参见徐光华:《"以刑制罪"视阈下绑架罪的定性与量刑——对大样本绑架释放人质案件的实证考察》,载《政法论坛》2018 年第 5 期,第 17 页。

② 答案:B。

答案:

观点一:毛毛的行为构成盗窃罪。理由:

如果认为财产犯罪的保护法益包括占有权,毛毛将本属于自己所有、但目前被公安机关占有的汽车偷回来,侵犯了国家机关对车的占有权,因此成立盗窃罪。

观点二:毛毛的行为不构成盗窃罪。理由:

如果认为财产犯罪的保护法益为财产所有权,毛毛的行为并没有侵犯他人的财产所有权,因此不构成盗窃罪。

三十七、财产性利益(债权债务)能否成为财产犯罪的保护对象:肯定说与否定说

理论解读: 对财产犯罪的保护对象作扩大解释是刑法理论与审判实务达成的较为一致的共识,财产犯罪的保护对象不限于看得见、摸得着的财物,还包括财产性的利益,如借条、欠条,但也存在不同的观点。对于债务人为了不归还债务,将债权人杀害,并从债权人处抢回借条,或者逼债权人在收条上签字的案件,就有不同的认识。

观点一(肯定说):成立抢劫罪,因为抢劫罪的对象包括财产性利益(债权、债务)。理由:

更符合社会发展的需要。随着社会的不断发展,对财物的范围进行扩大解释是必然的,包括财产性利益。例如,诸如盗窃虚拟财产的行为,都被认定为盗窃罪。

观点二(否定说):不构成抢劫罪。理由:

(1)认定为抢劫罪会过于扩张财产的范围。

(2)对于财产性利益,即使行为人以消灭财产性利益为目的而对被害人使用暴力,但财产性利益本质上是一种债权债务关系,行为人对其实施抢劫、诈骗等行为,并不能从根本上消灭这一债权债务关系(法律关系),被害人还有着充分的法律救济渠道。

案例1: 王某威胁赵甲,若不还钱,便举报赵甲销售伪劣产品。赵甲心怀不忿,同时为了免于归还借款,便潜入王某家中将其杀害。

问题: 赵甲的行为应当如何认定。

答案：

观点一：财产性利益不能成为抢劫罪的对象，赵甲的行为构成故意杀人罪。即便赵甲将王某杀害，二人之间的债权债务关系依然存在，没有侵犯被害人的财产权，仅侵犯了人身权（生命权）。

观点二：财产性利益可以成为抢劫罪的对象，赵甲的行为构成抢劫罪。赵甲为了逃避债务而潜入王某家中杀害债权人王某，消灭了该债权债务关系（财产性利益），侵犯了财产权，其行为属于入户抢劫，成立抢劫（致人死亡）罪。①

---

① 【延伸阅读】：对于抢劫罪的对象是否包括财产性利益（债权债务），理论上存在不同的观点。但是，可以肯定的是，对于抢劫罪的对象，理论和实务已经朝着扩大化的方向发展，不限于具体的、看得见摸得着的财物。对于财产性利益，现在多数观点已经逐步肯定，对于抢劫借条（欠条），或者逼债权人在收条上签字的，可以成立抢劫罪，因为这已经制造了消灭债权债务的凭证。参见《刑事审判参考》1063号指导案例，习海珠抢劫案。

但对于为了消灭财产性利益，仅杀害被害人，并没有消灭凭证或制造凭证的，能否认定为抢劫罪，确实存在争议。换言之，在肯定财产性的利益可以成为抢劫罪的对象的前提下，是否可以将财产性利益进行如此扩大化的解释？早期的法考真题认为不构成抢劫罪，认为这种情形没有事实上消灭债权债务关系，没有事实上消灭财产性利益。参见2008年卷二60题：甲曾向乙借款9000元，后不想归还借款，便预谋毒死乙。甲将注射了"毒鼠强"的白条鸡挂在乙家门上，乙怀疑有毒未食用。随后乙乘去乙家串门之际，将"毒鼠强"投放了乙家米袋内。后乙和其妻女喝米汤中毒致乙死亡，其他人经抢救脱险。甲的行为不构成抢劫罪，仅构成故意杀人罪。

近几年的真题，则考查了两种观点（2016年主观真题）：赵某与钱某原本是好友，赵某受钱某之托，为钱某保管一幅价值800万元名画达三年之久。某日，钱某前来取画，赵某要求其支付10万元保管费，钱某不同意。赵某突起杀意，为使名画不被钱某取回并据为己有，用花瓶猛砸钱某头部致其重伤昏倒，不省人事。一种观点认为成立抢劫罪，另一种观点认为成立侵占罪与故意杀人罪。

张明楷教授主张对抢劫罪作扩大解释，抢劫财产性利益时，并不要求被害人认识到行为人在抢劫自己的财物，只要行为人取得的利益与被害人丧失的利益之间具有对应关系即可。参见张明楷：《刑法学》（第六版），法律出版社2021年版，第1271—1272页。因此，为了消灭财产性利益而将被害人杀害的，即便没有抢回欠条（或逼被害人在收条上签字），也应认定为抢劫罪。

实务观点一：认定为故意杀人罪。2000年9月，被告人李春林到被害人刘立军承包经营的速递公司打工，并与刘立军共同租住在北京市东城区花园东巷3号。同年11月，刘立军以人民币2万元将速递公司的经营权转包给李春林。因刘立军多次向李春林催要转包费，李无钱支付，遂起意杀死刘立军。2001年1月21日6时许，被告人李春林趁刘立军熟睡之机，持斧头猛砍刘的头部和颈部，将刘的颈右侧动脉及静脉切断，致刘因失血性休克合并颅脑损伤而死亡。被告人李春林为图私利竟故意非法剥夺他人生命，致人死亡，其行为已构成故意杀人罪。参见《刑事审判参考》指导案例第171号：李春林故意杀人案。

实务观点二：认定为抢劫罪。该案例发生于江西，主审法官是我的高中同学，对于该案，我们进行过交流。后来，该案也被《刑事审判参考》所采纳。2011年7月3日21时许，在新余市暨阳五千年娱乐城301包厢内，习海珠指使艾宇刚等人殴打彭桂根，为了消除或减少习海珠所欠彭桂根的债务，逼迫彭桂根写下"收到习海珠购买高山选矿厂所欠75万元"的收条。法院经审理认为，被告人习海珠等人以暴力、胁迫手段迫使彭桂根书写75万元的收条，改变了原有的财产权利关系，导致彭桂根丧失75万元的债权，应当认定为抢劫罪既遂。参见《刑事审判参考》指导案例1063号：习海珠抢劫案。

案例2：蒋某外出工作，将家里的古董花瓶（价值200万元）交给好朋友毛毛代为保管。2年后，蒋某前往毛毛家取花瓶时，毛毛要求蒋某支付5万元保管费，蒋某不同意。毛毛为了将花瓶据为己有，起了杀心，对蒋某谎称去卧室取花瓶，趁蒋某不备，毛毛以杀人的故意用菜刀猛砍蒋某10余刀后，蒋某当场死亡。

问题：毛毛的行为如何定性？可以谈不同观点。请说明理由。

答案：

观点一：对前、后行为进行综合评价，毛毛的行为成立抢劫（致人死亡）罪。理由：

毛毛杀害蒋某是为了不返还古董花瓶，蒋某对古董花瓶的返还请求权是一种财产性利益，财产性利益可以成为抢劫罪的对象，所以，毛毛属于抢劫财产性利益致人死亡。

观点二：对前、后行为进行分别判断，毛毛的行为成立故意杀人罪与侵占罪，应数罪并罚。理由：

首先，毛毛因委托保管，合法占有该古董花瓶，在蒋某索要该古董花瓶时，毛毛才产生了非法占有之意，且并未返还古董花瓶，属于变合法占有为据为己有，符合侵占罪的构成要件，成立侵占罪。

其次，毛毛对蒋某主观上有杀人的故意，客观上实施了杀害蒋某的行为，成立故意杀人罪。

综上，毛毛杀害蒋某的同时，将其保管的蒋某的古董花瓶据为己有。故，毛毛对古董花瓶成立（委托物）侵占罪，对蒋某的死亡成立故意杀人罪，应数罪并罚。

三十八、如何认定转化型抢劫的前、后行为的关联性：主观说与主客观统一说

理论解读：《刑法》第269条规定：犯盗窃、诈骗、抢夺罪，为窝藏赃物、抗拒抓捕或者毁灭罪证而当场使用暴力或者以暴力相威胁的，依照本法第263条（抢劫罪）的规定定罪处罚。根据这一规定，成立转化型抢劫要具备"前行为"（盗窃、诈骗、抢夺罪）与"后行为"（使用暴力或以暴力相威胁）。前、后行为应具有关联性，也就是说，使用暴力的目的是"窝藏赃物、抗拒抓捕或者毁灭罪

证"。如果前、后行为完全没有关系,如甲盗窃后,偶遇自己的仇人毛毛,进而将毛毛伤害,应成立盗窃罪与故意伤害罪。

但是,如果前、后行为的关联度不高,能否成立转化型抢劫,则存在不同的观点。例如,甲在乙家中盗窃财物后,刚下楼时遇到了丙,甲误以为丙是乙,认为丙是来抓捕自己的,对丙实施暴力后逃跑。甲在主观上是为了抗拒抓捕,但客观上丙并不是抓捕自己的人,甲的行为能否成立转化型抢劫,存在主观说(肯定说、扩张说)与主客观统一说(否定说、限制说)两种观点。

案例:2018 年,赵某前往王某家盗窃,窃取一台笔记本电脑。下楼离开时,误以为李某是回家的王某。为了窝藏赃物,将李某打成轻伤。事实上,李某只是来楼里贴小广告的,对赵某盗窃的事实并不知情。(2021 年真题)

问题:《刑法》第 269 条:犯盗窃、诈骗、抢夺罪,为窝藏赃物、抗拒抓捕或者毁灭罪证而当场使用暴力或者以暴力相威胁的,依照本法第 263 条的规定(抢劫罪)定罪处罚。有观点认为赵某成立事后(转化型)抢劫,理由有哪些?有观点认定赵某成立盗窃罪和故意伤害罪,理由有哪些?①

答案:

观点一(扩张说):赵某成立转化型抢劫。理由:

(1)成立转化型抢劫,行为人必须是出于窝藏赃物、抗拒抓捕、毁灭罪证

---

① 本案的关键在于行为人主观上具有窝藏赃物、抗拒抓捕、毁灭罪证的故意,但客观上不存在阻碍行为人窝藏赃物、毁灭罪证或是抓捕行为人的人,行为人对无关第三人当场使用暴力或以暴力相威胁的是否成立事后抢劫。换言之,存在主观上的关联性,但无客观上的关联性时,是否成立事后抢劫。对此,刑法理论上存在两种观点。分别是肯定说和否定说。参见张明楷:《侵犯人身罪与侵犯财产罪》,北京大学出版社 2021 年版,第 273 页。【延伸阅读】:关于事后抢劫的问题,国内外存在争议的是,在第三者并没有妨碍行为人达成任何目的时,行为人误以为第三者要夺回财物或者实施抓捕,而对第三者实施暴力或者以暴力相威胁的,应当如何处理? 换言之,虽然存在主观上的关联性,但并无客观上的关联性时,是否成立事后抢劫? 根据德国的通说与判例,这种行为仍然成立事后抢劫(肯定说),日本的刑法理论则存在肯定说与否定说两种观点。例如,持否定说的学者指出:"行为人终究是意图达到一定目的而实施了暴力、胁迫,因此,该暴力、胁迫与目的达成之间必须存在(客观上的)关联性。例如,在盗窃犯逃离犯罪现场之际,误以为从背后接近自己的无关的第三人是追赶自己的被害人,出于防止财物被追回的目的,对该第三人实施了暴力,在这种场合下,行为人主观上是出于防止财物被追回的目的而对第三人实施了暴力。但是,针对本案第三人实施的暴力,对于防止财物被追回,客观上是完全没有意义的。如果连这种情形也要认定成立事后抢劫罪……并不妥当。" 参见张明楷:《刑法学》(第六版),法律出版社 2021 年版,第 1283 页。

三种特定目的之一,而当场使用暴力或以暴力相威胁。因此,只要行为人主观上基于上述目的,并在此目的下实施了暴力行为即可,强调了主观上的关联性。不要求行为人客观上必须实现这三种目的,即不要求暴力、胁迫行为与窝藏赃物、抗拒抓捕、毁灭罪证的目的达成之间存在客观上的关联。

（2）本案中,赵某主观上是为了窝藏赃物而实施暴力,即便客观上未针对抓捕者使用暴力（将来楼里贴小广告的李某打成轻伤）,也成立转化型抢劫。

观点二（限制说）：赵某成立盗窃罪和故意伤害罪,应数罪并罚。理由：

（1）成立转化型抢劫不仅仅要求行为人主观上是出于"窝藏赃物、抗拒抓捕、毁灭罪证"的目的,还要求暴力、胁迫行为与上述目的达成之间存在客观上的关联性,即暴力、胁迫的对象应该是防止行为人窝藏赃物、毁灭罪证或是抓捕行为人的人。

（2）本案中,尽管赵某主观上是出于窝藏赃物的目的,但其对来楼里贴小广告的李某（无关第三人）实施暴力,没有客观上的关联性,仅成立盗窃罪和故意伤害罪,数罪并罚。

扩张说的理由是：

（1）能够更好地实现罪刑相适应。前、后行为的关联度存在差异,并不会导致行为的危害性大小存在根本性的差异。只要盗窃、诈骗、抢夺后,主观上基于"窝藏赃物、抗拒抓捕、毁灭罪证"的目的使用暴力,就应认定为抢劫罪。

（2）抢劫罪是侵犯财产与人身双重法益的犯罪,该类行为确实也侵犯了双重法益,应以抢劫罪论处。

（3）并且,《刑法》第269条所规定的转化型抢劫罪是一种拟制型的规定,为了严惩该类行为而以抢劫罪论处,适度扩张该规定的适用范围也符合立法目的。

扩张说的不足是：

（1）过于扩大了《刑法》第269条转化型抢劫的适用范围,一定程度上背离了罪刑法定原则。

（2）《刑法》第269条要求使用暴力必须是出于"窝藏赃物、抗拒抓捕、毁灭罪证"的目的,该类案件中,行为人的目的也没有实现,不宜认定为转化型抢劫。

(3) 我国司法解释对转化型抢劫的适用范围也持限制态度，司法解释规定，14—16 周岁的人，不对《刑法》第 269 条的转化型抢劫承担责任。

三十九、抢劫罪的"两个当场"是否需要坚持：肯定说与否定说

理论解读：通说认为，抢劫罪是以暴力、胁迫或者其他方法，当场强行劫取公私财物的行为。通说强调抢劫罪应具备"两个当场"的特征，即当场使用暴力或者以当场使用暴力相威胁、当场取财，手段行为还应达到足以压制被害人的反抗的程度。

审判实务已逐步突破通说的限制，理论上亦有不同看法。但理论上的不同观点在审判实践中并未得到完全贯彻，例如，有学者指出：被害人有无处分财产的自由是抢劫罪与敲诈勒索罪区分的关键。在诸多案件中，行为人使用凶器压制被害人的反抗，也仅被认定为敲诈勒索罪而非抢劫罪。还有学者指出，抢劫罪不要求"两个当场"的特征，但仍有大量判决强调认定抢劫罪应要求"两个当场"的特征，亦有学者为"两个当场"辩护。刑法对抢劫罪所规定的法定刑较重，审判实务对抢劫罪进行了限制解释，尽量排斥抢劫罪而认定为其他较轻的罪（如敲诈勒索罪、抢夺罪、寻衅滋事罪等）以实现罪刑均衡。通过对大范围样本案例的实证考察，了解我国审判实践中抢劫罪手段行为被限制解释的现实样态，重新界定抢劫罪的手段行为及与其他犯罪的界限。[①] 围绕着"两个当场"，有如下观点：

观点一：肯定说认为，应坚守"两个当场"，但可适度作扩大解释。例如，甲使用暴力，索要乙的财物，并持刀架在乙身上，和乙一同前往乙的家中取走了乙的 5000 元。即便时间上不完全符合当场，但时间与空间一直处于延续中，甲的行为仍然属于"两个当场"，成立抢劫罪。

肯定说的理由是：坚守"两个当场"，有利于更为清晰地认定抢劫罪，也有利于划分抢劫罪与敲诈勒索罪的界限。

肯定说的不足是：对抢劫罪的认定过于机械化、形式化，仅以"两个当场"作

[①] 参见郭晓红：《抢劫罪手段行为的界定：实务考察与标准重塑》，载《法学家》2021 年第 5 期，第 143 页。

为认定抢劫罪的标准,忽略了行为本身可能对人身和财产法益的严重侵犯,进而导致罪刑失衡。例如,对被害人使用严重暴力,但并未当场取得被害人的财物,而是事后才取得财物的,不认定为抢劫罪有违罪刑均衡。

观点二:否定说认为,不必固守"两个当场",只要在暴力行为的影响下取走财物,即便不是当场,也成立抢劫罪。

例如,甲进入乙的家中,对乙使用严重暴力以取走乙的财物,但乙家中财物不多,甲要乙去外面筹钱。乙独自外出三个小时后,将筹集到的财物交给在家中等待的甲。虽然本案不是当场取得财物,但取得财物是在甲的暴力行为的影响下实现的,也应认定抢劫罪。

案例:蒋某欲抢劫肖某财物,对肖某使用严重暴力,但肖某身无分文,蒋某扣下肖某的身份证,要肖某去筹款,否则将对肖某及其家人进行恶性报复。肖某独立外出三小时,将筹集得来的3万元交给蒋某。

问题:蒋某的行为应如何认定,可能存在哪些不同观点?

答案:

观点一:成立抢劫罪。抢劫罪不必要求"两个当场",只要取财行为仍然是在前面所实施的暴力、胁迫行为的支配下实施的,也成立抢劫罪。

我国《刑法》对抢劫罪规定的法定刑远重于敲诈勒索罪,敲诈勒索罪与其他财产犯罪(如盗窃罪、诈骗罪等)的法定刑基本相当,不宜理解为包括对被害人使用严重暴力。本案中,行为人对被害人使用了严重暴力,侵犯了其人身权利,认定为抢劫罪能更好地实现罪刑均衡。

观点二:成立抢劫罪未遂与敲诈勒索罪。该观点认为,抢劫罪必须要求"两个当场"。蒋某并没有当场取得财物,成立抢劫罪的未遂。后续恐吓肖某并事后取得财物的行为,成立敲诈勒索罪。

这种观点严格要求抢劫罪的暴力手段、取得财物均必须是"当场",如果行为人并未当场取得财物,不能认定为抢劫罪既遂。尤其是,当被害人外出取钱时,行为人并未对被害人实施较为严格的控制,被害人仍然有机会寻求救助、报警,行为人的暴力未达到抢劫罪所要求的"足以压制被害人反抗"的程度。

四十、误将无关的第三人当作普通抢劫罪的被害人(财物持有人)：主观主义与客观主义

理论解读：成立抢劫罪，是针对财物的看守人、保管人实施暴力，误将无关的第三人当作财物的保管人而实施暴力的，能否成立抢劫罪，存在不同的观点。站在行为人主观主义的立场上看，其有抢劫的故意，即便财物的占有人、保管人不在场，也应认定为抢劫罪未遂。站在客观主义的立场上(法考观点)，财物的保管人不在场的情况下，行为人取走该财物的，成立盗窃罪。

可以认为，该类行为，比标准的抢劫罪既遂"差一点"，因为客观上没有抢劫罪的被害人人身遭受侵犯，或者说抢劫罪的对象"人"(财物的占有人、保管人)不在场。但又比标准的盗窃罪既遂多一点，毕竟行为人主观上有抢劫的故意，并且客观上对人实施了暴力行为。因此，站在不同的角度看问题，就会得出不同的结论。

案例：肖某将电动车停在楼下后，没有取走钥匙就上楼取东西，此时蒋某站在电动车旁抽烟。路过此地的毛毛误以为蒋某是车主，便使用暴力将蒋某推倒(未达轻伤)，骑着电动车逃走。(2017年真题改编)

问题：毛毛的行为如何认定，请说明理由，可以谈不同观点。

答案：

观点一：毛毛的行为成立盗窃罪。理由：

如果站在客观主义立场(通说)，本案中，虽然毛毛主观上有抢劫的故意，但其客观上对无关第三人实施暴力行为，对电动车的占有者来讲是秘密窃取，构成盗窃罪。换言之，毛毛的行为客观上连抢劫的可能性都没有，因为没有人妨害毛毛取得财物。

观点二：毛毛的行为成立抢劫罪(未遂)。理由：

如果站在主观主义立场，更强调毛毛主观上想实施抢劫，但客观上对无关第三人实施暴力行为，不可能压制被害人，也不存在抢劫罪的被害人，即毛毛取得财物与对蒋某实施暴力间没有因果性。故，应认定为抢劫罪(未遂)。

客观主义立场的理由在于：防止了过度主观主义的倾向，对于行为人主观

上虽然有抢的想法,但客观上被害人并不存在,抢劫对象(人)根本不存在,不具有抢劫的可能性,不认定为抢劫罪是适当的。

客观主义立场的不足在于:忽略了行为人的主观恶性,仅将取得财物的行为认定为盗窃罪,未对行为人推倒被害人及其主观上有抢劫的故意进行评价,一定程度上会导致罪刑失衡。

四十一、抢劫的机会过程中导致他人重伤死亡的,能否认定为抢劫致人重伤、死亡

理论解读:抢劫致人重伤、死亡这一结果加重犯,一般要求抢劫行为本身导致了被害人重伤、死亡结果。或者说,是在抢劫行为的直接影响下导致了重伤、死亡结果。但如何认定抢劫行为与重伤、死亡结果之间的关联性,可能存在一定的争议,尤其是针对抢劫的"机会过程中"造成(并非抢劫行为直接导致)被害人重伤、死亡的,能否认定为结果加重犯,存在一定的争议。

例如,丙窃取刘某汽车时被发现,驾刘某的汽车逃跑,刘某乘出租车追赶。途遇路人陈某过马路,丙也未减速,将陈某撞成重伤。(2017年第2卷第60题C项)

观点一(法考客观题观点):丙不构成抢劫致人重伤,其前行为是盗窃,后行为单独评价为故意伤害罪。理由:

(1)因为陈某并非抓捕丙的人,丙将陈某撞成重伤并非"直接"是为了抗拒抓捕,不能认定为抢劫致人重伤。

(2)严格限制转化型抢劫罪的成立范围,有助于限制重罪的范围,进而实现刑法的谦抑性。

不足:过于形式化、机械化地对转化型抢劫作了要求,忽略了该致人重伤行为是在盗窃后的机会过程中造成的,在抗拒抓捕的过程中造成的。

观点二:成立转化型抢劫,是抢劫致人重伤。理由:

由于马路上的陈某妨害了丙实现其逃跑的目的,影响了丙的抢劫目的的实现。在抢劫行为的机会过程中造成被害人重伤,也成立抢劫致人重伤。

不足:

(1)扩张了转化型抢劫的成立范围,不符合刑法谦抑的精神。《刑法》第269条的转化型抢劫属于法律拟制型的规定,将危害性较普通抢劫罪更小的行为拟制为抢劫罪,在一定程度上是不利于被告的拟制规定。因此,应该严格限制其成立范围。

(2)司法解释规定,14—16周岁的人,不对《刑法》第269条的转化型抢劫承担责任,其目的也是限制处罚范围。

四十二、暴力与取财之间没有直接关联的能否认定为抢劫罪:肯定说与否定说

理论解读: 成立抢劫罪,要求暴力(手段行为)与劫取财物(目的行为)之间具有关联,这种关联性不仅仅体现在二者具有前、后的客观上的关联,而且强调主观上具有关联性,即行为人实施前行为(暴力、手段行为)的目的是后行为(劫取财物、目的行为)。如果前、后行为没有主观上的前、后关联性,能否认定为抢劫罪,存在肯定说与否定说两种观点。

例如,甲基于伤害的故意将被害人打昏,后临时起意,取走了被害人身上的财物。能否认定为抢劫罪?

肯定说: 即使行为人实施前行为(使用暴力)时没有劫取财物的目的,但是,前行为(使用暴力)确实为劫取财物创造了条件,二者之间具有客观上的关联性,应综合评价为抢劫罪。

否定说(法考观点): 行为人使用暴力伤害被害人并非基于劫取财物的目的,不能将其评价为抢劫罪的手段行为。应以故意伤害罪与盗窃罪并罚。

否定说的理由:

(1)对于没有抢劫故意的行为,不认定为抢劫罪,符合主客观相统一原则。

(2)将没有抢劫故意的行为认定为抢劫罪这一重罪,会不当加重对被告人的处罚。

否定说的不足: 认定抢劫罪时,过于强调手段与目的的关联性。对于客观

上完全符合抢劫罪的行为,仅因为行为人在使用暴力时,主观上没有抢劫的故意,就不认定为抢劫罪,忽略了对行为的全面评价。尤其是本案中,忽略了对手段行为的评价。

四十三、入户时没有使用暴力抢劫的故意,能否认定为转化型抢劫(入户抢劫):肯定说与否定说

理论解读:刑法理论的多数观点及司法解释认为,行为人单纯以盗窃、诈骗、抢夺的故意入户后,只要行为人为了窝藏赃物、抗拒抓捕或者毁灭罪证,当场使用暴力或者以暴力相威胁的,即使行为人入户时不具有事后抢劫(使用暴力)的故意,也成立入户抢劫。

近年来,有学者基于限制转化型抢劫的成立范围而提出了不同看法,认为行为人只有以事后抢劫的故意入户后,即入户时打算实施盗窃、诈骗、抢夺行为,同时具有被人发现时为窝藏赃物、抗拒抓捕或者毁灭罪证的目的而使用暴力或者以暴力相威胁的意思,才成立入户抢劫。换言之,行为人入户时要有盗窃、诈骗等财产犯罪的目的,也要有准备事后使用暴力的目的,才能构成入户抢劫。

两种观点的实质区别在于:对于"入户目的"的限缩程度存在不同,这会使入户抢劫的范围大小存在差异。

例如,甲以为毛毛不在家,基于盗窃的故意非法进入毛毛家中。盗窃后刚准备离开毛毛家,毛毛开门进入家中,甲临时起意,使用暴力抗拒毛毛的抓捕。甲的行为是否成立入户型的转化型抢劫(第269条)。

观点一(肯定说,法考观点)认为,成立转化型入户抢劫,不要求行为人入户时就具有事后抢劫(使用暴力)的故意。理由:

(1)司法解释认为,只要基于侵害户内人身、财产的目的而入户,就可能认定为入户抢劫。例如,2016年《最高人民法院关于审理抢劫刑事案件适用法律若干问题的指导意见》规定:以侵害户内人员的人身、财产为目的,入户后实施抢劫,包括入户实施盗窃、诈骗等犯罪而转化为抢劫的,应当认定为"入户抢

劫"。根据该规定,入户盗窃后,事后才使用暴力的,也成立入户抢劫。

(2)无论行为人"入户"时是否具有使用暴力抢劫的目的,其盗窃行为、暴力行为均发生在户内,对被害人的危害较大,应认定为入户抢劫。

观点二(否定说):不成立入户抢劫。成立转化型入户抢劫,要求行为人入户时就具有事后抢劫(使用暴力)的故意。本案中,甲入户时仅具有盗窃的故意,事后才临时起意使用暴力,仅成立抢劫罪,但不属于入户抢劫。理由:

(1)以抢劫(包含使用暴力)为目的的入户而实施抢劫,使得入户的违法性与抢劫的违法性不是简单的相加,而是有机的结合。即行为人在入户前就做好了抢劫必要准备,如准备了抢劫工具,制定了抢劫计划等,故入户抢劫的违法性明显大于一般抢劫。

(2)如果入户时没有使用暴力抢劫(无论是普通抢劫,还是转化型抢劫)的故意,说明其主观恶性相对较小,不宜认定为入户抢劫。

不足:该观点虽然进一步限缩了"入户目的",但实践中,很难判断行为人入户时是单纯以盗窃、诈骗、抢夺为目的,还是以事后抢劫(使用暴力)为目的。

四十四、盗窃与抢夺的界分:秘密、公开;平和、对物使用暴力

理论解读:这一问题争议较大。**司法考试观点**:应掌握两种观点。2018年司法部司法考试司官方组织了命题核心专家编写《国家司法考试试题选编》(法律出版社),原文如下:

通说认为,成立盗窃罪,行为人必须实施了秘密窃取行为。如果行为人是当着被害人的面取得财物,不是秘密窃取财物的,该行为就不是盗窃行为。通说以否认公然盗窃构成盗窃罪为前提,但是,在互联网年代,借助互联网力量,人人都可能具有通天眼,"公然盗窃"的情形将时常发生,将此一概认定为抢夺罪并不合适。当然,在司法考试中,不能刻意"推销"某一种学说。司法考试重在考查考生是否理解了某一学说,具体案件中能否具体运用该学说。

张明楷教授本人虽然认为盗窃罪并非只是秘密窃取,但其本人也明确承

认,"我国刑法理论的通说认为,盗窃是指秘密窃取公私财物,同时指出,只要行为人自认为被害人没有发觉而取得的,就是秘密窃取"①。法考对这一问题,以往的真题全部坚持盗窃罪是秘密窃取,现今的真题,如果考观点展示,两种观点都需要知道。

观点一(理论通说、审判实务观点):盗窃是秘密的,抢夺是公开的。②
理由:

(1)以秘密、公开区分盗窃罪与抢夺罪,符合"明抢暗偷"的历史文化传统与国民观念,也与司法实务保持一致,得到了最高司法机关及地方各级司法机关的有力支持,刑法理论上也为多数学者所赞同。

(2)毕竟公开取走被害人财物的危害性显著大于秘密窃取,且公开的情况下也表明了行为人的主观恶性较大,将秘密、公开统一认定为盗窃罪而不进行区分,有违罪刑均衡。

不足:秘密与公开的区分有时可能不具有实务上的可操作性。并且,理论上一般认为,秘密具有相对性、主观性,只要行为人自认为是秘密的,就是秘密窃取,这种情形与公开的差异不大。

观点二:盗窃是平和的(可秘密,也可公开),没有造成被害人伤害的可能性。抢夺是对物使用暴力,有造成被害人伤害的可能性。(张明楷教授观点)③

案例1:【12101022】关于财产犯罪,下列选项正确的是?(　　)(单选)④
A.甲驾驶摩托车抢夺小孟背包,小孟死死抓住不放手,被甲拖行近三十多米后放手,甲的行为构成抢夺罪

---

① 张明楷:《刑法学》(第六版),法律出版社2021年版,第1235页。
② 参见徐光华:《"公开盗窃说"质疑》,载《法商研究》2015年第3期,第94页。
③ 作为法考授课的老师,我本人(徐光华)认为,无论你持哪一种观点,我都支持,历年法考也是考了两种观点。但绝对不能故意欺骗他人,将少数观点欺骗他人说是通说观点。中国裁判文书网上,公开拿走他人财物的案件不计其数,都是定了抢夺罪,能定盗窃罪的目前没有一个,至少公然、面对面拿走他人财物的案件,目前还没有出现认定为盗窃罪的判决。
　　刑法理论上的文章,对于这一问题的阐述,几乎无一例外地支持盗窃是秘密的、抢夺是公开的。国内非常有影响力的法律类公众号"刑事实务"刊登了一篇文章《"公开盗窃"与"抢夺罪"区分梳理》,该文章对理论上的不同观点、实务中的做法进行了全面梳理,有兴趣的同学可以看看。
④ 答案:B。

B. 乙进入一栋别墅盗窃,当着家中9岁儿童面盗窃财物后离去。如果认为盗窃罪可以以公开的方式进行,则乙的行为构成盗窃罪

C. 蒋某驾车在高速公路行驶1000余公里后准备从收费站驶出,蒋某缴费后驶离收费站。丙为逃避高速路收费紧跟蒋某车后,驾车冲出收费站,丙的行为构成诈骗罪

D. 丁进入他人家中,当着家中90岁老人面拿走了屋内的财物(价值100元)。未达数额较大,由于抢夺罪要求达到数额较大才构成,故丁不构成抢夺罪。如果认为盗窃罪不可以以公开方式进行,那丁的行为也不构成盗窃罪。因此,丁不构成任何犯罪

案例2:【11302060】甲潜入他人房间欲盗窃,忽见床上坐起一老妪,哀求其不要拿她的东西。甲不理睬而继续翻找,拿走一条银项链(价值400元)。关于本案的分析,下列哪些选项是正确的?(　　　)(多选)①

A. 甲并未采取足以压制老妪反抗的方法取得财物,不构成抢劫罪

B. 如认为区分盗窃罪与抢夺罪的关键在于是秘密取得财物还是公然取得财物,则甲的行为属于抢夺行为;如甲作案时携带了凶器,则对甲应以抢劫罪论处

C. 如采取B选项的观点,因甲作案时未携带凶器,也未秘密窃取财物,又不符合抢夺罪"数额较大"的要件,无法以侵犯财产犯罪追究甲的刑事责任

D. 如认为盗窃行为并不限于秘密窃取,则甲的行为属于入户盗窃,可按盗窃罪追究甲的刑事责任

案例3: 毛毛进入蒋某家盗窃,看见胆小的蒋某坐在床上直勾勾地盯着自己,毛毛见其没有反应,便当着蒋某的面,将蒋某家的电视机搬走。

问题: 毛毛的行为如何定性,请说明理由。

答案:

观点一:毛毛的行为成立抢夺罪。理由:

盗窃罪是秘密窃取,必须满足秘密性。毛毛进入蒋某家中公然搬走电视

---

① 答案:ABCD。

机,成立抢夺罪。

观点二:毛毛的行为成立盗窃罪。理由:

盗窃罪既可以是秘密的,也可以是公开的,只要是以平和的方式取走他人的财物,就成立盗窃罪。毛毛采取平和的方式(没有造成被害人伤害的可能性)取走他人财物,成立盗窃罪。

四十五、高速公路闯卡、跟车逃费的定性:无罪、盗窃、抢夺还是诈骗

理论解读:实践中,有的司机为了不交高速公路通行费,待前一辆车正常交费后,趁栏杆还没有降下,后车便冲出收费口。这类现象在实务中具有典型性,有观点认为不构成犯罪,有的认为构成抢夺罪或盗窃罪。

实务的做法,不少认定为抢夺罪,认为行为人是公然夺取"财产性利益"。例如,2023年5月18日,被告人朱某与靳某(另案处理)合谋,以闯卡的方式逃避高速通行费用,二人各驾驶一辆六轴货车一前一后开到南昌九龙湖高速出口时,冲闯南昌九龙湖收费站 ETC 自助通道,共计逃避高速通行费人民币6048.52元。2023年6月14日,被告人朱某与被告人张某合谋,仍以闯卡的方式逃避高速通行费用,两人驾车到达南昌梅岭收费站时,由朱某驾驶一辆六轴未上牌的新货车在前,张某驾驶的五轴货车在后,冲闯南昌梅岭收费站 ETC 自助通道,共计逃避高速通行费人民币 8268.47 元。当日,被告人朱某和张某被公安机关抓获归案,到案后自愿如实供述了自己的罪行,并退缴了上述高速通行费用。南昌市经济技术开发区人民法院经审理认为,被告人朱某、张某伙同他人以非法占有为目的,采取闯卡的方法,逃避缴纳高速公路通行费,其行为均构成抢夺罪。

也有认定为盗窃罪的,例如,上海市崇明区的蒋某案。蒋某在一年多时间里,通过驾驶车辆紧跟在大车后面,利用前车 ETC 交易成功跟车闯关的方式,多次偷逃高速通行费,累计偷逃金额达 9800 余元。蒋某因涉嫌盗窃罪已被崇明警方依法采取刑事强制措施。

案例:毛毛为逃避高速路收费,在高速公路出口,紧跟前面的蒋某的汽车,待蒋某交费驶离收费出口,趁栏杆还没有放下时,驾车冲出收费站。

问题：毛毛的行为应如何认定，请说明理由，可以谈不同的观点。

答案：

观点一：不构成诈骗罪，也不构成犯罪。本案中，毛毛仅实施了跟车行为，工作人员并没有产生错误认识进而免收毛毛的通行费，故毛毛的行为不成立诈骗罪。这属于民事纠纷。

这种观点的不足在于：该行为确实具有较为严重的危害性，也损害了收费站的利益（未交通行费），无论从主观恶性还是客观危害性上看，危害性均较大，不认定为犯罪，可能并不合理。

观点二：审判实务中，类似案件有的被认定为抢夺罪。这种观点认为，毛毛公然抢夺了财产性利益（免收高速公路通行费），构成抢夺罪。

观点三：构成盗窃罪。认为行为人趁被害人（收费员）不注意而取走了财产性利益。

这种观点的不足在于：将财产性利益作为盗窃罪、抢夺罪的对象，过于扩张了财产犯罪的成立范围。并且，行为人在获取该"财产性利益"后，与普通的盗窃罪、抢夺罪确实存在差异，与收费站之间的债权债务关系仍然存在。

四十六、盗窃罪与抢劫罪的区分：财物的保管人应具备何种认知能力

理论解读：盗窃罪与抢劫罪区分的关键在于，是否财物的保管人在保管财物，进而使用暴力或其他手段排除保管人对财物的占有。如果有，成立抢劫罪；反之，成立盗窃罪。但是，对于年龄过小的人（如5岁孩子），能否认为其是财物的保管人，进而认定其为抢劫罪的对象，存在肯定说与否定说两种观点。

案例：赵甲潜入李某家行窃，家中有个5岁的小孩，小孩说："你为什么拿我家东西？"赵甲威胁道："你敢出声我的大拳头会让你的小脑袋难受的哦。"于是小孩便没有出声，赵甲遂带走价值2万元的财物，包含李某的一部手机。（2021年真题）

问题：有人认为赵甲构成盗窃罪，有人认为赵甲构成抢劫罪，请各阐述理由。①

答案：

观点一（肯定说）：赵甲的行为构成抢劫罪，为入户抢劫。理由：

本案中，如果认为5岁的小孩对家中财物具有看守能力（占有财物），赵甲言语胁迫的行为足以压制被害人反抗，应当认定为抢劫罪，为入户抢劫。

观点二（否定说）：赵甲的行为构成盗窃罪，为入户盗窃。理由：

本案中，如果认为5岁的小孩对家中财物没有看守能力（未占有财物），家中财物仍为李某占有，赵甲的言语威胁行为没有针对财物的占有人，其潜入李某家中秘密窃取财物的行为，构成盗窃罪，为入户盗窃。

否定说的理由在于：尊重客观事实，5岁的孩子确实对财物没有看守能

---

① 【延伸阅读】：1. 理论上，有观点认为，5岁小孩对财物并没有占有及处分权，难以对财物形成占有或者支配状态。是故，上述第一种观点认为小孩并没有占有权、处分权，赵甲的行为是拿走了房子里面的财物，成立盗窃罪。这种观点实际上可以将5岁的小孩约等于出生5天的婴儿，忽略其存在。

相反，如果5岁小孩对财物有占有、处分权，可以对财物形成事实上的支配状态，那么，赵甲使用暴力、胁迫手段排除小孩对财物的占有，进而取得财物，成立抢劫罪。这种观点肯定小孩对财物的占有、处分权，换言之，将小孩等同于大人（如25岁的人）。

2. 对于该题，有同学认为，对于抢劫罪的"胁迫"要求压制被害人的反抗，如何理解，理论上存在主观说、客观说等不同的学说，进而认为是因为主观说、客观说的不同，导致该案构成盗窃罪与抢劫罪不同的结论。这种理解是错误的。

如何认定"胁迫"行为达到了"足以压制被害人的反抗"？主观说认为，应以被害人的主观感受为标准，只要被害人感受到了明显的胁迫且不敢反抗即可。因此，即便行为人使用了轻微暴力，但只要对被害人产生了严重胁迫的，也认为构成抢劫罪。相反，即便行为人使用了较为严重的暴力，但只要被害人毫不畏惧，也不能认为构成抢劫罪。

客观说认为，对于抢劫罪所要求的暴力、胁迫达到"足以压制被害人的反抗"应进行客观判断，以社会一般人为标准，只要社会一般人认为该暴力、胁迫足以压制被害人的反抗，无论被害人本人感受如何，都应认定为抢劫罪。

张明楷教授则认为，暴力、胁迫等达到足以压制被害人的反抗，是客观的构成要件要素，必须进行客观的判断。但这种客观的判断，不可能是一般性的抽象判断，只能通过考察暴力、胁迫的程度、样态、手段、时间、场所、行为人与被害人的人数、年龄、性别等因素进行具体判断。如果被害人胆小，行为人的暴力、胁迫虽然不能压制社会一般人的反抗，但事实上已经压制了被害人的反抗，就应认定符合抢劫罪的构成要件。参见张明楷：《刑法学》（第六版），法律出版社2021年版，第1270页。

就本案而言，如果肯定5岁小孩对财物有占有权及处分权，对其使用"你敢出声我的大拳头会让你的小脑袋难受"的胁迫，无论是站在小孩的角度（主观说），还是站在社会一般人的立场（客观说），都应认为，足以胁迫、压制被害人的反抗，应认定为抢劫罪。因此，本案存在两种观点（盗窃罪、抢劫罪）的真正关键，不是胁迫的程度是否达到压制被害人的反抗（主观说、客观说），而是被害人（5岁小孩）是否对财物有占有权、处分权。

力,行为人也不是必须采用抢劫的手段(如暴力、胁迫、其他方法)抑制其反抗,就可以取走财物,认定为盗窃罪更符合客观事实。

否定说的不足在于:忽略了行为本身可能对被害人的影响,仅注意到了行为侵犯财产这一侧面。毕竟,该类案件与无人在场的盗窃案件存在差异,仅认定为盗窃罪可能会违反罪刑均衡,忽略对手段行为的评价。

四十七、诈骗罪的犯罪数额:整体的财产说与个别的财产说之争

理论解读:对于财产犯罪的犯罪数额如何计算,存在整体的财产说与个别的财产说之争。

观点一:整体的财产说认为,应当将财产的丧失与取得作为整体进行综合评价,如果没有损失,则否认犯罪的成立。即被害人经济总量没有损失,就不认为行为人构成财产犯罪。如果经济总量有损失,就认定为财产犯罪,损失数额即为犯罪数额。理由:

(1)有助于限制诈骗罪的成立范围,促进商品经济发展。毕竟,在市场经济领域,或多或少都存在一些夸大其词的"欺诈"行为,不宜过度扩张诈骗罪的范围对之进行惩罚。

(2)只有当这种欺诈行为导致了对方的实际财产损失(整体财产损失),才能认定为犯罪,也有助于实现刑法的谦抑性。

不足:过于限缩了诈骗罪的成立范围,不利于对被害人财产权的保护。对于虽然被害人没有整体的财产损失,但被害人获得的财产对其本人而言是没有意义的,如被害人被骗后花费巨额金钱购买了自己并不需要的保健品,该保健品即便价格很高,但对被害人而言没有意义,不认定为诈骗罪可能并不合适。

观点二:个别的财产说认为,只要存在个别的财产丧失就认定为财产损失,就成立财产犯罪。换言之,只要你拿走了被害人的"这个"财产,就成立犯罪。至于被害人在丧失财产的同时,是否取得了财产或是否存在整体的财产损失,不是认定犯罪所要考虑的问题。(法考观点)

这种观点扩张了诈骗罪的成立范围,有助于更好地保护被害人利益。只要被害人基于错误认识而处分了财产,就应认定为其有财产损失。对于被害人在

被骗过程中,取得了其他财产,尤其是对其本人而言并没有价值的财物,不能否认诈骗罪的成立。

不足:在扩张诈骗罪以保护被害人利益的同时,可能会有碍市场经济的发展。在正常的市场经济发展过程中,适度的夸大(甚至虚假)宣传,是较为普遍存在的现象,还有行政法、民法进行调整,对于整体财产没有损失的行为认定为诈骗罪,会极大阻碍市场经济的发展。

案例 1:甲、乙、丙三人经商定后,从淘宝店购买了某品牌的最新款手机 30 部,收到手机后,三人拆下新手机的主板,换上事先准备好的废旧主板,然后利用七天无理由退货的规则,将手机退货,从店主处获得全额退款 80000 元。(2020 年真题)

答案:

该案中,行为可以分为两个步骤:

第一步,甲等人花 80000 元买 30 部手机,没有事实上侵犯他人的财产权利,不构成犯罪。

第二步,使用缺主板的手机(不完美的手机)去骗取商家完美的货款(80000 元),给商家造成了损失,成立诈骗罪。

但是,如何认定诈骗金额?如果认为诈骗罪是针对整体财产(财产损失)的犯罪,诈骗数额应认定为实际的财产损失,即 30 部手机主板的价格。如果认为诈骗罪是针对个别财产的犯罪,诈骗罪的对象是手机货款 80000 元。法考坚持了后一种观点。

案例 2:毛毛家中有一个价值 8000 元的按摩椅,99 成新。买来之后一直没有使用。毛毛便欺骗邻居老太太蒋某,告知该按摩椅有诸多功能,诸如防癌等,严重夸大了该按摩椅的用途、功能。老太太蒋某信以为真,以为该按摩椅具有防癌功效,交款 8000 元后买走该按摩椅。

问题:毛毛的行为是否成立诈骗罪,可能存在哪些不同的观点?请说明理由。

答案:

观点一(通说)认为,毛毛的行为不成立诈骗罪。理由:

诈骗罪是针对整体财产的犯罪,虽然老太太蒋某基于受骗而交付了 8000

元,但其获得了价值 8000 元的按摩椅,整体财产并没有遭受损失。

观点二(法考观点):毛毛的行为成立诈骗罪。理由:

诈骗罪是针对个别财产的犯罪,蒋某花费 8000 元买到了她并不想要的东西,就存在 8000 元的损失。虽然该按摩椅本身价值 8000 元,但蒋某购买按摩椅"防癌"的目的不可能实现,违反了被害人的意志,蒋某遭受 8000 元的财产损失,故成立诈骗罪。

案例 3:王某与郑某成立了一家公司,但经营不善,一直亏损。某日,二人合谋骗取银行贷款,王某让郑某伪造各种贷款材料。郑某伪造了部分材料,同时欺骗某保险公司的工作人员,让保险公司对其贷款提供保险,保险公司未能识破骗局而同意。

王某与郑某从银行取得 600 万元贷款后逃匿。贷款到期后银行向保险公司追偿,保险公司就银行贷款本息进行了赔付。事后查明,王某对郑某欺骗保险公司的事情完全不知情。

问题:郑某行为的认定,主要有两种观点:第一种观点认为,郑某仅对保险公司成立保险诈骗罪;第二种观点认为,郑某既对银行成立贷款诈骗罪,也对保险公司成立保险诈骗罪,二者为牵连犯,应当从一重罪处罚。请说明两种观点的理由和不足(如果认为有);你持什么观点(可以是两种观点之外的观点)?理由是什么?(2022 年主观题真题)

答案:

本案中,郑某为了获取贷款,采取虚构材料的方式让保险公司对其贷款提供保险,最终导致保险公司向银行支付保险金,保险公司因此遭受损失。郑某的行为构成保险诈骗罪。题干中两种观点的分歧在于郑某的行为是否构成贷款诈骗罪。

观点一:郑某的行为仅构成保险诈骗罪,不构成贷款诈骗罪。理由:

(1)郑某既欺骗了保险公司,亦欺骗了银行,但是,其行为最终没有造成银行的实际财产损失,银行的贷款已经由保险公司代为偿还,故不构成贷款诈骗罪。

(2)这种观点强调贷款诈骗罪是针对整体财产的犯罪,该案中,虽然银行基于受骗而交付了 600 万元,但其获得了保险公司的保险金,整体财产并没有遭受损失,故郑某的行为不成立贷款诈骗罪。

不足:

(1)这种观点忽略了对被害人(银行)处分意识的保护。受骗者(银行)因为行为人的欺骗行为产生了认识错误,进而处分了财产。① 即使保险公司赔偿了保险金也应当认定银行的财产损失。

(2)这种观点使得贷款诈骗罪的既遂取决于保险公司是否进行赔偿、何时进行赔偿,使得贷款诈骗罪的既遂时间点存在不确定性。②

观点二:郑某的行为成立贷款诈骗罪,与保险诈骗罪构成牵连犯,应当择一重罪处罚。理由:

(1)贷款诈骗罪是针对个别财产的犯罪。银行基于受骗而交付了600万元的贷款,就存在600万元的损失。故成立贷款诈骗罪。

(2)郑某的最终目的是获取600万元的银行贷款,因此保险诈骗罪与贷款诈骗罪之间是手段行为与目的行为之间的关系。可以认为保险诈骗是手段,贷款诈骗是目的,也可以认为贷款诈骗是手段,保险诈骗是目的,但都应成立牵连犯,择一重罪处罚。

不足:

这种观点可能会扩大了诈骗类犯罪的处罚范围,认为即便其财产总量(整体财产)没有损失,或者财产损失得以弥补,也应认定为诈骗罪。日常生活中有许多交易都存在夸张甚至欺诈的成分,如果坚持个别财产说,只要交易行为存在手段上的欺诈而不具有处罚必要性,就以诈骗罪加以处罚的话,很多生活中的交易行为都要被当作诈骗罪加以处罚。③

我赞成第二种观点。理由:

当郑某通过欺骗手段取得银行贷款时,银行就已经遭受了损失,即使后面保险公司履行了义务,那也是因为银行先遭受了损失,而这一损失是由于郑某的欺骗行为引起的。因此,银行虽然最终得以弥补损失,但仍然是案件的被害

---

① 参见张明楷:《论诈骗罪中的财产损失》,载《中国法学》2005年第5期,第132页。
② 参见张明楷编著:《刑法的私塾(之三)》,北京大学出版社2022年版,第572页。
③ 参见任永前:《论诈骗罪中的财产损失》,载《法学杂志》2015年第5期,第129页。

人。① 郑某依然成立贷款诈骗罪。

四十八、诈骗罪的处分权人

理论解读:成立诈骗罪,要求被害人必须基于错误认识而处分财产,处分财产就要求被害人对财产有处分权。原则上,只要占有财产的人就有处分权,不限于财产所有权人。② 之所以只要占有财产就有处分权,而不严格限制为所有权人,主要理由:首先,当前社会财产关系异常复杂,财物的占有人与所有权人通常是分离的,犯罪分子在诈骗他人财物的时候,根本无法判断财物的占有人是否为财物的所有权人,据此,只要占有财产的人均有处分权;其次,"处分"也并非要求处分所有权,处分"占有"即可,所以,只要占有财产的人,就有处分权。绝大多数案件中,对被害人是否有处分权的判断是较为清晰的。但部分案件中,被害人是否有处分权,理论上可能存在争议。

案例1:【11402019】乙购物后,将购物小票随手扔在超市门口。甲捡到小票,立即拦住乙说:"你怎么把我购买的东西拿走?"乙莫名其妙,甲便向乙出示小票,两人发生争执。适逢交警丙路过,乙请丙判断是非,丙让乙将商品还给甲,有口难辩的乙只好照办。关于本案的分析(不考虑数额),下列哪一选项是错误的?(　　)(单选)③

A. 如认为交警丙没有处分权限,则甲的行为不成立诈骗罪

B. 如认为盗窃必须表现为秘密窃取,则甲的行为不成立盗窃罪

C. 如认为抢夺必须表现为乘人不备公然夺取,则甲的行为不成立抢夺罪

---

① 参见张明楷:《诈骗犯罪论》,法律出版社2021年版,第690页。

② 对于部分争议案件,特定的人是否具有处分权,可能会有不同的观点。2014年卷二19. 乙购物后,将购物小票随手扔在超市门口。甲捡到小票,立即拦住乙说:"你怎么把我购买的东西拿走?"乙莫名其妙,甲便向乙出示小票,两人发生争执。适逢交警丙路过,乙请丙判断是非,丙让乙将商品还给甲,有口难辩的乙只好照办。该题的A选项指出,如认为交警丙没有处分权限,则甲的行为不成立诈骗罪。如果认定交警丙有处分权,则案件成立诈骗罪。——该选项正确,当然,交警对财物是否有处分权,理论上存在争议。该案是发生在德国的真实案例,德国第二国营电视台(ZDF)播出,用以警告民众,购物后不要乱丢购物凭证。台湾刑法学者林东茂教授认为,交警并没有处分权,甲的行为不成立诈骗罪。参见林东茂:《一个知识论上的刑法学思考》(增订三版),中国人民大学出版社2009年版,第135页。

③ 答案:D。

D.甲虽未实施恐吓行为,但如乙心生恐惧而交出商品的,甲的行为构成敲诈勒索罪

本案中,甲欺骗了交警丙,借丙之手取走了乙的财物。

观点一:如果认为交警丙对乙的财产有处分权,则甲属于欺骗了有处分权的人,甲的行为成立诈骗罪。

观点二:如果认为丙是没有处分权的人,甲的行为不成立诈骗罪。

案例2:甲拿着2000元去商场购物。在某门店内,甲见蔡某进试衣间试衣服时将钱包"遗忘"在收银台。在蔡某试衣服过程中收银员问钱包是谁的,甲谎称是自己的,然后收银员将钱包交给甲,甲拿着钱包便离开。

问题:有观点认为甲成立盗窃罪,请说明理由;有观点认为甲成立诈骗罪,请说明理由。

答案:

观点一:甲成立盗窃罪。理由:

(1)收银员对蔡某的钱包不具有处分权,蔡某只是在试衣服时暂时将钱包"遗忘"在收银台,且蔡某仍在商场内,与钱包位置距离不远,故钱包仍由蔡某占有,收银员至多是辅助占有者,不具有处分权。

(2)甲趁蔡某试衣服时,在蔡某不知情的情况下从收银员手中拿走蔡某钱包,成立盗窃罪。

观点二:甲成立诈骗罪。理由:

(1)在蔡某将钱包"遗忘"在收银台时,钱包转由商场的管理者(收银员)占有,收银员对该钱包具有处分权。

(2)甲向收银员谎称钱包系自己的,导致收银员基于错误认识而处分钱包,甲成立诈骗罪。①

---

① 张明楷教授支持前一种观点,对于明显属于他人管理的财物,即使他人短暂遗忘或者短暂离开,但只要财物处于他人支配力所能涉及的范围,或者说只要他人可以没有障碍地取回财物,也应认定为他人占有该财物。例如,甲在餐馆就餐时,将提包放在座位上,付款时忘记拿提包,或者离店时忘了拿提包,但只要时间比较短暂,就仍应认定甲仍然占有着自己的提包。再如,乙在售楼处与售楼员商谈购房事宜后,一时忘了拿走提包,但只要离开的时间不长,就应认定乙仍占有自己的提包。回到本案,蔡某只是在试衣服时,暂时将钱包"遗忘"在收银台,且蔡某仍在商场内,与钱包位置距离不远,应当认定,蔡某仍占有钱包。参见张明楷:《刑法学》(第六版),法律出版社2021年版,第1232页。

四十九、诈骗罪的处分意识：概括的处分意识说与具体的处分意识说

理论解读：成立诈骗罪，要求被害人要有"处分意识"。如何理解"处分意识"，存在不同的观点，两种观点均须掌握，法考只考观点展示。概括的(抽象,50%)处分意识说(法考观点)认为，只要被害人主观上大致认识到自己交付的财产的种类(如衣服、酒、手机)，就认为行为人具有处分意识。具体的(100%)处分意识说认为，只有被害人清楚地认识到自己交付的财产的全部内容(种类、数量、质量、价格、外形等)，才能认为其有处分意识。例如，甲去商场购买西服，其将两件分别标有1000元、10000元的西服的价格标签进行调换，甲仅付款1000元就买走了实际价格为10000元的西服，被害人(售货员)乙并没有发现甲调换价格标签的行为。该案中，售货员知道自己交付了西服，但对于西服的价格没有认识到，如果持概括的处分意识说，可以认为售货员处分了财产，行为人的行为成立诈骗罪；如果持具体的处分意识说，售货员确实没有认识清楚自己交付的财产的全部内容，其没有处分意识，行为人的行为成立盗窃罪。

概括的处分意识说的理由是：(1)不过度限制诈骗罪的成立，因为对行为的定性主要取决于犯罪行为本身，毕竟行为人实施了欺诈行为，只要被害人大概认识到其处分的财产，即可认为其有处分意思，行为人的行为成立诈骗罪。(2)相反，如果要求被害人有具体的处分意识才成立诈骗罪，将极大地限制诈骗罪的范围，如果被害人已经清楚、具体地认识到财物，又怎么可能处分财产呢？

概括的处分意识说的不足是：(1)标准不明确，"大概"认识是要认识到何种程度，由于标准的不明确而在实务中可操作性不强。(2)同时，只要大概认识，而不同的被害人认识程度可能会存在不同，但都认定为诈骗罪，忽略了被害人认识上的差异。

案例1：毛毛和肖某到黄金店铺购买黄金，毛毛在和店员蒋某挑选黄金时，肖某提前偷偷在计重秤下面"做手脚"，使得计重秤在称黄金时反应不准确(实为100克，但计重秤上仅显示50克)。毛毛、肖某支付了50克的费用之后，就从蒋某处拿走了100克的黄金。

问题：毛毛、肖某的行为应如何认定？可以谈不同观点，请说明理由。

答案:

观点一:毛毛、肖某的行为成立盗窃罪。理由:

如果对诈骗罪所要求的处分意识持具体的处分意识说,要求被害人对交付的财物有具体的(100%)认识。本案中,被害人对自己交付的财物的数量(重量)没有认识清楚,毛毛、肖某的行为成立盗窃罪。

观点二:毛毛、肖某的行为成立诈骗罪。理由:

如果对诈骗罪所要求的处分意识持概括的(50%)处分意识说,要求被害人对交付的财物有大概的认识。本案中,被害人对交付的财物的外观、形状都有大致的认识,应认为有处分意识,毛毛、肖某的行为成立诈骗罪。

案例2: 王某组织某黑社会性质组织,刘某、林某、丁某积极参加。一日,王某、刘某在某酒店就餐,消费3000元。在王某结账时,收银员吴某偷偷调整了POS机上的数额,故意将3000元餐费改成30000元,交给王某结账。王某果然认错,支付了30000元。

问题: 关于吴某的行为定性,有几种处理意见?须说明理由。

答案:

对于吴某盗刷他人信用卡的行为,可能存在两种处理意见:

观点一:成立盗窃罪。根据具体的处分意识说,要求被害人王某对自己所交付的财物的认识得具体。而本案中,被害人并未清楚认识到自己交付的财产的全部内容,即没有认清楚数额,被害人不具有处分意识,因此吴某的行为不构成诈骗罪,仅构成盗窃罪。

观点二:成立诈骗罪。根据概括的处分意识说,被害人主观上大致认识到交付财产的种类,被害人就具有处分意识,不需要认识得过于具体。

本案中,吴某采取欺骗手段,使得被害人陷入错误认识从而处分财产,被害人认识到自己处分财产即可,至于财物的数额是否认识到,不重要。故吴某的行为构成诈骗罪既遂。

五十、偷换商家"二维码"的定性:"特殊的三角诈骗"与盗窃罪

理论解读: 对于偷换商家"二维码"从而获取财物的案件,如何定性?例

如,张某利用自己所学的计算机技术,偷偷将某西餐厅的收款二维码换成自己的,致使一些顾客在该西餐厅消费支付时,直接将钱款转到张某的账户内。对于张某的行为如何定性,存在不同观点①:

(1)多数观点(审判实务)认为成立盗窃罪。② 该类案件的实质是张某受益,商家受损,而张某和商家之间没有任何沟通,商家完全不知情,故张某的行为成立盗窃罪。

一方面,其在本质上并不符合诈骗罪"骗取他人财物"的本质特征,缺乏成立诈骗罪所必需的处分意识和处分行为,被害人对于其财产被非法转移占有完全没有意识,根本没有想到其财产将进入行为人的账户。

另一方面,虽然顾客的钱款并未先进入商家账户而是直接进入行为人账户,但是至少在顾客扫码支付的那一瞬间,无论在社会观念上还是在所有权上,该钱款都属于商家所有和占有,行为人通过秘密手段取得对该钱款的非法占有,本质上属于秘密窃取行为,构成盗窃罪。③

(2)少数观点认为成立诈骗罪,并认为这是特殊的三角诈骗。

行为人虚构事实即偷换商家二维码的行为,致使顾客产生错误认识,基于错误认识而处分自己(顾客)的财产,导致商家产生损失,成立诈骗罪。

张明楷教授持此观点,并认为这是一种"特殊的三角诈骗"。其"特殊"性在于:第一,在普通的三角诈骗中,行为人欺骗了被害人,被害人处分了他人的财产,使他人的财产遭受损失。例如,甲欺骗董事长乙的妻子丙:"我是董事长新来的秘书,请把董事长的包交给我。"丙信以为真,将该董事长的包交给甲。这是普通的三角诈骗,犯罪行为人甲欺骗了丙,但丙处分的是乙的财产,使乙遭受财产损失。第二,而特殊的三角诈骗中,如偷换二维码案,行为人欺骗了顾客,顾客处分的是自己财产,但最终遭受损失的却是商家。这主要理由在于,顾客处分了自己的财产,顾客的做法并没有任何不妥之处,不可能让顾客承担责任,只能由商家承担损失。

---

① 需要说明的是,由于这一问题理论上争议很大,法考在这一问题上,没有、也不会坚持某一种观点,无论是客观题还是主观题,均需要同时掌握两种观点,2018 年客观题也是考查了观点展示。
② 参见广东省佛山市禅城区人民法院(2017)粤 0604 刑初 550 号刑事判决书。
③ 参见周铭川:《偷换商家支付二维码获取财物的定性分析》,载《东方法学》2017 年第 2 期,第 112 页。

案例1：甲发现商业街中的部分店铺用于收款的微信二维码，无人看管，趁无人注意之机，甲将部分店铺的微信二维码调换为自己的二维码，顾客在付款时实际将货款支付给甲。经查，甲通过此方式共获取钱款人民币8000元。

问题：甲的行为如何定性？可以谈不同观点，请说明理由。

答案：

观点一：甲的行为成立盗窃罪（多数观点）。理由：

甲偷换二维码的行为使商家受损，甲因此受益，而甲与商家之间没有任何沟通，商家完全不知情，故甲的行为成立盗窃罪。

观点二：甲的行为成立诈骗罪。理由：

甲偷换商家二维码的行为，致使顾客基于错误认识而处分财产，导致商家产生损失，成立诈骗罪，即顾客处分了自己的财产（也可以认为是商家的财产，即商家对顾客的债权），导致商家遭受损失。①

案例2：甲用乙的淘宝账号从网上买了一个手机，用甲自己的银行卡付了款，留的是自己的号码。手机卖家核实信息时，按照淘宝账号信息打电话给了乙，乙骗商家说手机是他买的，并告知商家更改收货地址，商家把手机发货给乙。（2018年真题）

问题：乙的行为应如何认定？可以谈不同观点。

答案：

观点一：成立诈骗罪。理由：

(1)乙并没有欺骗所有权人甲，而是欺骗了卖家。卖家对该财物当然具有处分权，而且，卖家对于将财产（手机）转移给乙是知情的，可以认为是处分了财产。

(2)这是一种特殊的三角诈骗，卖家（商家）处分了自己的财产，但是，从交易习惯来看，没有任何过错，最终损失应由买家来承担。

观点二：成立盗窃罪。理由：

(1)整体来看这个案件，似乎最终遭受损失的是甲，而甲并没有处分财产的

---

① 近两年来，"特殊的三角诈骗"在法考中非常重要了。张明楷教授曾专门在《法学评论》发表论文讨论这一问题。以下内容，虽有难度，但是应对法考所必需的，希望大家认真学习一下。

行为、意识。

(2)甲并没有委托商家占有其财产,商家也无处分甲的财产的权利,从这一意义上看,乙对甲的行为成立盗窃罪,盗窃的是债权(甲对商家的债权,也即发货权)。

司法实践中,对于这类案件,商家本身一般不承担责任,而且商家的做法也完全符合规范,商家没有进一步审查行为人身份信息的义务,甚至都不能认为商家"被骗",最终损失应该由甲来承担,而甲并没有处分财产的行为及意识。因此,乙的行为成立盗窃罪更为妥当。①

五十一、"窃电案"的行为定性:诈骗罪与盗窃罪

理论解读:对于生活概念中的"窃电"这一问题,近年来刑法理论进行了更为细致的区分,根据不同的情况,进行分别判断。

例1:行为人为了不缴或少缴电费,事先采用不法手段,使电表停止运行的,所窃取的是电力本身,成立盗窃罪。

例2:行为人正常大量用电后,在电力公司人员即将按电表收取电费时,产生不缴或少缴电费之念,使用不法手段将电表显示数调到极小额度,使收费人员误以为行为人没有用电,从而免除行为人的电费缴纳义务的。

观点一(现今法考观点):成立诈骗罪。因为在这种场合,电力公司本有5000元的电费请求权(债权),因为行为人的欺骗行为,仅收了500元。行为人骗取的不是电力本身,而是对方的电力请求权这一财产性的利益。

观点二(实务观点,既往法考观点):成立盗窃罪。该观点认为"电力请求

---

① 【高难度延伸阅读】:有同学可能认为这属于"三角诈骗",实则不然。本案中,确实存在三方关系,甲、乙、商家。张明楷教授称之为"特殊的三角诈骗"。参见张明楷:《诈骗犯罪论》,法律出版社2021年版,第208页。在一般的三角诈骗中,行为人欺骗了被害人,而被害人是处分了他人(第三人)的财产。例如,甲对李某家的保姆说:"李某现在使用的手提电脑是我的,你还给我吧。"保姆信以为真,将电脑交给甲。该案中,保姆有处分权,其受骗后处分了第三人(李某)的财产,使第三人(李某)遭受了财产损失。而在特殊的三角诈骗中,乙欺骗了商家,但商家处分的是自己的财产(手机),并且从民法上来讲,本案中的商家并不存在任何过错,但该案的最终损失可能要由甲来承担。也就是说,乙对商家实施了欺骗行为,商家处分了自己的财产(手机),商家不存在民法上的过错,但最终损失应该由第三人(甲)来承担。

权"（或债权）不能成为诈骗罪的对象，行为人系秘密窃取了电力，被害人并不知情，应成立盗窃罪。历年真题曾支持此观点，如2008年四川第2卷第62题：甲系某股份制电力公司所属某供电所抄表组抄表员，在一次抄表时，甲与某金属加工厂承包人乙合谋少记载该加工厂用电量，并将电表上的数字回拨，使加工厂少交3万元电费。当时公布的官方答案认为，该行为构成盗窃罪。

五十二、不法原因给付与侵占罪的认定：违法多元（相对）论与违法一元论

理论解读：基于不法原因替他人保管财物，如保管他人用于行贿的财物、犯罪所得等，事后拒不返还的，能否以侵占罪论处，存在肯定说、否定说两种观点。对于不法原因给付的财产，民法理论及立法大都否认给付者有返还请求权，但现今的审判实践及理论有限度地承认了给付者的返还请求权。对于受托者将财物据为己有的，能否成立刑法上的侵占罪，各国立法并没有特别规定，刑法理论及审判实践的多数观点持肯定说。对于民法上不得要求返还的不法原因给付财产，如果刑法上将侵占该财产的行为认定为侵占罪，这会导致在民法上不值得保护的利益刑法又加以保护。在违法性问题上，是采取违法一元论还是违法相对论，是解决该问题的关键点。①

观点一（法考观点）：构成侵占罪。理由：

（1）虽然民法不保护非法的委托关系，但刑法的目的不是确认财产的所有权，而是打击侵犯财产的犯罪行为，如果不处罚侵占代为保管的非法财物的行为，将可能使大批侵占赃款、赃物的行为无罪化。

（2）这种观点事实上是坚持违法多元论，认为民法和刑法可以坚持不同的判断。虽然在民法上这一委托保管关系（合同）是无效的，委托人不能基于该委托关系（合同）要求返还财物。但是，刑法应肯定委托人的返还请求权，要求受托人按委托关系（合同）约定将保管的财物予以返还，否则，就应成立侵占罪。

（3）根据《最高人民法院、最高人民检察院关于办理盗窃刑事案件适用法律

---

① 参见郭晓红、徐光华：《不法原因给付与侵占罪——基于实践中典型案件同案异判所引发的思考》，载《厦门大学法律评论》2013年第1期，第89页。

若干问题的解释》第 1 条规定,盗窃毒品等违禁品的,应当按照盗窃罪处理。同理,"侵吞"他人的不法原因给付物也成立侵占罪。

不足:

(1)坚持违法多元论,民法与刑法对同一问题采取了不同的态度,不利于法秩序的统一。

(2)尤其是对于公众而言,守法的前提是要求不同的部门法应保持大致相同的价值取向,如果刑法、民法对同一问题看法不一致,将导致民众无所适从。

观点二:坚持违法一元论,不构成侵占罪。理由:

(1)如认定为侵占罪,会得出民法上丙没有返还请求权,但刑法上认为其有返还请求权的结论,刑法和民法对相同问题会得出不同结论,法秩序的统一性会受到破坏。

(2)行为人的行为是否成立侵占罪,关键在于其行为是否侵犯了他人的所有权。甲基于不法原因给付他人财物后,就不享有财产所有权。受领人乙将甲的财物据为己有的行为难以认为侵犯了甲的财产所有权,因此不成立侵占罪。①

不足:虽然维护了法秩序的统一性,肯定了民法、刑法对同一问题应采取相同的态度,但是,对于该类行为不以犯罪论处并不妥当,毕竟行为人通过不法手段侵吞了委托人的财物。

案例:甲因偷换二维码之事被公安机关抓获。在被起诉后,甲的父亲吴某为使甲获得轻判,四处打听,了解到徐某是当地法院院长蒋某的表弟,遂托徐某将 20 万元转交蒋某。徐某将 20 万元送给蒋某时,遭到了蒋某坚决拒绝,并告知徐某事情办不成,但徐某仅退还吴某 10 万元,无论吴某如何要求,徐某均拒绝退还余款 10 万元。

问题:徐某拒不返还该 10 万元,是否成立侵占罪?可以谈不同观点,请说明理由。

---

① 参见张明楷:《不法原因给付与侵占罪的成否》,载《东方法学》2024 年第 1 期,第 143 页。

答案：

观点一(法考观点)：如果坚持违法多元论，那么徐某构成侵占罪。

(1)无论吴某对10万元是否具有返还请求权，10万元都不属于徐某的财物，因此该财物属于"他人财物"。徐某将代为保管的他人财物非法占为己有，数额较大，拒不退还，完全符合侵占罪的犯罪构成。

(2)虽然民法不保护非法的委托关系，但刑法的目的不是确认财产的所有权，而是打击侵犯财产的犯罪行为，因此徐某成立侵占罪。

观点二：如果坚持违法一元论，徐某不构成侵占罪。

(1)吴某对其给付的10万元贿赂款在民法上没有返还请求权，该财物已经不属于吴某，因此，徐某没有侵占"他人的财物"。

(2)既然民法不保护吴某的财产，刑法应与民法保持相同的价值取向，也不能通过认定徐某构成侵占罪而保护吴某的财产。

五十三、员工利用欺诈的手段获取公司财物的行为，是否成立职务侵占罪：肯定说与否定说

理论解读：我国《刑法》对于职务侵占罪的处罚显著轻于盗窃罪、诈骗罪等普通财产犯罪，表现在：职务侵占罪的法定最高刑仅有15年有期徒刑，而其他财产犯罪(如盗窃罪、诈骗罪等)的法定最高刑为无期徒刑；相同数额的行为，对职务侵占罪的处罚也显著轻于盗窃罪、诈骗罪，诈骗罪的立案标准为3000元，而职务侵占罪的立案标准为30000元。

同样是侵吞财产，认定为职务侵占罪与普通财产犯罪(盗窃罪、诈骗罪)，处罚差异太大，可能并不公平。也正是基于此，刑法理论与审判实务主张：对职务侵占罪进行限制解释，将更多的行为认定为普通财产犯罪。或者，承认职务侵占罪与普通财产犯罪(盗窃罪、诈骗罪)之间是想象竞合，进而主张重法优先而适用普通财产犯罪。理论与实务中主要是通过三种方式限制职务侵占罪的成立范围：

第一，对职务侵占罪所要求的"利用职务上的便利"进行限制解释，从而限制职务侵占罪的范围以扩张普通财产犯罪的范围。

第二,对职务侵占罪的"客观行为方式"进行限制解释,认为只有利用职务上的便利"侵吞"(侵占)单位财产的,才能认定为职务侵占罪,对于利用职务上的便利"窃取、骗取"本单位的财产的,由于拿走的不是自己"占有"的财物,不能认定为职务侵占罪。

第三,即使认定为职务侵占罪,也认为其与盗窃罪、诈骗罪等重罪存在竞合。

当然,上述限制认定职务侵占罪的观点,也存在一定的反对意见。或者说,如何限制职务侵占罪,观点不一。

案例:甲是某公司的工作人员,公司提供门面出租,甲负责收租金。按公司要求,收取的租金应由租户直接打入公司的账户。甲与商家订立租赁合同,欺骗商户将租金8万元打入其个人账户。甲拿走的并非自己"占有"之下的财物(8万元),只能说是利用职务上的便利"骗取"了单位应从租客处收回的财物(租金8万元)。

问题:对于这种"骗取"行为,是否能认定为职务侵占罪?可以谈不同观点。

答案:

观点一:肯定说,成立职务侵占罪。理由:

(1)认定职务侵占罪,只要求行为人利用了职务上的便利,至于其行为方式是"侵吞"(拿走自己占有之下的单位财产),还是"骗取或窃取"(拿走不属于自己占有之下的单位财物),在所不问。

(2)行为人取走的虽然不是已经处于本人保管、占有之下的财产,而是骗取了租客(商户)应付的租金,但这仍然是利用了职务上的便利。

(3)我国《刑法》对职务侵占罪的处罚之所以显著轻于其他财产犯罪(盗窃罪、诈骗罪),是因为行为人利用了职务上的便利,即行为人利用既有的机会、条件去实施犯罪,危害性相对较小。而普通财产犯罪是,行为人没有机会而"创造"机会非法占有他人的财物,处罚较之职务侵占罪更重。

不足:这种观点过度扩张了职务侵占罪的适用范围,刑法对职务侵占罪的处罚过轻,不利于公司财产的保护。例如,对行为人非法取得价值8万元财物的案件,认定为诈骗罪属于"数额巨大",应判处三年以上十年以下有期徒刑,但认定为职务侵占罪,则只能处三年以下有期徒刑。① 如果同类案件的金额只有 2.5 万元的话,定性为职务侵占罪将因未达数额标准而无法定罪,但认定为诈骗罪、盗窃罪则会入罪且被判处较重的刑罚。

观点二:否定说,不成立职务侵占罪,成立诈骗罪。理由:

(1)认为刑法对职务侵占罪的处罚显著轻于其他普通财产犯罪是不合理的。进而主张职务侵占罪的行为方式不包括"骗取""窃取",只包括利用职务上的便利"侵吞"本人占有之下的单位财产。②

(2)本案中,行为人从他人(租户)骗取本该属于公司的租金,不属于直接拿走了自己保管之下的财物,不能认定为职务侵占罪,应成立诈骗罪。

不足:

(1)过于缩小了职务侵占罪的范围。刑法也并没有明文规定"利用职务上的便利"仅限于非法获取已经处于本人占有之下的财物,对于与职务有关的"窃取""骗取"行为,也应认为是职务侵占罪的行为方式,或者说是利用了职务上的便利。

(2)我国《刑法》第 383 款(贪污罪)所规定的行为方式,就包括利用职务上的便利"窃取""骗取""侵吞"等行为方式,对于相类似的职务侵占罪就没有必要将其行为方式仅限制为"侵吞"。

(3)这种行为,与完全没有任何职务便利的行为相比,如无关的第三人来公司窃取、骗取公司财产,行为人较之第三人,还是更具备明显的"便利性"的,应该认为其利用了职务上的便利。

五十四、职务侵占罪是否要求"占有"为自己占有:肯定说与否定说

理论解读:普通财产犯罪、职务侵占罪、贪污罪等"涉财类型"的犯罪,都要求行为人主观上有非法占有目的。一般认为,财产犯罪中所要求的非法占有目

---

① 参见张明楷:《论刑法中的利用职务上的便利》,载《法治社会》2022 年第 5 期,第 4 页。
② 参见张明楷:《论刑法中的利用职务上的便利》,载《法治社会》2022 年第 5 期,第 5 页。换言之,这种观点认为,如果行为人(公司员工)通过"窃取、骗取"手段获得公司财产,这说明其对财物没有绝对的支配权、管控权,反过来也说明其并没有"职务上的便利",不成立职务侵占罪。

的,既包括占为自己所有,也包括占为他人所有。例如,光华从毛毛处偷一个手机放在自己家,或者,光华听说沛权喜欢手机,就从毛毛家偷了一个手机给沛权。这两种情形都应该认为光华有非法占有目的,成立盗窃罪。但是,对于职务侵占罪、贪污罪等,实务中不少观点认为,如果行为人没有将财物放在自己的控制之下,就不认为有非法占有目的,进而否认职务侵占罪、贪污罪的成立。

案例:国家工作人员甲,让私营企业的员工乙"报销"旅游费用6万元。乙因有求于甲的职务关系以谋取不正当利益,以自己的工作开支为由从私营企业将这笔费用予以报销,并将报销所得金额全部交予甲。

问题:乙的行为能否成立职务侵占罪?可以谈不同的观点。

答案:

观点一:成立职务侵占罪。理由:

职务侵占罪中的"占有"不要求行为人自己占有,即使行为人本人没有将钱据为己有,而由第三者占有,也不影响行为人非法占有目的的成立。①

本案中,虽然乙利用职务上的便利,采用欺诈的方式骗取单位财产后,全部给了甲,乙并未据为己有,但仍成立职务侵占罪。

观点二:不成立职务侵占罪。理由:

职务侵占要求"占有"仅为行为人自己占有,那么,如果钱由第三人占有,行为人并没有在这一环节得到好处,便不能认定行为人具有职务侵占罪所要求的非法占有目的,故乙不成立职务侵占罪。

五十五、死者对财物的占有:肯定说与否定说

理论解读:有限度地承认死者的占有。本部分讨论死者的占有的前提,是死者并非死在自己家中,如果死在自己家中,无论何时,财物都处于有人占有的状态,他人进入死者家中取财的,都成立盗窃罪。本部分讨论的是,死者死在马路上、树林里等无序的情况下,其身上(边)的财物的归属问题,见表2。

---

① 参见张明楷:《刑法学》(第六版),法律出版社2021年版,第1561页。

表2

死了很久	其身上(边)财产是无人占有的。
死者刚死时	(1)占有肯定说(法考观点)。多数观点认为,身上(边)的财物是有人占有的,取走该财物的,成立盗窃罪。①
	(2)占有否定说。也有观点认为,死者身上的财物是无人占有的,取走该财物的成立侵占罪。
	肯定说的理由:注重社会一般观念及对财产秩序的维持,即使被害人死亡,也需要维持该财产秩序,肯定财物是处于有人占有的状态,取走该财物的应成立盗窃罪。 肯定说的不足:被害人已经死亡,已经事实上没有占有财物,过度地肯定观念上的占有进而认为财物处于有人占有的状态,扩张了占有的范围。尤其是被害人死亡后,在多长时间内可以继续占有财物,标准并不明确。

案例1:陈某将李某尸体拖入树林,准备逃跑时忽然想到李某身有财物,遂拿走李某手机、现金等物,价值1万余元。(2011年真题)

问题:对于陈某的行为,可能存在哪几种处理意见(包括结论与基本理由)?

答案:

观点一:根据死者占有肯定说,陈某构成盗窃罪。应当肯定死者对财物的占有状态,因此陈某拿走的财物属于他人占有,构成盗窃罪。

观点二:根据死者占有否定说,陈某构成侵占罪。财物的占有者已经死亡,死者不能占有,因此陈某拿走的财物属于无人占有,构成侵占罪。②

案例2:毛毛在公园散步时发现一具尸体(半小时前死亡),毛毛从其身上竟搜出一张背面写有密码的信用卡。回家后毛毛对妻子张某谎称是"捡了一张

---

① 司法解释肯定死者刚死时,生前的占有可以延续一段时间。2005年6月8日《最高人民法院关于审理抢劫、抢夺刑事案件适用法律若干问题的意见》第8条(关于抢劫罪数的认定)规定,行为人实施故意杀人犯罪行为之后,临时起意拿走他人财物的,应以此前所实施的具体犯罪与盗窃罪实行数罪并罚。

② 【延伸阅读】:通说的观点认为,故意杀人后,临时起意,从死者身上取走财物的,应认定为盗窃罪。这一观点也得到了司法解释的支持:2005年6月8日《最高人民法院关于审理抢劫、抢夺刑事案件适用法律若干问题的意见》第8条(关于抢劫罪数的认定)规定,行为人实施伤害、强奸等犯罪行为,在被害人未失去知觉、利用被害人不能反抗、不敢反抗的处境,临时起意劫取他人财物的,应以此前所实施的具体犯罪与抢劫罪实行数罪并罚;在被害人失去知觉或者没有发觉的情形下,以及实施故意杀人犯罪行为之后,临时起意拿走他人财物的,应以此前所实施的具体犯罪与盗窃罪实行数罪并罚。但是,也有少数的(转下页)

信用卡",毛毛和张某用该信用卡到商场消费3.8万元。

问题：毛毛、张某的行为如何认定，请说明理由。

答案：

毛毛的行为成立盗窃罪或信用卡诈骗罪；张某的行为成立信用卡诈骗罪。二者成立信用卡诈骗罪的共同犯罪。

(1)对于毛毛在"死者"身上取财以及后续使用信用卡的行为，在刑法理论上有两种观点：

一种观点否定死者的占有，毛毛拿走死者身上的财物的行为成立侵占罪。则毛毛属于捡拾他人信用卡，之后再冒用他人信用卡，应成立信用卡诈骗罪。

另一种观点肯定死者的占有，毛毛拿走死者身上的财物的行为成立盗窃罪。则毛毛的行为属于盗窃信用卡。根据《刑法》第196条第3款的规定，盗窃信用卡并使用的，成立盗窃罪。

(2)张某以为是捡来的信用卡，使用该卡，属于冒用他人信用卡，成立信用卡诈骗罪。

(3)毛毛、张某成立信用卡诈骗罪的共犯。毛毛参与了捡拾(盗窃)并使用信用卡的犯罪全过程，张某仅参与了冒用他人信用卡的部分犯罪过程，无论之前毛毛构成盗窃罪还是信用卡诈骗罪，二者都在冒用他人信用卡即信用卡诈骗罪的范围内成立共同犯罪。

案例3：高某、夏某到达小屋后，高某寻机抱住钱某，夏某掐钱某脖子。待钱某不能挣扎后，二人均误以为钱某已昏迷(实际上已经死亡)，便准备给钱某身上绑上石块将其扔入湖中溺死。此时，夏某突然反悔，对高某说："算了吧，教训她一下就行了。"高某说："好吧，没你事了，你走吧！"夏某离开后，高某在钱某身

(接上页)学者反对这一观点，认为此种情形下，取走死者身上的财物的，应成立侵占罪，这种观点就是否定死者的占有。

这一问题，实际上命题老师不是在考查考生是否知道实践中的具体做法，而是让考生知道，关于这一问题，理论上有何种不同的观点，其理由是什么。而以往的真题中，只要考生知道，故意杀人之后，临时起意从死者身上取走财物的，司法实践中是以盗窃罪论处的，只考查一种观点。例如：2007年卷二7. 张某出于报复动机将赵某打成重伤，发现赵某丧失知觉后，临时起意拿走了赵某的钱包，钱包里有1万元现金，张某将其占为己有。关于张某取财行为，其成立盗窃罪。

上绑石块时,发现钱某已死亡。为了湮灭证据,高某将钱某尸体扔入湖中。

高某回到小屋时,发现了钱某的 LV 手提包(价值 5 万元),包内有 5000 元现金、身份证和一张储蓄卡,高某将现金据为己有。(2017 年真题)

问题 1:关于高某拿走钱某的手提包和 5000 元现金的行为性质,请谈不同观点及理由。

答案:

关键在于如何认定死者占有,存在两种观点:

观点一:高某对钱某的手提包和 5000 元现金成立侵占罪,理由是死者并不占有自己生前的财物,故手提包和 5000 元现金属于遗忘物。

观点二:高某对钱某的手提包和 5000 元现金成立盗窃罪,理由是死者继续占有生前的财物,高某的行为属于将他人占有财产转移给自己占有的盗窃行为,成立盗窃罪。

问题 2:高某将钱某的储蓄卡与身份证交给尹某,教唆其取款 2 万元,如何认定?可以谈不同的观点。

答案:

涉嫌信用卡诈骗罪和盗窃罪,具体区分有不同的观点:

观点一:如果认为死者不能占有财物,则高某是侵占信用卡,利用拾得的他人信用卡取款的,属于冒用他人信用卡,高某唆使尹某冒用,故属于信用卡诈骗罪的教唆犯。法条依据为《刑法》第 196 条第 1 款。①

观点二:如果认为死者能占有财物,则高某是盗窃信用卡,盗窃信用卡并使用的,不管是自己直接使用还是让第三者使用,均应认定为盗窃罪。法条依据为《刑法》第 196 条第 3 款。②

五十六、关于存款的占有:银行占有说与名义人说

理论解读:随着现代金融业的发展,一方面,银行存折、银行卡等快捷、安全

---

① 《刑法》第 196 条第 1 款规定,有下列情形之一,进行信用卡诈骗活动,数额较大的,处五年以下有期徒刑或者拘役,并处二万元以上二十万元以下罚金;……(三)冒用他人信用卡的……

② 《刑法》第 196 条第 3 款规定,盗窃信用卡并使用的,依照刑法第 264 条(盗窃罪)的规定定罪处罚。

的结算方式日益惠及广大民众生活,但另一方面,因银行卡、存折等的不当使用及被不法利用,导致各类侵占存款的案件不断涌现。有学者(钱叶六)归纳了三种类型:(1)不法所有他人的错误汇款,即汇款人错误地将款项汇入他人账户之中,收款人基于非法占有目的取出该款项;(2)挂失提取自己名下的他人存款,如沛权借用光华的银行卡存款,后光华挂失该卡、补办新卡并将卡内的资金取出;(3)非法提取代为保管的他人银行卡,并将卡内资金取出。

上述类型的案件究竟应如何定性,问题的本质在于:银行卡内的存款究竟归谁占有。例如,甲的银行卡中有100万元,光华捡到该卡(背后写有密码),那么,对于该100万元究竟归甲占有,还是归银行占有,或者卡片本身就是财物(等同于现金),光华捡到银行卡就相当于捡到钱而归光华占有卡内款项?理论上存在不同的观点。

观点一:银行占有说,归银行占有。这种观点认为,存款归银行占有,持卡人只是拥有对银行的债权,其他人取走该卡内存款的,属于取走了银行的财产。行为人冒用他人银行卡,欺骗银行进而取得卡内财产的,应成立信用卡诈骗罪(也有观点认为诈骗罪)。

观点二:名义人说,归持卡人(或卡的名义人)占有。其他人取走该卡内存款的,属于取走了持卡人的财物。行为人取走持卡人的财产,未经持卡人同意,成立盗窃罪。

观点三:该银行卡本身相当于现金。行为人捡拾该卡,等同于捡拾现金,即归捡取者光华占有,光华将其据为己有的,成立侵占罪。

案例1:甲让乙用乙的名义办理四张信用卡并交给丙。丙拿到四张信用卡后开始实施网络诈骗活动。丙在一次诈骗活动中,发现银行卡出现了支付障碍。于是丙要求乙对信用卡进行挂失,并且重新办理信用卡。办理完成后,丙要求乙将卡里的11万元现金(系丙电信诈骗所得)转给自己。但是乙见财起意,在挂失并补办信用卡后,将钱全部取出并据为己有。甲、丙多次要求乙返还,但被乙拒绝。关于乙的行为性质,下列说法正确的是?(　　)(多选)(2024年真题)①

---

① 答案:ABC。

A. 如果认为卡内资金归乙占有,乙的行为成立侵占罪

B. 如果认为卡内资金归银行占有,并且银行对取款行为有实质审查义务,乙的行为成立诈骗罪

C. 如果认为卡内资金归丙占有,乙的行为成立盗窃罪

D. 如果乙明知丙进行网络诈骗活动仍向丙提供信用卡,对乙仅应以帮助信息网络犯罪活动罪论处

案例2:乙在路上捡到了一张甲遗失的银行卡,背后写有密码。后持该卡去银行柜台营业员处,取走了卡内存款100万元。

问题:乙的行为应如何认定,可能存在哪几种不同的观点?

答案:

观点一:卡内存款归银行占有。乙欺骗了银行工作人员,取走了银行存款,构成诈骗罪(或信用卡诈骗罪),司法解释亦持此观点。

不足:乙捡到该卡,即使不实施任何欺诈行为,由于知悉卡的密码,按照银行卡使用规则,也可以更为方便地取走卡内钱款,不能认为卡内存款归银行占有。因此,难以称得上在银行取款的行为为诈骗罪(或信用卡诈骗罪),或者说,银行工作人员也并不会对用卡行为进行实质审查,也就谈不上被骗。

观点二:该银行卡本身相当于现金。乙捡到甲的财物后,该卡内现金归乙占有,乙将其据为己有的,成立侵占罪。

不足:捡到银行卡的行为不能直接等同于捡到财物,其后续取款还需要通过非法手段,仅认定为侵占罪会导致处罚畸轻。类似地,捡到他人家中的钥匙,后用钥匙打开他人家门取财的,也是认定为盗窃罪,而非侵占罪。

观点三:卡内存款归持卡人(原卡主甲)本人占有。行为人未经持卡人本人同意而取走卡内存款的,成立盗窃罪。这种观点具有民法上的依据,对于银行卡内的存款,原则上只有持卡人才有权使用卡内的存款,应当归持卡人占有。

不足:虽然持卡人本人可以通过持失、网上银行等方式控制卡内的存款,但是,捡拾卡的人,获得该卡之后,同样可以控制卡内的存款。认为该卡完全归持卡人占有并不合适,并且,持卡人本人亦不能实现对该卡内存款的绝对的控制。

案例3:蒋某欲给徐某汇款20万元,作为其2024年度法考授课《刑法主观

题观点展示》的奖励,但误将该款项汇入肖某的银行卡。肖某明知是他人的错误汇款,仍去银行从营业员处将该20万元取出,并拒绝归还蒋某。

问题:肖某的行为应如何认定,可能存在几种不同的观点?

答案:

观点一:成立侵占罪。肖某银行卡内的存款归肖某占有,即归持卡人占有,肖某将本人占有的他人财物据为己有、拒不返还,成立侵占罪。

观点二:成立诈骗罪(或信用卡诈骗罪)。银行卡内的存款归银行占有,肖某欺骗银行营业员取走银行财产,成立诈骗罪。

案例4:陈某出售自己的银行卡给徐某后,通过手机银行短信得知多人向该银行卡汇入资金共30万元,陈某向银行工作人员谎称自己银行卡丢失,重新补办该银行卡并将30万元现金取出。事发后,陈某被公安机关采取强制措施,并移交检察机关。

问题:关于陈某的行为定性,在刑法理论中有几种观点(至少写出三种)?你的观点和理由是?

答案:

关于陈某谎称银行卡丢失后,挂失银行卡将30万元现金取出的行为如何定性,存在以下不同观点:

观点一:构成侵占罪。理由:

银行卡内的债权在法律上仍属于原主人占有,原卡主人以非法占有为目的,将自己占有的他人财物据为己有,构成侵占罪。

在本案中,银行卡名义上的主人依然是陈某,陈某以非法占有为目的,通过挂失该银行卡取出30万元现金据为己有,成立侵占罪。

观点二:构成诈骗罪。理由:

卖出银行卡后,银行卡内的债权由买卡者占有。银行工作人员具有处分本行银行卡债权的权限,原卡主人采取挂失补办的行为欺骗了银行工作人员,使其陷入认识错误处分了买卡者的债权(补办新卡相当于将原卡内的债权以新卡的形式交给了原卡主人),因此原卡主人构成诈骗罪,属于三角诈骗的情形。

或者认为,卡内资金归银行占有,陈某属于对银行工作人员的诈骗行为。

观点三:构成盗窃罪。理由:

用于存款的银行卡及密码均在买卡者的手中,买卡者对该存款属于事实上的支配状态,对该笔存款具有占有权、控制权。

原卡主人以非法占有为目的,在买卡者不知情的情况下,以挂失、补卡取出存款的方式转移了存款的占有,属于秘密盗窃行为,构成盗窃罪。

我支持观点一(侵占罪)。① **理由**:由于我国对银行卡实行实名制,必须由本人携带身份证才能申领,银行卡内资金交易的权利、义务由持证申领人享有和承担,即银行卡申领人被视为银行卡的全部权利的所有人,其具有支配、使用卡内全部资金,冻结卡内资金,申请挂失及停止银行卡的使用等各项权利。

因此,无论谁持有银行卡,卡内资金都应认为由申领人(卡主)占有。申领人挂失后将资金取出的,应当属于将自己占有的他人财物非法所有,成立侵占罪。

五十七、银行卡供卡人"掐卡"、取款的行为性质

理论解读:司法实践中,行为人(供卡人)将自己的银行卡提供(出售、出租、出借等)给他人(用卡人)使用的现象比较多见,其中不少供卡人在得知银行卡汇入款项后,挂失旧卡补办新卡(掐卡)进而取款(取出现金),争议较大。尤其是,其中可能还涉及供卡人是否明知用卡人实施犯罪,用卡人可能是将卡用于犯罪,也可能是将卡用于正常用途,需要区分不同的情形予以特别处理。

(一)"正常使用型"案件中供卡人"掐卡"的行为性质

在供卡人将银行卡提供给用卡人正常使用,即用卡人并不利用银行卡实施违法犯罪行为,而是用于正常交易活动的情形中,供卡人以非法占有为目的,违

---

① 该案源自真实案例:曹成洋的邻居王玉申找到曹成洋及其家人,与曹成洋商定,用曹成洋及其家人的身份证办理四张招商银行卡供王玉申的亲戚张聪转账使用,并许诺每张卡给曹成洋200元的"好处费"。后曹成洋不愿意将其母亲杨春梅名下的招商银行卡继续提供给张聪使用,遂与杨春梅等人到招商银行淄博分行将以杨春梅名义开立的银行卡挂失并冻结了账户内资金,曹成洋在此过程中得知该账户内有人民币50万元资金,便将50万元现金取走。淄博市张店区人民法院认为,该案应系告诉才处理的侵占案,遂依照《最高人民法院关于适用〈中华人民共和国刑事诉讼法〉的解释》第一百八十一条第六项(已修改,现行为《最高人民法院关于适用〈中华人民共和国刑事诉讼法〉的解释》第二百九十五条)之规定,裁定本案终止审理。参见《刑事审判参考》指导案例第938号:曹成洋侵占案。

反用卡人的意志所实施的挂失旧卡、补办新卡(掐卡)行为,如何认定？例如,沛权向光华借得银行卡一张,目的是想把外面赚的合法收入 20 万元存入该银行卡以躲避爱人的监管。后光华将已经出借给沛权的卡挂失,并补办了新卡。

观点一:成立侵占罪。**理由：**

(1)如果认为存款债权可以作为财产犯罪的行为对象,供卡人提供银行卡后,供卡人始终享有存款债权,即在银行的取款权。换言之,由于银行卡以供卡人的名义开设,银行不可能将用卡人作为债权人。

(2)用卡人将资金存入供卡人名下银行卡,意味着将存款债权交付供卡人代为保管,供卡人的"掐卡"行为,是将代为保管的他人财物非法据为己有,成立侵占罪。①

(3)银行管理者在为供卡人补办新卡时,没有对存款人进行实质审查的义务。即银行并不关心卡内资金的真实来源,供卡人的"掐卡"行为并没有使银行工作人员基于错误认识而处分财产,故供卡人不构成诈骗罪。

观点二(法考观点):成立盗窃罪。**理由：**

用卡人原本具有"随时取款或者转账"这一财产性利益,供卡人以非法占有为目的,违反实际用卡人的意志实施的掐卡行为,破坏了用卡人对这一"财产性利益"的占有,故供卡人的行为成立盗窃罪。②

观点三:不成立犯罪。**理由：**

如果认为财产犯罪的行为对象只能是存款债权对应的现金,现金无疑是银行占有,而不可能由供卡人或用卡人占有。

供卡人只是掐卡而没有取款或转账时,现金仍然在银行占有之下,掐卡行为就不成立犯罪。

(二)"电信诈骗型"案件中供卡人"掐卡"的行为性质

在供卡人将银行卡提供给用卡人非法使用,即用卡人利用银行卡实施电信网络诈骗等违法犯罪,对供卡人违反用卡人意志实施的"掐卡"行为,是否构

---

① 或者可以认为,供卡人"掐断"了用卡人对卡的支配权,将自己占有之下的东西绝对控制为自己所有。

② 参见张明楷:《供卡人掐卡、取款的行为性质》,载《法学评论》2024 年第 1 期,第 7 页。

成犯罪？例如，光华将银行卡借给毛毛使用，后来知晓毛毛用该卡实施电信诈骗，卡内诈骗所得已经有100万元。光华遂前往银行挂失该出借的银行卡，待后续有机会再去取款。在其挂失该卡还未来得及取款时，光华被公安人员抓获。

观点一(法考观点)：不构成犯罪。理由：

(1)保护了被害人。虽然电信诈骗犯(用卡人)的诈骗行为已经既遂，被害人已经遭受了财产损失(被害人的合法财产被转移到供卡人的银行卡)，司法机关与金融机构仍然需要致力于在被害人受骗后通过各种途径挽回被害人的财产损失，即被害人仍然存在需要保护的财产法益。

(2)阻断了用卡人取款。掐卡行为客观上阻止了电信诈骗犯(用卡人)最终取得财产，保护了更为优越的法益(被害人的合法财产)。①

(3)**没有侵犯银行利益**。供卡人在银行柜台实施的掐卡行为，对银行管理者具有欺骗性质，但由于掐卡行为本身并没有侵犯银行的财产，故不成立诈骗罪。

观点二：构成犯罪。理由：

(1)电信诈骗犯的诈骗行为既遂，被害人已经遭受了财产损失。

(2)即使承认在电信诈骗行为完成后，被害人仍然存在需要保护的财产法益，我国刑法明文规定的犯罪阻却事由也只有正当防卫与紧急避险，认为该掐卡行为属于"违法性阻却事由"也缺乏法律依据。

(3)供卡人基于非法占有银行卡内资金的目的而实施"掐卡"行为，也不属于违法性阻却事由，仍应以犯罪论处(侵占罪或盗窃罪等)。

（三）"电信诈骗型"案件中供卡人"取款"的行为性质

如上所述，如果认为在电信诈骗型案件中，供卡人的"掐卡"行为本身并不构成犯罪。但如果供卡人在掐卡后取款，则是非法占有了并非属于自己占有和所有的现金，因而构成财产犯罪。问题是，供卡人的"取款"行为究竟成立何罪？②

---

① 参见张明楷：《供卡人掐卡、取款的行为性质》，载《法学评论》2024年第1期，第10页。
② 本部分仅讨论"取款"行为的定性，不讨论事前的行为定性。如果事前明知他人电信诈骗而将银行卡提供给他人，这一行为本身成立诈骗罪的共同犯罪。

观点一:成立盗窃罪。供卡人提供卡之后,便丧失了(或者说让渡了)对卡内资金的支配权,取走他人占有的卡内资金的,成立盗窃罪。理由:

(1)卡内资金归用卡人(电信诈骗犯)占有,供卡人未经用卡人同意而取走该卡内资金的,成立盗窃罪。

(2)或者认为,卡内资金归银行占有,但银行对于供卡人的"持卡取款"行为没有实质审查的义务,银行就不存在"被骗",供卡人的"持卡取款"行为构成盗窃罪。

观点二:成立诈骗罪。理由:

(1)卡内资金归银行占有。

(2)银行对卡内资金的取出有实质审查义务,供卡人的取款行为是对银行的一种欺骗。换言之,如果银行知道真相,就会阻止其取款行为。银行卡内的资金,无论是用卡人,还是供卡人,在当卡内资金可能涉嫌电信诈骗款项的时候,银行均会对取款行为有更严格的实质审查义务。

(3)供卡人的取款行为违反了银行管理者的意志,隐瞒真相欺骗了银行管理者,使银行处分了本不会处分的财产。

观点三:成立侵占罪。理由:

(1)卡内资金为供卡人(即卡的名义人)占有。事实上,卡的名义人对卡、卡内资金均有较为自由的权利,如可以随时挂失、补办、取款等。供卡人将自己占有的卡内他人资金据为己有的,成立侵占罪。

(2)虽然卡内资金存放在银行,但银行事实上无法对该资金进行实质审查,需要肯定供卡人对资金的占有。实践中,只要持卡、输入正确的密码,就可以取款,银行在追求金融业务效率时,不会也不可能对取款行为进行更多的实质审查。

五十八、非法拘禁罪的保护法益:可能的人身自由说与现实的人身自由说

理论解读:对于非法拘禁罪的保护法益,理论上存在不同的观点。从规范行为的角度看,只要实施了拘禁行为,无论该行为是否实际上侵犯了他人的人身自由,只要有可能会侵犯他人的人身自由,就应该成立非法拘禁罪。例

如,甲将房间房门锁上,欲让正在熟睡中的光华不能出门。但实际上,光华一直睡到大亮后,甲又后悔,将房门打开。房门被关期间,光华正在熟睡中,并没有实际被剥夺人身自由。如果认为非法拘禁罪的保护法益是现实的、确定的人身自由,甲不成立非法拘禁罪。如果认为非法拘禁罪的保护法益是可能的人身自由,甲成立非法拘禁罪。

观点一(法考观点):现实的人身自由说。

如果某人没有认识到自己被剥夺自由,就表明行为没有妨害其意思活动,因而没有侵犯其人身自由。只有实际上影响了他人人身自由,才能成立非法拘禁罪。例如,甲正准备出门,乙在门口堵住甲,并将甲的手、脚捆绑住,让甲无法出门。乙的行为现实、实际地侵犯了甲的人身自由,乙构成非法拘禁罪。

(1)缩小了非法拘禁罪的成立范围,限缩了刑法的处罚范围。

(2)如果没有侵犯被害人现实的自由,即被害人并未感觉到权利被侵犯,刑法以保护法益为要义,就不应认定为犯罪。

不足:

(1)过于考虑被害人自由未实际被剥夺,忽略了对行为本身的规范,忽略了刑法本身是一种行为规范。

(2)即使没有实际侵犯人身自由,但由于行为人已经实施了拘禁行为,并且有侵犯人身自由的可能性,从规范行为的角度看,也应该认定为犯罪。

观点二(理论通说):可能的人身自由说。

这种观点认为,即使拘禁行为没有实际侵犯他人人身自由,只要有可能侵犯他人人身自由,也应成立非法拘禁罪。

例如,甲在房间睡觉期间,乙将房间门反锁,又在甲醒来之前将房间门打开,乙虽然没有实际上侵犯甲的人身自由,但可能会侵犯被害人的人身自由,如果持可能的人身自由说,乙的行为成立非法拘禁罪;但如果持现实的人身自由说,乙并没有现实地侵犯甲的人身自由,不构成非法拘禁罪。

又如,甲、乙合谋勒索丙的钱财。甲与丙及丙的儿子丁(17岁)相识。某日下午,甲将丁邀到一家游乐场游玩,然后由乙向丙打电话。乙称丁被绑架,令丙赶快送3万元现金到约定地点,不许报警,否则杀害丁。丙担心儿子的生命而没有报警,下午7点左右准备了3万元后送往约定地点。乙取得钱后通知甲,甲随后与丁分手回家。——该案中,丁并没有认识到自己被剥夺人身自由,事实上也没有被剥夺人身自由,故甲、乙的行为不成立非法拘禁罪,也不成立绑架罪,二人成立敲诈勒索罪(与诈骗罪存在竞合)。①

五十九、负有照护职责人员性侵罪的保护法益:性自主权说与身心健康说

理论解读:负有照护职责人员性侵罪的保护法益存在性自主权说与身心健康说的争论,能否认为《刑法修正案(十一)》上调了未成年女性的性同意年龄,这将决定争论的走向:如果对此的回答是肯定的,则本罪的保护法益是身心健康;反之,则本罪的保护法益是性自主权。

性自主权说主张,本罪的保护法益是已满14周岁未满16周岁的未成年女性的性自主权,即《刑法修正案(十一)》并未上调未成年女性的性同意年龄。根据该说,只有与14—16周岁的女性"自愿"发生性关系,或者说被害女性受到一定程度的压力时,才构成本罪,会导致对被害女性明显不利。

身心健康说主张,本罪的保护法益是已满14周岁未满16周岁的未成年女性的身心健康,即《刑法修正案(十一)》部分上调了未成年女性的性同意年龄。根据该说,只要与14—16周岁的人发生性关系,就构成本罪。

案例:甲(男,24岁)是A市重点中学的数学老师,在校授课过程中与其班上的初三学生乙(女,15岁)真心相爱,乙主动与甲发生性关系。

问题:甲的行为是否成立负有照护职责人员性侵罪?

答案:

观点一:本罪的保护法益是性自主权,甲不构成负有照护职责人员性侵

---

① 可能的人身自由说会扩张非法拘禁罪的成立范围,而绑架罪是在非法拘禁罪的基础上,再增加了勒索财物等不法目的。就此角度而言,如果持可能的人身自由说会扩张非法拘禁罪的成立范围,进而也会扩张绑架罪的成立范围。参见徐光华:《索债型非法拘禁罪扩张适用下对绑架罪的再认识》,载《中国法学》2020年第3期,第261页。

罪。理由:

(1)性自主权是我国性犯罪的共通法益。本罪的保护法益是未成年女性的性自主权。

(2)成立本罪要求:行为人利用了被害女性的"不安感",即若不答应性行为的话,便会遭受某种不利。即便不能说特殊职责人员利用其影响力实施的行为达到"胁迫"的程度,但通常也不能说是基于被害人的完全有效的同意。①

(3)本案中,甲、乙二人真心相爱,乙主动要求与甲发生性关系,不存在甲利用乙产生的不安感"胁迫"其发生性关系的情况,故甲不构成负有照护职责人员性侵罪。

不足:

已满14周岁不满16周岁的未成年女性的生理和心理仍都处于发育时期,很难清晰认识到性行为将对其生长发育、日常生活所造成的影响。将本罪的保护法益认定为性自主权,不利于对未成年女性生理和心理的全面保护。

观点二(法考观点):本罪的保护法益是身心健康,甲构成负有照护职责人员性侵罪。理由:

(1)已满14周岁不满16周岁的未成年女性不能够清楚、充分地理解性行为的含义及其后果,有必要将未成年女性的性同意年龄部分上调,保护其身心健康。

(2)2020年全国"两会"期间,有代表呼吁提高性同意年龄,这一建议获得了社会响应。同年12月发布的《刑法修正案(十一)》旋即增设了负有照护职责人员性侵罪,全国人大常委会法工委刑法室处长张义健认为是"部分提高了性同意年龄"。②

(3)本案中,即便甲、乙二人真心相爱、乙主动要求与甲发生性关系,但负有照护职责人员性侵罪的保护法益是身心健康,即部分提高了已满14周岁不

---

① 参见付立庆:《负有照护职责人员性侵罪的保护法益与犯罪类型》,载《清华法学》2021年第4期,第79页。

② 参见张义健:《〈刑法修正案(十一)〉的主要规定及对刑事立法的发展》,载《中国法律评论》2021年第1期,第51页。

满16周岁未成年人的性同意年龄,甲依然构成犯罪。①

不足:

(1)可能会<u>不当扩大本罪的处罚范围</u>。

(2)导致刑法体系内部<u>存在矛盾</u>。倘若认为本罪的保护法益是身心健康,则《刑法修正案(十一)》一方面认为已满14周岁的未成年女性能够理解杀人、伤害行为的意义和后果从而将刑事责任年龄<u>下调到12周岁</u>,另一方面认为已满14周岁的未成年女性不能够理解性行为的意义和后果从而将性同意年龄<u>上调到16周岁</u>,两者显然存在冲突。②

六十、得到妇女同意的拐卖行为是否成立拐卖妇女罪:否定说与肯定说

理论解读:经过妇女同意而将其拐卖,这一行为能否认定为拐卖妇女罪,理论上存在肯定说与否定说两种不同的观点。

<u>观点一(法考观点)</u>:否定说:不成立拐卖妇女罪。否定说认为本罪是侵犯妇女、儿童人身自由与身体安全的犯罪,如果行为得到了妇女的同意,不应以犯罪论处。收买者如果经妇女同意实施了收买行为,也不构成犯罪。

2016年《最高人民法院关于审理拐卖妇女儿童犯罪案件具体应用法律若干问题的解释》更多地强调尊重妇女的意愿,对于妇女自愿同意的拐卖行为,不宜以拐卖妇女罪追究行为人的刑事责任。历年法考真题也支持这一结论。例如,妇女乙不愿意在农村生活,便上街跪着,谎称"卖身葬母",甲男便用50万元将妇女买回。甲不构成收买被拐卖的妇女罪。(2021年真题)

<u>观点二</u>:肯定说认为,拐卖妇女罪不仅侵害妇女的个人利益,还侵犯社会利益,即便被害妇女同意将自己拐卖,该承诺也是无效的,不能阻却拐卖行为构成犯罪。**理由**:

认为拐卖妇女罪的保护法益包括社会利益(社会风尚),<u>能够更好地维护</u>

---

① 参见张明楷:《刑法学》(第六版),法律出版社2021年版,第1144页。
② 参见李立众:《负有照护职责人员性侵罪的教义学研究》,载《政法论坛》2021年第4期,第20页。

社会秩序。尤其是在我国当前社会舆论对拐卖妇女现象要求严惩的呼声很高的背景下，肯定该类行为构成犯罪在一定程度上也能更好地保护女性的权利。

不足：过度强调刑法防卫社会的机能，对于被害妇女已经同意的拐卖行为，认定为犯罪会否认被害妇女的处决权。并且，《刑法》将拐卖妇女罪规定在侵犯公民人身权利、民主权利罪一章中，再认为该罪同时也是侵害社会利益的犯罪，有扩张刑法适用范围、违反罪刑法定之嫌。

案例1：生活在山区的蒋某（女性）希望自己能嫁给大城市里的男性，便同意毛毛将自己"出卖"给城市里的人结婚。后毛毛将蒋某带到买主肖某家，蒋某非常满意肖某，双方很快便相恋，毛毛因此收受肖某给予的大笔费用。

问题：毛毛的行为是否构成拐卖妇女罪，请说明理由，可以谈不同观点。

答案：

观点一：毛毛的行为不构成犯罪。理由：

拐卖妇女罪是侵犯人身自由的犯罪，本案中，毛毛实施的只是一种介绍婚姻的行为，蒋某对自己被毛毛"出卖"，是明知且同意的，且蒋某的人身自由以及身体安全没有受到侵害。①

观点二：毛毛的行为构成拐卖妇女罪。理由：

拐卖妇女罪是既侵犯人身权利，也是妨害社会利益的犯罪。本案中，蒋某的承诺无效，毛毛将蒋某出卖的行为妨害了社会秩序，应认定为拐卖妇女罪。

六十一、诬告陷害罪的保护法益：人身权利说、司法（审判）作用说

理论解读：关于诬告陷害罪的保护法益，存在人身权利说、司法（审判）作用说。两种学说可能导致的对案件处理上的差异：得到被害人同意的诬告行为是否构成犯罪。例如，甲得到乙的同意，向司法机关告发乙实施了盗窃行为，事实上乙并没有实施盗窃行为，甲的行为是否成立诬告陷害罪？

观点一（法考观点）：不构成（人身权利说）。理由：

《刑法》将诬告陷害罪置于侵犯公民人身权利、民主权利罪一章中，这说明

---

① 参见张明楷：《侵犯人身罪与侵犯财产罪》，北京大学出版社2021年版，第134页。

刑法规定本罪是为了保护公民的人身权利,不是为了保护司法活动。基于此,可以认为,只要得到了被害人同意的诬告行为,就不构成诬告陷害罪。

观点二:根据司法(审判)作用说,构成。理由:

该观点认为诬告陷害罪是侵犯司法作用的犯罪,即便得到了被害人同意,也侵害了司法机关的活动,构成诬告陷害罪。这种同意行为已经超出了诬告者与同意者双方的范围,事实上影响了司法机关,应以犯罪论处。

不足:过多强调了刑法的社会保护机能,忽略了被害人同意对犯罪的阻却意义。

六十二、放火罪的既遂标准:独立燃烧说与严重后果说

理论解读:对于危害公共安全的放火罪这一具体危险犯,其犯罪既遂标准如何界定,存在一定的争议。通说的观点认为,只要目标物独立燃烧这一危险状态形成,就成立犯罪既遂。近年来,有学者提出不同看法,认为必须造成严重后果才能认定为犯罪既遂。即使放火行为造成了危险状态,在没有造成严重后果之前,也不成立犯罪既遂,行为人主动中止(灭火)的,可以成立犯罪中止,这有助于鼓励行为人实施灭火行为。

在危险犯中,行为人制造了危险状态后又主动排除危险状态,从而防止实害结果发生的,刑法理论与实务通常认为不值得动用刑罚处罚。因此,不少学者认为,危险犯的既遂标志应当是实害结果的出现,或者认为只要在实害结果出现之前中止犯罪行为的,就应当认为成立中止犯。①

观点一(通说观点):使目的物达到"独立燃烧"的程度,便成立犯罪既遂。即使将火扑灭,也是放火罪既遂。② 理由:

(1)我国房屋采取的多是砖混结构,而非木质结构,如果目的物达到"独立燃烧"的程度,那已经相当危险了。

---

① 参见徐光华:《排除危险状态行为之认定》,载《河北法学》2009年第3期,第133页。
② 案例:李某某酒后因家庭琐事与父母发生纠纷后,在家中趁家人外出之机,用随身携带的打火机将被子点燃,火势起来后,李某某扑救未果,便积极向邻居寻求帮助,其邻居拨打报警电话后,火势被消防队及时扑灭,没有危及邻居的财产安全。法院认定为放火罪犯罪既遂。参见河南省驻马店市中级人民法院(2014)驻少刑终字第64号刑事判决书。

(2)爆炸罪、决水罪、投放危险物质罪、以危险方法危害公共安全罪,也是以造成危险状态作为犯罪既遂的标准。

不足:

将放火罪既遂的标准过度提前,既然目标物独立燃烧就已经成立犯罪既遂,事后主动灭火的,也不成立犯罪中止。限缩了犯罪中止的成立范围,不利于鼓励行为人采取灭火措施。

观点二:放火罪的既遂标准是"造成严重后果"。理由:

(1)虽然发生了具体危险,但行为人自动防止更严重结果发生的,应认定为犯罪中止。

(2)有利于鼓励犯罪分子中止自己的行为,从而获得刑法更宽容的处罚。

不足:

(1)忽略了《刑法》将放火罪等危害公共安全犯罪规定为具体危险犯的这一立法规定,背离了罪刑法定原则。

(2)刑法对于危害公共安全类的犯罪,多设定为行为犯或危险犯,其目的是严惩犯罪行为本身,只要实施行为或者造成具体危险状态就认定为犯罪既遂。近年来,危险驾驶罪、危险作业罪的规定,即是例证。

六十三、伪造并不存在的货币的定性:国家货币发行权说与货币信用说

争议问题:伪造货币罪中的伪造的货币是否要有与其相对应的真实货币,例如,伪造若干面额30元的人民币是否成立伪造货币罪?依据国家货币发行权说与货币信用说,存在肯定说与否定说两种观点。

观点一(否定说/货币信用说,法考观点):伪造货币罪中伪造的对象应是真实的货币,伪造并不存在的货币(如面额30元的人民币),并不会损害真实货币的信用,不成立伪造货币罪。

司法解释也持此观点:最高人民法院2010年10月20日公布的《关于审理伪造货币等案件具体应用法律若干问题的解释(二)》第1条规定,仿照真货币的图案、形状、色彩等特征非法制造假币,冒充真币的行为,应当认定为《刑法》

第170条规定的"伪造货币"。①

观点二(肯定说/国家货币发行权说):成立伪造货币罪。即使没有以真货币为伪造的对象,但伪造出来的结果使得人们足以认为这是真货币的话,也基本上是以真货币为蓝本,侵害了国家的货币发行权,成立伪造货币罪。

不足:

(1)过多地强调了刑法的社会防卫思想,扩张了刑法的适用范围,强调国家的货币发行权本身是神圣不可侵犯的。

(2)忽略了《刑法》将伪造货币罪规定为破坏金融管理秩序的犯罪,而该行为难以达到影响金融秩序的危害程度。

六十四、共同危险驾驶行为人,对同案犯所造成的严重后果如何承担责任:肯定说与否定说

理论解读:刑法将危险驾驶罪规定为故意犯罪,但该罪不要求造成严重后果。如果造成严重后果的,则可能成立交通肇事罪(过失)或以危险方法危害公共安全罪(故意)。

但问题是,对于共同实施危险驾驶行为的人,可以认定为危险驾驶罪的共犯,而对于其中某一共犯在危险驾驶过程中造成严重后果(过失),其他共同危险驾驶人是否需要对他人过失所造成的严重后果负责。这种争议的实质在于:二人具有轻罪(危险驾驶罪)的共同故意,但是,对于共同故意基础之上衍生出来的加重结果(过失),是否需要全体行为人承担责任。理论上存在肯定说与否定说两种观点。

案例:甲、乙飙车竞速,情节恶劣。乙撞上了正常行驶的丙,致丙死亡。假定乙对被害人丙的死亡结果是过失的心态,且对此负事故全部责任,构成交通

---

① 司法解释坚持伪造货币须以仿照真货币为前提条件,主要考虑是从字面而言"伪"相对于"真"而存在,在真实货币不存在的情况下,难言伪造货币,从行为实质而言,伪造货币罪不仅侵犯了货币发行权,同时还侵犯了货币的公共信用和流通秩序。不以真实货币为样本,行为人仅凭主观臆想而制造出来的货币、臆造币,不至于破坏货币的公共信用和流通秩序。从使用方式而言,伪造币侧重于正常使用,臆造币侧重于虚构事实,骗取他人钱财,对于后者以诈骗罪处理更为妥当。

肇事罪。

问题：甲的飙车行为与丙的死亡结果之间是否存在因果关系？

答案：

观点一（法考观点）：肯定说，存在因果关系。理由：

（1）甲、乙二人共同飙车，情节恶劣，成立危险驾驶罪的共犯。危险驾驶行为本身具有致人重伤、死亡的高度可能性，换言之，危险驾驶行为稍微越界，就可能演化为交通肇事罪或以危险方法危害公共安全罪。

（2）即便是乙的危险驾驶行为造成了死亡结果，甲也需要对该共同危险驾驶行为（高度危险行为）造成的死亡结果承担责任，故二人均需要对该死亡结果承担责任。

（3）或者可以认为，交通肇事罪是危险驾驶罪的结果加重犯，甲、乙在共同实施危险驾驶行为时，对该基本犯罪行为（危险驾驶）所造成的加重结果（死亡）有预见的可能性，当然需要对共同危险驾驶行为所造成的加重结果（死亡）承担责任。①

不足：在我国刑法不承认过失犯罪是共同犯罪的背景下，让甲对乙的过失行为所造成的严重后果承担责任，有违罪刑法定原则。

观点二（实务观点）：否定说，不存在因果关系。理由：

（1）共同危险驾驶的行为人，不需要对其他同案犯造成的重伤、死亡结果（即交通肇事罪）承担责任。

（2）交通肇事罪是过失犯罪，各共同危险驾驶人对于造成的重伤、死亡结果不存在共同的故意，不需要对该结果承担共同的责任。②

---

① 张明楷教授同时指出，行为人教唆他人醉酒驾驶，被教唆者醉酒驾驶而导致他人死亡的，被教唆者（驾驶者）构成交通肇事罪，需要对该死亡结果承担责任。教唆者虽然是危险驾驶罪的教唆犯，也需要对该危险驾驶行为所造成的死亡结果承担责任，因为教唆他人危险驾驶时，是可能预料到该危险驾驶行为所造成的严重后果的，故需要对该死亡结果承担责任，成立交通肇事罪。参见张明楷编著：《刑法的私塾》，北京大学出版社2017年版，第280页。

② 例如，被告人司徒英杰、黎启健、邓建鹏、李家涛、胡哲滔分别驾驶小汽车在中山市（限速50千米/时）飙车，并相互追逐、左穿右插。其间，司徒英杰驾驶的小汽车超越前方正常行驶的一辆摩托车时失控撞向右边人行道，先后撞倒驾驶摩托车正常行驶的被害人廖某某及在人行道上行走的被害人（转下页）

不足:仅以交通肇事罪是过失犯罪而不成立共同犯罪为由,否认甲对该死亡结果不承担责任,忽略了该交通肇事行为并非孤立的肇事行为,是危险驾驶行为高度危险现实化的结果,甲、乙均对该危险驾驶行为所造成的严重后果有预见的可能性。

六十五、成立交通肇事"因逃逸致人死亡"是否需要前行为构成交通肇事罪:肯定说与否定说

理论解读:"因逃逸致人死亡"这一结果加重犯,是否以逃逸前的行为已经构成交通肇事罪为前提?即是否要求先前的基本罪(交通肇事)达到构成犯罪的标准。用通俗的话来理解就是,标准的交通肇事罪因逃逸致人死亡这一结果加重犯是100分,需要前行为为构成交通肇事罪(达到50分),之后的逃逸行为导致被害人得不到救助而死亡(50分)。但如果前行为没有构成交通肇事罪,即没有达到50分,比如交通肇事仅造成了被害人轻伤而未达交通肇事罪的标准,或者虽然造成被害人重伤但不具有诸如酒后驾驶、无证驾驶等情节而没有达到交通肇事罪的标准,事后逃逸而导致被害人死亡的,能否以交通肇事罪因逃逸致人死亡的结果加重犯。

观点一:肯定说认为,需要以逃逸前的行为已经构成交通肇事罪为前提。如果前行为没有达到交通肇事罪的定罪标准,即使事后因逃逸导致被害人得不到救助而死亡的,也只能认定为一般的交通肇事罪的基本罪(处3年以下有期徒刑或者拘役)。②

不足:

(1)较为形式、机械地理解了结果加重犯。实践中,大量的结果加重犯也未要求必须存在充足基本犯,例如,基于伤害的故意而造成被害人的死亡结果的,就可以成立故意伤害(致人死亡)罪这一结果加重犯,也未必要求、无法要

(接上页)陈某某、谢某某、范某、范某某,导致廖某某当场死亡及陈某某、谢某某、范某、范某某受伤。司徒英杰明知他人报警而留在现场等候交警处理,归案后如实供述了罪行。

法院认定司徒英杰交通肇事罪,而其他共同飙车人构成危险驾驶罪。参见广东省中山市中级人民法院(2021)粤20刑终119号刑事裁定书。

② 参见张明楷:《刑法学》(第六版),法律出版社2021年版,第928页。

求该伤害行为本身具有造成轻伤的结果的可能性。

(2)违反罪刑相适应原则,对于行为人肇事造成被害人轻伤或重伤后逃逸,导致被害人得不到及时救助而死亡,危害性并不存在本质的差异。对于造成轻伤而逃逸导致被害人死亡的,不认定为交通肇事因逃逸致人死亡,并不合理。

观点二(法考观点):否定说认为,不要求前行为成立交通肇事罪的基本罪。最高人民法院支持该观点。① 理由:

(1)《刑法》第133条先后列明了交通肇事罪的三种类型,且量刑逐步加重,但刑法并未明确规定三者系递进关系,认定后两者应以前者为前提。结果加重犯系对犯罪结果这一要素的变更或替代,就不能简单理解为以基本构成要件为基础。比如,非法拘禁致人死亡的,即使拘禁行为不构成基本犯(符合时间、方式等要求),但只要与死亡结果存在相当的因果关系,即可成立。而刑法所规定的"因逃逸致人死亡"类型中,逃逸为加重情节,不能认为其应以交通肇事罪基本构成要件为基础。

(2)实践中,往往发生行为人逃逸后,很难准确确定第一次碰撞是否构成重伤从而构成交通肇事罪的基本罪。②

案例:徐某超速驾驶车辆,造成行人肖某一人重伤,尚未达到交通肇事罪的标准。徐某为了逃避法律追究,驾车逃走,导致肖某因未得到及时救助而死亡。

问题:徐某的行为能否认定为交通肇事罪(因逃逸致人死亡)这一加重犯?可以谈不同观点,请说明理由。

答案:

首先,徐某违章超速驾驶,仅致肖某一人重伤,未达到交通肇事罪的标准。

其次,徐某肇事后逃逸,导致肖某未得到及时救助而死亡的行为定性,关键在于,"交通肇事因逃逸致人死亡",是否需要逃逸之前的交通肇事行为符合交通肇事罪的基本罪,对此,存在两种观点:

---

① 参见《刑事审判参考》指导案例第1118号指导案例:邵大平交通肇事案。

② 与本知识点类似的问题是,成立非法拘禁罪致人死亡的结果加重犯,是否需要前阶段达到非法拘禁罪的标准。例如,甲非法拘禁乙五分钟,因为捆绑时用力过度导致乙死亡。虽然甲是基于拘禁导致被害人死亡,但其行为仅拘禁了乙五分钟,没有达到非法拘禁罪的标准,能否认定为非法拘禁罪致人死亡的结果加重犯,存在肯定说与否定说两种不同的观点。

观点一:徐某只成立一般的交通肇事罪。理由:

"交通肇事因逃逸致人死亡",需要逃逸之前的交通肇事行为符合交通肇事罪的基本罪,徐某逃逸之前的行为未达交通肇事罪的标准,之后逃逸进而导致肖某死亡的行为,不成立"因逃逸致人死亡"。①

观点二:徐某成立交通肇事罪(因逃逸致人死亡)。理由:

"交通肇事因逃逸致人死亡",不需要逃逸之前的交通肇事行为符合交通肇事罪的基本罪,徐某交通肇事后逃逸,并因此导致肖某死亡,成立交通肇事罪(因逃逸致人死亡)。

六十六、车主将车辆交由无证者、醉酒者驾驶,进而发生交通事故的,能否认定为交通肇事罪:肯定说与否定说

理论解读:实务中,纵容他人违章驾驶的现象较为突出,对于该类行为是否应以交通肇事罪论处,理论上存在不同的观点。例如,甲明知乙处于醉酒状态,在乙向甲借车时,甲仍然将自己的车辆交给乙驾驶。甲的行为是否成立交通肇事罪?作为出借人的车主,在一定程度上对于危害结果是有所认知的,但是醉酒驾驶者造成事故而成立交通肇事罪却是过失的,能否让出借人对这一结果承担责任,可能存在一定的争议。

观点一(法考观点):不构成交通肇事罪。司法解释持此观点,对"纵容他人在道路上醉酒驾驶机动车造成重大交通事故"的,不宜以交通肇事罪追究刑事责任。因为将机动车交由醉酒者驾驶与指使、强令他人违章驾驶相比,行为人的主观故意明显不同,以交通肇事罪追究将机动车交由醉酒者驾驶的人的刑事责任,不符合共同犯罪原理,当事人之间对危害后果不存在共同罪过。②

观点二:构成交通肇事罪。理由:

(1)认为车主存在过失,构成交通肇事罪。并进一步指出,车主将自己的机动车交给醉酒者、无驾驶资格者驾驶,没有防止伤亡结果发生的,驾驶者与

---

① 参见张明楷:《刑法学》(第六版),法律出版社2021年版,第928页。
② 《最高人民法院研究室关于纵容他人醉酒驾驶造成重大交通事故定性问题的复函》。注意:即便认为纵容者不构成交通肇事罪,也构成危险驾驶罪的共犯。

车主均成立交通肇事罪。

(2)司法解释规定,单位主管人员、机动车辆所有人或者承包人等"指使、强令"他人违章驾驶,造成重大交通事故,以交通肇事罪定罪处罚。根据这一规定,既然"指使、强令"他人违章驾驶的,成立交通肇事罪,那么,"纵容"他人违章驾驶而造成严重后果的,也应成立交通肇事罪。

不足:

(1)过于扩张了交通肇事罪的成立范围,即使车主存在过失,但过失犯罪也不是共同犯罪,不能让车主对醉驾者过失所造成的危害结果承担责任。

(2)"纵容"他人违章驾驶,与"指使、强令"他人违章驾驶,在主观罪过及危害性大小上存在差异。

六十七、交通肇事后,不逃跑但也不救助伤者,能否认定为"交通肇事因逃逸致人死亡":肯定说与否定说

理论解读:交通肇事后,不积极救助伤者但也不逃跑,导致伤者(被害人)因得不到及时救助而死亡的,与逃逸而导致被害人得不到救助而死亡,并无实质性的不同,均表明行为人故意不履行救助义务。因此,从实质上看,可以认定为因逃逸致人死亡。也有观点认为,从形式上看,行为人确实没有逃逸行为,不宜认定为因逃逸致人死亡。这一问题,如果出现考题,应考查观点展示而非一种观点。

案例:甲醉酒驾驶机动车造成路人乙、丙重伤,甲仍然停留在原地,没有及时将被害人送往医院。待警察赶到时,被害人乙、丙已经流血过多而死。

问题:甲的行为是否属于交通肇事因逃逸致人死亡的结果加重犯?请说明理由。

答案:

观点一(通说、司法解释):不属于交通肇事因逃逸致人死亡的结果加重犯。理由:

(1)要成立交通肇事因逃逸致人死亡的结果加重犯,要求行为人主观上是为了逃避法律追究,客观上要实施具体的"逃逸"行为,并因此使被害人得不到

救助而死亡。

(2) 甲主观上并没有逃避法律追究的想法,客观上也没有实施逃逸行为。因此,不能认定为交通肇事因逃逸致人死亡的结果加重犯。

观点二:属于交通肇事因逃逸致人死亡的结果加重犯。理由:

(1) 刑法规定交通肇事"因逃逸致人死亡"的目的在于赋予肇事者救助义务,防止被害人需要救助的情况下,行为人不履行救助义务。

(2) 本案中,甲不履行该救助义务,应成立交通肇事因逃逸致人死亡的结果加重犯。

不足:一定程度上突破了刑法的形式要件。留在现场的行为,从形式上看,解释为"逃逸"确实突破了其字面含义,有违反罪刑法定之嫌。

六十八、罪行说与罪名说的具体运用:洗钱罪的上游犯罪

理论解读:对于刑法中的相关规定,进行扩大(罪行说、实质解释)还是缩小(罪名说、形式解释)解释,会导致对特定问题的不同理解。例如,《刑法》第17条第2款规定:"已满十四周岁不满十六周岁的人,犯故意杀人、故意伤害致人重伤或者死亡、强奸、抢劫、贩卖毒品、放火、爆炸、投放危险物质罪的,应当负刑事责任。"

观点一:罪名说(形式解释)主张,应对刑法中的相关规定进行缩小解释,上述规定中的"抢劫"仅限于抢劫罪(罪名),不包括抢劫枪支、弹药罪。根据这一学说,14—16周岁的人抢劫枪支、弹药的,不构成犯罪。

观点二:罪行说(实质解释、法考观点)主张,刑法中的相关规定,应进行扩大解释。根据这一规定,14—16周岁的人实施"抢劫"的应负刑事责任,其中,"抢劫"就是指犯罪行为类型(罪行说),包括抢劫罪、抢劫枪支罪等。根据这一学说,14—16周岁的人抢劫枪支、弹药的,构成抢劫罪。(2020、2021年真题)

罪行说对刑法规定进行了实质合理解释,有其积极意义,如上所述,14—16周岁的人既然抢劫普通财物都构成犯罪,那么抢劫枪支的不构成犯罪就不合理了。罪名说过于机械化、形式化地理解了刑法规定,保持了刑法的安定性,有利于防止刑法处罚的过于扩大化,但并不合理。

类似的道理,根据《刑法》第269条的规定,犯盗窃、诈骗、抢夺罪后,使用暴力抗拒抓捕的,应转化为抢劫罪。如果认为,《刑法》第269条所规定的"诈骗"仅限于诈骗罪这一罪名(罪名说),那么行为人先前实施使用假币的行为,被发现后使用暴力抗拒抓捕的,由于前行为不构成诈骗罪,那么,就不构成转化型抢劫。但如果认为,《刑法》第269条所规定的"诈骗"不限于罪名,而是一种行为类型(罪行说),那么,使用假币的行为也是一种"诈骗行为",后继使用暴力的就构成转化型抢劫。

案例1:【12101036】甲盗窃他人信用卡后,在银行柜台冒用该卡骗取50万元。事后,甲指使知道真相的乙将该50万元汇往境外。关于本案,下列说法正确的是?( )(单选)①

A. 不管《刑法》第191条规定的洗钱罪的上游犯罪是指罪名还是指具体犯罪行为,乙的行为仅成立掩饰、隐瞒犯罪所得罪

B. 如果认为《刑法》第191条规定的洗钱罪的上游犯罪是指具体犯罪行为,则甲的行为成立盗窃罪与洗钱罪,乙的行为成立洗钱罪

C. 甲盗窃信用卡并使用的行为,是按照盗窃罪定罪处罚。但甲使用该卡行为本身构成信用卡诈骗罪,属于金融诈骗罪行,是洗钱罪的上游犯罪。如果认为乙的行为成立洗钱罪,这是将洗钱罪的上游犯罪理解为具体罪名得出的结论

D. 若要认定乙的行为构成洗钱罪,就必须认定甲的行为成立信用卡诈骗罪而非盗窃罪,否则有违罪刑法定原则

案例2:徐某乘坐公交车时,窃得路人毛毛的信用卡后,前往银行取款50万元。两天后,蒋某帮徐某将该50万元汇往境外。

问题:若徐某的行为成立盗窃罪,对蒋某的行为如何定性,存在几种观点?请说明理由。

答案:

观点一(法考观点):蒋某的行为成立洗钱罪。理由:

洗钱罪的上游犯罪是指犯罪行为。虽然徐某的行为最终是以盗窃罪论

---

① 答案:B。

处,但徐某使用信用卡的行为本身是信用卡诈骗罪,即金融诈骗行为,属于洗钱罪的上游犯罪。蒋某"洗"的对象是徐某的金融诈骗犯罪行为所得,蒋某的行为构成洗钱罪。

观点二:蒋某的行为不成立洗钱罪。理由:

洗钱罪的上游犯罪是指具体的罪名。徐某盗窃信用卡并使用的行为构成盗窃罪,盗窃罪不属于洗钱罪的上游犯罪,将某"洗"的对象是徐某的盗窃罪所得,故不构成洗钱罪,构成掩饰、隐瞒犯罪所得罪。

案例3:甲盗伐林木时,被林业管理部门的人员乙发现并追赶,为了抗拒乙的抓捕,甲对乙使用暴力后逃跑。

问题:甲的行为是否成立转化型抢劫,存在几种观点?请说明理由。

答案:

《刑法》第269条规定:"犯盗窃、诈骗、抢夺罪,为窝藏赃物、抗拒抓捕或者毁灭罪证而当场使用暴力或者以暴力相威胁的,依照本法第二百六十三条的规定定罪处罚。"如何理解该规定中的前提条件"盗窃",存在不同的观点,进而决定了本案中的甲是否成立转化型抢劫。

观点一(法考观点):成立转化型抢劫。理由:

《刑法》第269条所规定的转化型抢劫的前提"盗窃罪"是指"盗窃行为",只要实施了盗窃行为,如本案的盗伐林木也是盗窃行为,就符合该罪的前提。故甲的行为成立转化型抢劫。

观点二:不成立转化型抢劫。理由:

《刑法》第269条所规定的转化型抢劫的前提"盗窃罪"是指具体罪名,即盗窃罪。甲的前行为是盗伐林木罪,不是盗窃罪,因此,不符合转化型抢劫的前提,故不构成抢劫罪。

六十九、洗钱罪的保护法益:司法活动与金融秩序

理论解读:对于绝大多数洗钱行为而言,其既妨害了司法活动,亦扰乱了金融秩序。可以认为,所有的洗钱行为,必然扰乱了司法活动秩序。但对于没有扰乱金融秩序的行为,能否认定为洗钱罪,存在不同的观点。

案例：国家工作人员甲收受乙行贿的一套价值800万元的房屋，两天后，知情的丙仍然用一幅价值800万元的名画与甲交换了房屋。①

问题：关于丙的行为性质，有一种观点认为丙的行为成立洗钱罪。还有一种观点认为，丙的行为不构成洗钱罪。请说出两种观点的理由和不足。你支持哪种观点，请说明理由。

答案：

观点一：丙的行为构成洗钱罪。理由：

(1)洗钱罪的保护法益是司法机关的正常活动而非金融管理秩序。

(2)本案中，丙通过用800万元的名画与甲进行交换，帮助甲掩饰、隐瞒其受贿犯罪所得，妨碍司法机关追究甲受贿的刑事责任。

(3)这种观点在认定洗钱罪时，更注重上游犯罪的性质，只要上游犯罪属于《刑法》所规定的洗钱罪的范围，即构成洗钱罪，而不考虑行为是否扰乱了金融秩序。

不足：

忽略了刑法对成立洗钱罪要求扰乱金融秩序的要求。洗钱罪被规定在"破坏金融管理秩序罪"中，如果洗钱罪的保护法益仅仅是司法机关的正常活动，就不能说明洗钱罪为什么不与赃物犯罪（掩饰、隐瞒犯罪所得、犯罪所得收益罪）放在同一章节之下。

观点二：丙的行为不构成洗钱罪（法考观点）。理由：

(1)洗钱罪的保护法益是金融管理秩序。本案中，行为人的行为不影响金融管理秩序的，不成立洗钱罪。

(2)本案中，丙采取的是"以物易物"的方式，而非利用金融手段。丙的行为不构成洗钱罪。

不足：洗钱罪对金融管理秩序的破坏太过抽象，不宜作为法益，而洗钱罪对司法机关正常活动的破坏是十分具体的，适合作为洗钱罪的法益。

我赞成第二种观点，即丙的行为不构成洗钱罪。理由：

洗钱罪条文所列举的具体手段，共同点在于"通过金融机构使用融资手段

---

① 参见张明楷：《洗钱罪的保护法益》，载《法学》2022年第5期，第69页。

对犯罪所得及其收益的不法性质及来源进行掩饰和隐瞒"。对于兜底条款即洗钱罪的"其他行为方式",根据同类解释的规则,也应当解释为前项没有列举出的金融手段。本案中,丙没有利用金融手段为甲掩饰、隐瞒犯罪所得,因此不成立洗钱罪。

七十、本犯实施上游犯罪后再"自洗钱"的:数罪并罚说与一罪说

理论解读:《刑法修正案(十一)》将自洗钱的行为也规定为洗钱罪,即行为人实施上游犯罪之后,再实施洗钱的,应以上游犯罪和洗钱罪并罚。这一立法在一定程度上可能与既有的刑法法理存在差异,犯罪后处分赃物的行为原则上应认定为事后不可罚行为,例如,盗窃后销售赃物的行为,一般认为是事后不可罚行为。但是,实施上游犯罪后的自洗钱行为,之所以还要认定为洗钱罪,更多是为了打击洗钱犯罪、保护金融秩序。但是,即使根据《刑法修正案(十一)》规定自洗钱行为构成洗钱罪,能否与上游犯罪数罪并罚,也是存在争议的,理论上有学者主张限制并罚的范围以防处罚过重。

案例:徐某常年从事走私化妆品的业务,通过在其他货物中夹藏化妆品的方式绕过海关的检查,并且将化妆品带回国内后独自进行销售。

问题:徐某以在其他货物中夹藏化妆品的方式绕过海关的检查,将化妆品带入中国境内,成立走私普通货物罪;徐某独自在中国境内销售走私来的化妆品,属于将财产转换为现金、金融票据、有价证券的自洗钱行为,成立洗钱罪。走私普通货物罪与洗钱罪是否需要并罚?

答案:

观点一:成立走私普通货物罪与洗钱罪,应当数罪并罚。**理由**:

《刑法修正案(十一)》将自洗钱行为单独入罪,说明立法将洗钱罪的主体范围有所扩大,体现出对洗钱行为从严治理的刑事政策。如果将自洗钱行为所成立的洗钱罪与上游犯罪择一重罪处罚,将导致许多自洗钱行为无法被单独评价,违背了立法将自洗钱行为独立成罪的初衷。

不足:过于机械地理解洗钱罪与上游犯罪之间的关系。《刑法修正案(十一)》将自洗钱行为规定为洗钱罪,是为了发挥刑法的明示机能。认定行为

人构成洗钱罪与上游犯罪的同时,在处罚时仅以一罪论处,同样可以发挥刑法的明示机能。如果数罪并罚,有悖于罪刑相适应的基本原则,不当扩大了刑法的适用范围。

观点二(法考观点):成立走私普通货物罪与洗钱罪,应当从一重罪处罚。

理由:

走私行为与之后的销售行为之间是原因行为与结果行为这种牵连关系,因此应当认为,这种情况下上游犯罪与洗钱罪之间应当适用牵连犯的处罚原则,以一罪论处即可。

不足:

我国没有关于牵连犯的相关规定,因此如何判断牵连犯难度较大,加大了实务中的操作难度。并且,在处罚上以一罪论处容易鼓励行为人积极实施销售行为(洗钱行为),不利于实现刑法的预防目的。

七十一、虚开增值税专用发票罪的既遂标准:行为犯说与结果犯说

理论解读:对于虚开增值税专用发票罪的既遂标准如何界定,存在一定的争议。在过去很长一段时间内,理论界和实务界往往将虚开增值税专用发票罪理解为行为犯,只要行为人实施了虚开行为,即使尚未抵扣,也成立犯罪既遂。近年来,理论界和实务界开始有观点认为,本罪是结果犯,行为人虚开增值税专用发票并向国家税务机关申请抵扣、造成国家税款损失才是犯罪既遂。法考客观题坚持结果犯说,严格限制本罪的入罪范围。应当说,不同历史时期,对于经济领域犯罪的打击力度不同,如何在惩罚犯罪与合理优化营商环境之间寻求平衡,也是当前需要慎重考虑的一个问题。

案例:甲公司向农民购买玉米后索要发票,但农民表示自己开不出发票。甲公司于是找到另外一家乙公司,乙公司为甲公司开具了与玉米价格相同数额的增值税专用发票。甲公司在开具增值税专用发票时没有虚高价格,因此甲不构成虚开增值税专用发票罪。(2024年真题)

观点一:行为犯说主张,行为人只要实施了为他人虚开、为自己虚开、让他

人为自己虚开、介绍他人虚开四种行为之一并达到立案标准,就破坏了增值税发票的管理秩序,构成本罪的犯罪既遂。**理由：**

(1)《刑法》第 205 条第 1 款规定"虚开增值税专用发票或者虚开用于骗取出口退税、抵扣税款的其他发票的,处三年以下有期徒刑或者拘役,并处二万元以上二十万元以下罚金"。也就是说,《刑法》第 205 条第 1 款并没有要求行为人必须实施骗抵增值税款的行为。

(2)从司法实践来看,由于上一交易环节缴纳的增值税在下一交易环节可以直接抵扣,增值税专用发票往往具有"现钞"价值。行为人虚开增值税专用发票后,非常容易造成国家税款的巨额损失,将本罪理解为行为犯,有利于实现对国家税收的提前保护。

不足：

(1)随着社会的发展,我国对增值税专用发票从开票到抵扣的全流程的监管日益完善,倘若需要动用刑法来规制此类行为,必须遵循刑法的谦抑性原则,也会导致犯罪行为与破坏增值税专用发票管理秩序的行政违法行为界限模糊。

(2)实践中,不少存在实际生产经营活动的企业为虚增业绩、融资、贷款等非骗税目的虚开增值税专用发票,且没有造成税款损失,将此类行为一律入罪处理,不利于企业产权保护、优化营商环境的政策实施。

观点二(法考观点)：结果犯说主张,行为人实施了虚开行为并向国家税务机关申请抵扣、造成国家税款损失才是犯罪既遂。① 本案的行为没有造成国家税款流失,不构成犯罪。**理由：**

(1)有利于限缩刑法在经济犯罪中的处罚范围,助力经济发展,也符合刑事立法的精神。

骗取出口退税罪与虚开增值税专用发票罪同属于诈骗类犯罪,但前者是造成了国家税款流失这一实害结果的,只有将虚开增值税专用发票理解为实害犯,才不会造成罪与罪之间的不协调。

(2)如果将虚开增值税专用发票理解为行为犯,就意味着行为人不论是否

---

① 参见张明楷：《论虚开增值税专用发票罪的构造》,载《清华法学》2024 年第 4 期,第 36 页。

抵扣税款,所受处罚都完全相同,这显然违背了<u>罪刑相适应</u>的原则。①

不足:对破坏增值税发票管理秩序的行为是否成立犯罪提出了过于<u>严格</u>的要求,可能会放纵虚开增值税专用发票的行为。

七十二、第三方支付与信用卡犯罪

理论解读:近年来,随着微信支付、支付宝的普及,通过他人的微信、支付宝获取他人财物的案例也较为突出,如何处理该类问题,理论与实务都没有较为统一的意见。但可以预见的是,随着微信、支付宝的支付功能、地位的逐步提升,越来越多的学者,逐渐承认微信、支付宝不同于信用卡,具有独立的支付地位。具体而言,可以归纳为如下情形:

1. 未经允许,仅仅使用他人的微信、支付宝,不使用银行卡的,属于未经他人同意获取他人财产,成立盗窃罪。

理由在于:行为人取走被害人的财物,并没有和被害人沟通过,成立盗窃罪。这就相当于捡到他人的钥匙后再打开他人的家门而取财,成立盗窃罪。

2. 未经允许,通过使用他人的微信、支付宝,从而消费了该微信、支付宝捆绑的信用卡,存在盗窃罪与信用卡诈骗罪两种观点。

观点一:成立信用卡诈骗罪。理由:

这属于冒用他人信用卡的情形,成立信用卡诈骗罪。这种观点认为,微信仅仅是信用卡使用过程中的一种识别方式,<u>冒用他人信用卡才是该行为的本质</u>,故成立信用卡诈骗罪。

---

① 事实上,最高司法机关一直将虚开增值税专用发票罪视为实害犯。比如2002年4月16日最高人民法院《关于湖北汽车商场虚开增值税专用发票一案的批复》就明确指出:"本案被告单位和被告人虽然实施了虚开增值税专用发票的行为,但主观上不具有偷骗税款的目的,客观上亦未实际造成国家税收损失的,其行为不符合刑法规定的虚开增值税专用发票罪的犯罪构成,不构成犯罪。"再如,2015年6月11日最高人民法院研究室对公安部经济犯罪侦查局的《〈关于如何认定以"挂靠"有关公司名义实施经营活动并让有关公司为自己虚开增值税专用发票行为的性质〉征求意见的复函》(法研【2015】58号)也明确指出:"行为人利用他人的名义从事经营活动,并以他人名义开具增值税专用发票的,即便行为人与该他人之间不存在挂靠关系,但如行为人进行了实际的经营活动,主观上并无骗取抵扣税款的故意,客观上也未造成国家增值税款损失的,不宜认定为《刑法》第205条规定的'虚开增值税专用发票';符合逃税罪等其他犯罪构成条件的,可以其他犯罪论处。"

不足:将被害人支付宝(或微信)的"钱"转到自己支付宝(或微信)中的行为,并没有直接使用被害人银行卡的账号与密码,是典型的盗窃行为。

观点二(法考观点):成立盗窃罪。理由:

行为人并没有使用信用卡,而是使用了微信,属于通过微信窃取他人财物,成立盗窃罪。微信与信用卡二者之间具有独立性,应承认微信支付方式的独立地位,并且微信支付的密码与信用卡本身的密码都是不相同的,不应将微信视作其捆绑的信用卡的附随品。

不足:没有全面地保护法益。金融诈骗罪侵犯的客体应当是金融管理秩序及财产所有权。若按照盗窃罪定性,显然不能涵盖所要保护的全部法益,[1]将会遗漏评价行为对金融管理秩序的侵害。毕竟"微信""支付宝"本质上也是一种金融支付工具,而且微信、支付宝事实上也依赖银行卡,脱离银行及银行卡难以独立存在。

3. 未经许可,使用他人的蚂蚁花呗进行消费的行为,如何认定?[2]

蚂蚁花呗,是蚂蚁金服推出的一款消费信贷产品,申请开通后,将获得500~50000元不等的消费额度。用户在消费时,可以预支蚂蚁花呗的额度,享受"先消费,后付款"的购物体验。

情形一:甲冒用乙的身份证件,申请支付宝实名认证,然后申请蚂蚁花呗,再进行消费的,构成贷款诈骗罪。

蚂蚁花呗的实质是向第三方贷款。本案中,甲使用乙的手机,冒用乙的名义向第三方贷款的行为,构成贷款诈骗罪。这属于冒用他人名义签订合同,由于被害人属于金融机构,行为人实际上骗取的是贷款,应当以贷款诈骗罪追究刑事责任。[3]

情形二(常见情形):冒用他人已经认证的蚂蚁花呗消费的,实务中处理不一致。这一问题,两种观点均需要掌握。

---

[1] 参见李迎春:《第三方支付环境下侵财案件的刑法定性研讨》,载《法律适用(司法案例)》2017年第22期,第86页。

[2] 参见张明楷:《诈骗犯罪论》,法律出版社2021年版,第694页。

[3] 参见张明楷:《诈骗犯罪论》,法律出版社2021年版,第697页。

观点一(法考观点):盗窃罪。① 理由:

站在犯罪行为人与被害人的角度看,行为人在被害人不知情的情况下,通过秘密手段虚增了被害人的债务,属于窃取被害人的财产性利益,应成立盗窃罪。

不足:仅注意到了行为侵犯财产法益的属性,忽略了行为破坏金融管理秩序的属性。毕竟蚂蚁花呗属于一种金融借贷工具,行为人使用这一工具,侵犯了他人财产权益,仅认定为盗窃罪就没有评价行为破坏金融管理秩序的属性。

观点二:贷款诈骗罪,行为人属于冒用他人花呗骗取服务商贷款。② 理由:

站在犯罪行为人与金融机构的角度看,因为蚂蚁花呗本质上是一种贷款关系,行为人冒用他人名义与金融机构进行贷款,破坏了金融管理秩序,成立贷款诈骗罪。

不足:

(1)忽略了该犯罪行为对被害人的权利的侵犯,没有全面地就该案中的被害人进行分析。

(2)并且,认定为贷款诈骗罪,也忽略了行为人并没有实施"欺骗"行为这一事实,毕竟,行为人与金融机构之间没有就贷款问题进行过沟通。

案例1:【11901080】甲捡到乙的手机,猜出了支付宝密码,用支付宝蚂蚁花呗(第三方支付平台)在网上向商家购买了价值3万元的商品。请问下列选项中哪些是正确的?(　　)③

A. 甲导致乙向第三方支付平台借款后,又使用该款项,构成盗窃罪(或贷款诈骗罪)

B. 因商家没有被骗,故对商家不构成诈骗罪

C. 因没有欺骗乙,故对乙不构成诈骗罪

---

① 实务上有案例支持这一观点。例如,2015年6月8日至2015年6月10日期间,被告人付克兵利用被害人杨平请求其帮忙修改支付宝账户密码的机会获取了被害人的支付宝账户及密码,并通过该支付宝蚂蚁花呗先后三次套取人民币8000元,后扣除交付给卖家手续费10%后,实际得款人民币7200元,均用于个人还款。法院认定付某构成盗窃罪。参见浙江省瑞安市人民法院(2015)温瑞刑初字第1624号刑事判决书。

② 参见李惠民、刘天姿:《冒用他人蚂蚁花呗套现的行为定性》,载《上海商学院学报》2018年第1期,第92页。

③ 答案:ABCD。

D. 虽然蚂蚁花呗具有借贷功能，但其不属于信用卡，故甲的行为不构成信用卡诈骗

案例 2：徐某与毛毛系邻居，毛毛将手机、身份证和信用卡交给徐某，交代徐某帮忙激活该信用卡并绑定毛毛的微信账号。徐某在毛毛不知情的情况下，将毛毛的信用卡绑定了徐某好友蒋某的微信。一个月后，徐某诵讨蒋某的微信消费 8000 元。

问题：徐某的行为应当如何认定，存在几种观点，请分别说明理由。

答案：

未经允许，通过使用他人的微信，从而消费了该微信绑定的信用卡。存在以下两种观点：

观点一（法考观点）：徐某成立盗窃罪。理由：

微信与信用卡之间具有独立性，本案中，徐某并没有使用信用卡，而是直接使用了微信，属于通过微信窃取他人财物，应成立盗窃罪。①

观点二：徐某成立信用卡诈骗罪。理由：

微信仅仅是信用卡使用过程中的一种识别方式，徐某的行为的本质是冒用他人信用卡，应成立信用卡诈骗罪。

案例 3：徐某与网友毛毛外出游玩，趁毛毛欣赏风景时，窃取毛毛的手机。分别后，徐某登录毛毛支付宝账户，利用偶然偷窥到的支付密码，通过毛毛已开通的蚂蚁花呗在商场消费 9 万元。

问题：徐某的行为该如何认定，存在几种观点，请说明理由。

答案：

对于冒用他人已经认证的蚂蚁花呗骗取贷款的行为，存在以下观点：

观点一（法考观点）：徐某成立盗窃罪。理论与实务中多持此观点。理由：

---

① 参见张明楷：《刑法学》（第六版），法律出版社 2021 年版，第 1046—1047 页。倘若徐某在河边捡到毛毛的手机一部，后通过多次猜测密码方式成功登录毛毛微信账户，盗刷毛毛微信钱包所绑定的银行卡 8000 元。多数观点亦认为这种情形成立盗窃罪。不管是持卡人自己将信用卡与第三方支付平台绑定，还是由行为人进行绑定，绑定行为本身不会造成持卡人的财产损失，不是侵犯财产罪的构成要件行为。持卡人的绑定行为并不属于财产处分行为，因此，第一个行为不是诈骗。但是，正是因为行为人实施了第二个行为，即行为人通过第三方支付平台付款的行为，侵害了持卡人的财产法益，成立盗窃罪。

徐某以非法占有为目的,通过秘密手段窃取公民财物,导致毛毛的财产损失,徐某的行为构成盗窃罪,可以认为盗窃了被害人毛毛的债权。

观点二:徐某成立贷款诈骗罪。理由:

花呗服务商是适格的小额贷款发放主体,属于金融机构,徐某主观上具有非法占有目的,客观上冒用他人花呗骗取花呗服务商贷款,属于贷款诈骗罪。

七十三、盗伐林木罪的非法占有目的

理论解读:盗伐林木罪,是否需要"非法占有目的",存在肯定说与否定说两种观点。如果将本罪定位为具有财产性质的犯罪,那么当然需要有非法占有目的,该罪就是盗窃罪的特别法。如果将本罪的保护法益着重考虑侵犯森林资源,那么,即使没有非法占有目的,只要砍伐了相关的树木,也应该认定为有非法占有目的。

观点一:刑法理论的通说观点以及司法解释持肯定说,认为盗伐林木罪是一种特殊类型的盗窃罪,既然盗窃罪要求有非法占有目的,盗伐林木罪也应该要求有非法占有目的。

2023年8月15日施行的《最高人民法院关于审理破坏森林资源刑事案件适用法律若干问题的解释》第3条规定,以非法占有为目的,具有下列情形之一,以盗伐林木罪定罪处罚。张明楷教授在其第五版的教科书中,亦持此观点,认为以毁坏为目的砍伐国家、集体或者他人的林木的,应认定为故意毁坏财物罪。①

观点二:否定说,认为只要破坏了环境资源,即便没有非法占有目的,也成立盗伐林木罪。张明楷教授在其第六版的教科书中又改变了自己的观点,持否定说。认为"没有必要将非法占有目的作为盗伐林木罪的主观要素,即使行为人出于毁坏目的砍伐国家、集体或者他人的林木的,也应认定为盗伐林木罪"②。

否定说的理由在于:重视行为破坏环境资源的属性,既然刑法将盗伐林木罪、滥伐林木罪规定在破坏环境资源犯罪一章中,就是考虑该行为有破坏环境

---

① 参见张明楷:《刑法学》(第五版),法律出版社2016年版,第1137页。
② 参见张明楷:《刑法学》(第六版),法律出版社2021年版,第1500页。

资源的特征。

否定说的不足在于:未对盗伐林木罪与盗窃罪进行体系解释,两罪是法条竞合关系(或想象竞合)关系,既然盗窃罪要求有非法占有目的,盗伐林木罪也需要具备非法占有目的。同时,刑法中的其他"盗窃"类型的犯罪,也多强调有非法占有目的,如盗窃枪支罪。

案例1:2010年3月,刘某与任某为了种植沉香,擅自砍伐了国有森林中的一片林木(1200株),将砍伐的林木扔在一旁,然后种植沉香,一直没有被人发现。

问题:刘某与任某擅自砍伐林木(1200株)的行为,如何定性?

答案:

观点一:刘某与任某构成故意毁坏财物罪的共同犯罪,不构成盗伐林木罪、滥伐林木罪。

(1)刘某、任某砍伐林木后弃置一旁,没有利用或变卖,即对财物不具有非法占有的目的,故二人毁损林木(1200棵)的行为构成故意毁坏财物罪。

(2)刘某与任某客观上共同实施了砍伐林木行为,主观上具有共同砍伐林木的故意,构成故意毁坏财物罪的共同犯罪。

(3)盗伐林木罪既是破坏环境资源的犯罪,亦是财产型犯罪,而二行为人主观上不具有非法占有的目的,故不构成盗伐林木罪。

(4)二行为人没有采伐许可证,不具有砍伐国家林木的资格,该林木也不属于二人所有,故不构成滥伐林木罪。

观点二:行为人构成盗伐林木罪。

这种观点认为,盗伐林木罪所要求的"非法占有目的"应做扩大解释,只要事实上控制了被砍伐的林木,就应认为有非法占有目的,构成盗伐林木罪。① 或者认为,成立本罪不要求有"非法占有目的"。

---

① 【延伸阅读1】以毁坏为目的砍伐国家、集体或者他人的林木的,应认定为故意毁坏财物罪。参见张明楷:《刑法学》(第五版),法律出版社2016年版,第1137页。此种观点亦得到了司法解释的支持,《最高人民法院关于审理破坏森林资源刑事案件适用法律若干问题的解释》第3条规定:以非法占有为目的,具有下列情形之一,数量较大的,以盗伐林木罪定罪处罚。根据该观点,再结合本案案情,刘某与任某砍伐林木的目的是种植沉香,并非基于非法占有目的砍伐林木(1200株),因此刘某、任某成立故意毁坏财物罪的共同犯罪。

(转下页)

七十四、催收本金及合法利息是否构成催收非法债务罪：肯定说与否定说

理论解读：《刑法修正案（十一）》规定了催收非法债务罪，主要是因为实务中催收非法债务的行为给社会秩序、被害人造成不良影响。催收非法债务罪首先要求"催收手段"必须非法，但问题是，如果催收的内容是合法的，如采用"非法手段"催收出借的"本金及合法利息"，能否成立催收非法债务罪，存在争议。①

（接上页）

张明楷对延伸阅读1的观点作出修改。行为人出于毁坏目的砍伐国家、集体或者他人的林木的，也应认定为盗伐林木罪。张明楷：《刑法学》（第六版），法律出版社2021年版，第1500、1502页。

【延伸阅读2】本案是审判实务中发生的真实案例，与真实案例的情况有所变化，即深圳市羊台山盗伐林木案。

基本案情：被告人杨某林、张某福在朋友张某辉的果园认识后，为了获取征地补偿及种植沉香树苗牟取利益，多次商议在张某福的果园往上、深圳市南山区麻勘村石树顶山林地砍树种沉香。2016年3月左右，两人达成合意并签订协议，商定由杨某林负责出资、开荒、买苗、种树，张某福负责处理该片林地在开荒种树过程中与村里的协调和纠纷事宜。种植沉香苗得到的收益两人三七分成，杨某林占七成，张某福占二成。之后，张某福在未经批准的情况下雇请工人擅自在石树顶山砍伐该片林木并种植沉香树苗，整个砍伐种植过程持续到2016年底结束。2017年3月、4月，又进行了补种。经深圳市鹏程林业调查规划院有限公司实地调查，显示林木采伐位置内采伐面积为1.1644公顷（17.4亩），按分层抽样方法，推算林木采伐株数（地径大于5厘米）为749株，新种植株数为5175株。经核，涉案地块为林业用地，被伐林木权属为国有。法院认定为盗伐林木罪。

该案二审维持原判，在认定杨福林、张景福对所砍伐的林木是否具有非法占有目的时，采取了较为宽松的解释。二审判决书指出：原判认为，被告人杨福林、张福福盗伐林木，数量巨大，其行为已构成盗伐林木罪。公诉机关指控的犯罪事实清楚、证据确实、充分，但指控的罪名不当，予以纠正。虽然控辩双方均认为两被告人的行为构成滥伐林木罪，但根据《最高人民法院关于审理破坏森林资源刑事案件适用法律若干问题的解释》第3条之规定，以非法占有为目的，擅自砍伐国家、集体、他人所有或者他人承包经营管理的森林或者其他林木的，数量较大，构成盗伐林木罪。该解释第5条规定，未取得核发的林木采伐许可证，或者违反林木采伐许可证规定的时间、数量等，任意采伐本单位所有或者本人所有的森林或者其他林木等行为，则构成滥伐林木罪。因此，两罪的主要区别之一在于被伐林木的权属。经查，涉案林木权属为国有，二被告人为在涉案地块种植沉香谋取非法利益，擅自砍伐国家所有的林木，并已实际非法占有，其是否出售牟利并不影响非法占有的认定。故二被告人的行为应构成盗伐林木罪。

① 张明楷教授对催收非法债务罪的理解不同于立法与司法解释的规定，他认为，催收非法债务罪是侵犯人身权利的犯罪，即手段行为具有非法性，但债务的内容必须是合法的，换言之，他将催收非法债务罪解释为非法催收债务罪。如果催收内容非法的，如赌债、高利贷中的高息，应认定为抢劫罪或敲诈勒索罪。如下是其文章摘要：催收非法债务罪的保护法益不是公共秩序与民间借贷秩序，也不是公民的财产权利，而只是公民的人身权利。"催收高利放贷等产生的非法债务"，是指催收高利放贷等非（转下页）

例如，甲向乙高利放贷100万元，约定一个月还款，月息20万元。一个月过后，甲采取非法拘禁的方法要求乙还款100万元本金以及4800元的合法利息，不要求乙归还合法利息以外的高额利息。能否认定为催收非法债务罪？

问题：一种观点认为，甲成立催收非法债务罪，一种观点认为，甲不成立催收非法债务罪。请说明各自的理由。你支持哪种观点？请说明理由。

答案：

对于甲只催收本金及合法利息，不催收高额利息的行为性质，存在不同观点：

观点一：成立催收非法债务罪。理由：

催收非法债务罪中的"非法债务"，强调债务形成本身具有非法性，如发放高利贷。包括催收基于高利放贷等非法行为产生的本金以及合法利息，不以催收高息部分为前提。因此，只要行为人基于发放高利贷等非法行为而实施的催收行为，就成立催收非法债务罪。

不足：民法上并不认为高利放贷行为全面违法，只是强调借款的利率不得违反国家规定。认为催收本金以及合法利息的行为成立催收非法债务罪，会导致出现民法上具有返还请求权，而刑法上却规定为犯罪的情况，导致法律体系不协调。也容易导致刑法的处罚范围过大，不符合刑法的谦抑性。

观点二：不成立催收非法债务罪。理由：

催收非法债务罪中的"非法债务"，只包括催收债务中的高息部分。本金以及合法利息属于行为人可以合法要求返还的部分，因此不属于非法债务。行为人对这一部分进行催收的，不成立催收非法债务罪。

不足：

（1）忽视了催收非法债务罪的"手段的非法性"的评价。即使是催收完全合法的债务，也不能采用法律禁止的手段。

（2）"本金及合法利息"是高利放贷这一非法行为所产生的债务的一部

（接上页）法行为产生的合法本息或合法债务，而不是指催收超出合法本息或合法债务等法律不予保护的债务。赌债、毒债等违法行为产生的债务不属于本罪的债务。对于以暴力、胁迫等方法催收法律不予保护的债务的行为，应以抢劫、敲诈勒索等财产犯罪追究刑事责任。参见张明楷：《催收非法债务罪的另类解释》，载《政法论坛》2022年第2期，第3页。

分,将其解释成非法债务不属于类推解释。

我支持第一种观点,即甲的行为成立催收非法债务罪。理由:

从立法背景来看,《刑法》增设催收非法债务罪,所重视的主要是手段行为的非法性,而不是行为目的的非法性。催收非法债务罪的设立同样应当保护非法债务中的本金以及合法利息不被暴力催收。

七十五、持有型犯罪是否要求抽象危险:肯定说与否定说

理论解读:我国刑法理论及实务的观点认为,持有型犯罪属于行为犯,即只要行为人持有特定的物品(毒品、枪支、淫秽物品)就构成持有型犯罪,无论该物品是否有流向社会的可能性。这种观点对于行为犯(抽象危险犯)进行了过度形式化的解释,有助于构建良好的社会管理秩序。但这种观点会扩张持有型犯罪的成立范围,对于仅限于本人持有且不会扩散的持有行为,认定为犯罪可能会导致罚过其罪。所以,理论上有观点认为,仅供自己持有,且不会扩散的行为,不宜认定为持有型犯罪。例如,行为人基于吸食的目的而持有数量较大的毒品的,不宜认定为非法持有毒品罪。只有出于贩卖、运输等而持有毒品,具有导致毒品流通的可能性,才能认定为非法持有毒品罪。又如,吸毒人员光华与沛权分别持有海洛因与鸦片,二人互换毒品后用于吸食,并没有流向市场,能否认定为贩卖毒品罪。

这一问题在 2024 年法考客观题中曾经考查过。理论上有学者指出,上述行为并没有导致毒品流向市场,即没有导致毒品的扩散,不宜认定为非法持有毒品罪、贩卖毒品罪。但也有观点认为,为了从严打击毒品犯罪,即使是以自己吸食为目的而持有、交换毒品,如果数量较大的,也应以毒品犯罪论处。上述不同观点的实质在于,对毒品犯罪打击的宽严程度不同。

案例:吸毒人员光华为了图省事,一次性从毒贩毛毛处购买了 3 千克毒品用于自己吸食。该毒品被置放于光华家的储藏室。一年后,光华将该批毒品吸食完。

问题:光华持有 3 千克毒品的行为是否成立非法持有毒品罪?

答案：

观点一：成立非法持有毒品罪。理由：

(1)根据《刑法》规定，无论基于何种理由，只要持有毒品达到数量较大，就构成非法持有毒品罪。即使是出于吸食目的而持有，也构成非法持有毒品罪。

(2)行为人持有数量较大的毒品，可能有使毒品流向社会的抽象危险而危害公众健康，从预防的角度看，应认定为非法持有毒品罪。

观点二：不成立非法持有毒品罪。理由：

(1)吸毒仅是违法行为而非犯罪行为，为了维持吸毒所必要的行为如购买毒品、持有毒品行为，不宜以犯罪论处。

(2)出于吸食目的而持有的毒品，没有流向社会的危险，不会增加毒品的社会危害性。持有大量毒品之所以成立非法持有毒品罪，是通过事实推定的方式，即推定行为人不可能吸食该数量的毒品，多余的毒品存在流入社会的风险，因此对其予以规制。

七十六、组织卖淫罪的从犯是否必要：必要说与非必要说

理论解读：我国《刑法》在组织卖淫罪之外，还规定了协助组织卖淫罪。可以认为，组织卖淫罪的从犯与协助组织卖淫罪之间是存在重合的。那么，在《刑法》已经规定了协助组织卖淫罪的前提下，组织卖淫罪的从犯是否还有存在的必要？理论上存在不同的观点。既往的司法实践一般不认定组织卖淫罪的从犯，如果在组织卖淫过程中起次要作用或者从犯作用的，应该以协助组织卖淫罪论处。但也有学者提出反对意见，认为协助组织卖淫罪与组织卖淫罪的从犯可以并存，张明楷教授指出，"不管规定协助组织卖淫罪的法条性质如何，都需要区分组织卖淫罪的从犯与协助组织卖淫罪。一方面，不能全面肯定组织卖淫罪的从犯，否则会导致量刑的不均衡，也会给司法实践徒增麻烦。另一方面，对于组织卖淫罪的教唆犯，即使其在共同犯罪中起次要作用，也只能认定为组织卖淫罪且按从犯处罚。除教唆犯外，对于在组织卖淫案件中起次要或者辅助作用的情形，均应认定为协助组织卖淫罪，而不应认定为组织卖淫

罪的从犯"。①

观点一：必要说认为，应当肯定组织卖淫罪的从犯。理由：

《刑法》规定协助组织卖淫罪，仅是将部分处于从犯地位的"协助"行为规定为该罪。对于"协助"之外的其他行为，如果对他人组织卖淫起到了帮助作用，或者在组织卖淫过程中起的作用较小的，应认定为组织卖淫罪的从犯。例如，在他人组织卖淫过程中，参与了非"协助"性的、作用相对较小的工作（如教唆），不构成协助组织卖淫罪，构成组织卖淫罪的从犯。

观点二：非必要说认为，应否定组织卖淫罪的从犯。理由：

这种观点认为，没有必要肯定组织卖淫罪的从犯。对于在组织卖淫罪中起次要作用或者帮助作用的行为，均应认定为协助组织卖淫罪。肯定组织卖淫罪的从犯，会导致组织卖淫罪的从犯与协助组织卖淫罪的区分成为难题，不利于司法机关认定犯罪。

不足：对协助组织卖淫罪的"协助"行为进行了扩大解释，即便是参与了具体的组织卖淫的实行行为，只要起的作用相对较小，也应认定为协助组织卖淫罪。

案例：蒋某开设了某浴场后，亲自招募、雇佣10多名卖淫女，在浴场内从事卖淫活动。一个月后，蒋某雇佣徐某协助其为顾客介绍卖淫服务项目、安排具体卖淫服务房间、负责日常对卖淫人员的管理。

问题：徐某的行为如何定性？请说明理由，可以谈不同观点。

答案：

观点一：如果肯定组织卖淫罪的从犯的存在，徐某成立组织卖淫罪（帮助犯）。本案中，徐某对卖淫活动及卖淫人员实施了组织、管理活动，应当认定为组织卖淫罪的从犯。②

观点二：如果否定组织卖淫罪从犯的存在，徐某成立协助组织卖淫罪。本案中，徐某虽然对卖淫活动及卖淫人员实施了组织、管理活动，但徐某系受蒋

---

① 参见张明楷：《协助组织卖淫罪的重要问题》，载《中国刑事法杂志》2021年第5期，第3页。
② 参见《刑事审判参考》指导案例第768号：蔡轶等组织卖淫、协助组织卖淫案。

某雇佣,并未参与发起、建立卖淫团伙,仅成立协助组织卖淫罪。①

七十七:成立伪证罪所要求的虚假陈述如何理解:主观说与客观说

理论解读:成立伪证罪要求行为人作虚假陈述。但如何理解"虚假",客观说强调,只要行为人所陈述的内容与客观结果不一致,就是虚假陈述。而主观说则认为,主要行为人陈述的内容与其主观记忆的内容是一致的,即使与客观实际情况不一致,也不认为是虚假陈述。换言之,主观说认为,只有行为人主观上所记忆的内容与陈述的内容不一致时,才能认定为虚假陈述。

例如,某日晚上,毛毛穿着沛权的衣服在路边杀人,光华当时在路边看到这一现状。但因为是晚上没有看得特别清楚,光华认为是沛权杀人。但在公安机关向光华调查取证时,光华为了"陷害"毛毛,告诉司法机关,是毛毛杀人了。从主观说的角度来看,光华的陈述与其主观记忆是不一致的,其主观上认为是沛权杀人,却要说是毛毛杀人,即使其向公安机关陈述的内容与客观事实是一致的,也成立伪证罪。但是,从客观说的角度看,虽然光华故意作虚假陈述,但事实上确实是毛毛杀人,没有说错,不构成伪证罪。

案例:徐某和蒋某向来有仇。某日,小区发生一起凶杀案,民警找到徐某调查。徐某根本不知道该凶杀案是谁实施的,但欺骗民警说,该凶杀案很可能是蒋某实施的,并谎称前两天看见蒋某在外买凶器、行踪诡秘。公安机关侦查后查明,该凶杀案果然是蒋某实施的。徐某的行为是否属于虚假陈述?是否构成伪证罪?请说明理由。

答案:

观点一(主观说):属于虚假陈述,徐某的行为构成伪证罪。

徐某陈述的内容与其主观记忆是不符合的,即使与客观事实相符合,也是虚假的陈述,构成伪证罪。

观点二(客观说):不属于虚假陈述,徐某的行为不构成伪证罪。

只有陈述的内容与客观事实不相符合的,才是虚假的。徐某陈述的内容

---

① 参见张明楷:《协助组织卖淫罪的重要问题》,载《中国刑事法杂志》2021年第5期,第3页。

与客观事实是符合的，不构成伪证罪。

七十八、虚假诉讼罪既遂标准：结果犯说与行为犯说

理论解读：对于虚假诉讼罪犯罪既遂标准如何界定，存在一定争议。通说观点认为，虚假诉讼罪为结果犯，只有严重妨害司法秩序或侵犯他人（诉讼相对方或第三人）的合法权益，才是犯罪既遂。近年来，有学者提出不同看法，认为本罪是行为犯，行为人虚构事实向法院提起民事诉讼，只要法院受理案件，就是犯罪既遂。

案例：毛毛以捏造的事实与证据向光华提起了一个虚假的民事诉讼，该案经法院立案、一审、二审及再审，最终法院认定毛毛提起的诉讼是虚假的，没有支持其诉讼请求。

问题：毛毛的行为如何认定？

答案：

观点一（审判实务）：虚假诉讼罪是结果犯，只有出现妨害司法秩序或严重侵害他人合法权益的，才能认定为犯罪既遂。例如，行为人提起虚假民事诉讼后导致司法机关作出错误裁判，或者大量占用司法资源、影响正常司法活动等方面。① 本案中，毛毛的行为不成立虚假诉讼罪的既遂。

不足：

（1）"司法秩序"作为一个抽象的概念，实践中很难界定虚假诉讼行为是否对司法秩序产生了侵害以及认定侵害程度。

（2）对妨害司法秩序提出了过于严格的要求，可能会放纵虚假诉讼行为。

观点二（部分学者，法考观点）：虚假诉讼罪是行为犯，行为人只要向人民法院提起虚假的民事诉讼，就会对司法秩序造成破坏，即构成犯罪既遂。该观点认为，法院对案件的受理、受理后为审理所做的准备，以及开庭审理，都是民事诉讼的必要环节，其中任何一个环节的正常进行，都是司法秩序的内容。②

---

① 参见《刑事审判参考》第1379号：万春禄虚假诉讼案。
② 参见张明楷：《虚假诉讼罪的基本问题》，载《法学》2017年第1期，第152页。

不足:在民事诉讼过程中,当事人基于趋利避害的本能选择自己的行为方式,《民事诉讼法》明确规定了对虚假诉讼行为的司法处罚措施,倘若需要动用《刑法》来规制此类行为,必须遵循刑法的谦抑性原则,否则会造成刑法的打击面过广,犯罪行为与妨害民事诉讼的违法行为界限模糊。

七十九、他人诈骗后帮助取款行为的定性:掩饰隐瞒犯罪所得罪与上游犯罪的共犯

理论解读: 在他人实施了上游犯罪之后,对于帮助他人掩饰隐瞒上游犯罪所得赃款的行为如何定性,要根据行为人的主观意思进行确定:如果行为人与他人存在事前通谋,那么毫无疑问行为人具有共同故意,成立上游犯罪的共同犯罪。但是如果行为人与他人不存在事前通谋的情况,行为人是否依然能够成立上游犯罪的共同犯罪,理论上存在争议。司法实践中,对于掩饰隐瞒犯罪所得罪与上游犯罪(如诈骗罪)的共犯如何进行区分,同案异判的现象较为突出。由于当前我国对电信诈骗犯罪的打击力度加大,在银行卡取款、转账的监管更加严格的背景下,上游犯罪行为的既遂如何判断存在一定的争议,进而会引发下游的人究竟是成立上游犯罪的共犯,还是成立掩饰、隐瞒犯罪所得罪,存在争议。

例如,早期对电信诈骗犯罪打击力度相对较小,在银行卡取款、转账的监管相对宽松的背景下,上游电信诈骗的行为人只要将他人钱款骗入银行卡就认定为犯罪既遂,其他人事后帮助取款、转账的行为,应认定为掩饰、隐瞒犯罪所得罪。但现今对电信诈骗犯罪的打击力度逐步加大,对银行卡取款、转账的监管也越来越严格,上游犯罪的人即使是将被害人的钱款骗入自己的银行卡,也并不能非常顺利地实施转账、取款行为,此时能否认定为诈骗罪既遂。如果认定为诈骗罪既遂,那么,事后帮助取款、转账的人就属于掩饰、隐瞒犯罪所得罪。如果不能认定为诈骗罪的既遂,那事后帮助取款、转账的人就可以成立诈骗罪的共犯。

案例: 诈骗犯乙通过欺骗行为使被害人将资金汇入特定银行账户。被害人汇款完成后,乙将诈骗的事实告知甲,甲帮助乙将资金从特定银行账户转入

乙自己的账户中。

问题：对于甲的行为如何认定？①

答案：

观点一：甲的行为构成掩饰隐瞒犯罪所得罪。理由：

在本案中，被害人已经基于错误认识将被骗款项汇入特定银行账户，被害人已经遭受损失。乙的诈骗罪已经既遂，甲事后帮助转账的只能成立掩饰隐瞒犯罪所得罪。

不足：容易造成处罚上的不协调。如果甲、乙事前通谋，由甲为乙转移诈骗款项的，甲成立诈骗罪的共犯（从犯），适用"三年以下有期徒刑、拘役或者管制"的法定刑，应当从轻、减轻或者免除处罚。而在事前无通谋的情况下，甲为乙转移诈骗款项的行为如果成立掩饰隐瞒犯罪所得罪，对甲同样适用"三年以下有期徒刑、拘役或者管制"，但不能从轻、减轻或者免除处罚。明显在事前通谋的情形下，甲的主观恶性更深，但是却得到了更轻的处罚，造成处罚上的不协调。

观点二：甲的行为成立诈骗罪的共犯。理由：

(1)被害人在将被骗款项汇入特定账户后，乙的最终目的是将被骗款项汇入自己的账户中。因此乙的整个诈骗流程实质上还没有彻底终了，也可以认为乙的诈骗行为没有既遂。

(2)甲在乙的诈骗没有实质性终了之前帮助乙转移赃款，应当成立诈骗罪的共犯。

不足：上游犯罪是否"实质性终了"的标准过于模糊，以此判断上游犯罪是否既遂，进而认定事后帮助者是否成立共犯会增加判断上的不确定性。如果乙是以取出赃款为目的，那么实质性终了的时点还要延后至取出钱款。

八十、国家工作人员谎报出差费用骗取公款的定性：贪污罪与诈骗罪

理论解读：国家工作人员谎报出差费用或者多报出差费用骗取公款的，如

---

① 参见张明楷：《掩饰、隐瞒犯罪所得罪与相关犯罪的关系》，载《中国刑事法杂志》2024年第4期，第105页。

何定性,存在贪污罪与诈骗罪两种观点。

观点一(通说及实务):成立贪污罪。① 理由:

(1)这种观点对贪污罪所要求的"利用职务上的便利"进行了扩大解释,甚至只要与行为人的职务、工作相关即可。

(2)由于我国《刑法》对贪污罪的处罚显著轻于诈骗罪,如果将该类行为认定为诈骗罪,会导致处罚过重。并且,该类案件确实与行为人的职务行为有一定的关联。

观点二(法考观点):成立诈骗罪。理由:

(1)对贪污罪所要求的"利用职务上的便利"进行了限制解释,认为只有国家工作人员能直接决定或直接管理的权利,才是职务上的便利。

(2)"出差报销"并不是国家工作人员职务权利,是否能"报销"还要经过多重审核。

(3)此外,我国《刑法》对贪污罪的处罚显著轻于其他财产犯罪(如盗窃罪、诈骗罪),这一立法规定本身就不合理,应该对贪污罪进行限制解释。

不足:

(1)过于缩小了贪污罪的范围,虽然更加精准地区分了"职务上的便利"与"非职务上的便利",但是,国家工作人员的职务权利范围存在一定的概括性、抽象性。

(2)即便本案中"报销发票"不是国家工作人员的直接职权,但至少与其"因公出差"也具有一定的关联,可以认为是利用职务上的便利。

案例:某国家机关干部徐某没有出差,却谎称自己出差开会,将子女外出旅游的收据向本单位报销差旅费,将该票据交其上级领导签字后,报销了"出差"费用3万元。

问题:徐某的行为如何认定?存在几种观点?请说明理由。

---

① 例如,贾智在担任白城市保平乡农业经营管理站站长期间,采取伪造领导签字将虚假票据入账核销、多开多报及个人差旅费入账核销之手段,侵吞公款人民币6403.52元,其行为已构成贪污罪。参见吉林省高级人民法院(2013)吉刑再终字第11号刑事判决书。

答案：

观点一：徐某没有利用职务上的便利，构成诈骗罪。理由：

(1)徐某并没有利用主管、管理公共财物的权力或职务，不属于利用职务上的便利骗取公共财物。

(2)徐某虚构自己出差开会的事实，提供虚假报销材料，使单位主管人员基于错误认识处分财产，徐某构成诈骗罪。

观点二：徐某利用职务上的便利，那么徐某构成贪污罪。理由：

徐某身为国家工作人员，出差报销差旅费与其职权有一定的关系，应认为利用了职务上的便利骗取公共财物，构成贪污罪。

八十一、受贿罪的犯罪既、未遂形态：收受他人赠予的且已经抵押的房产如何定性

理论解读：对于国家工作人员收受他人房产、银行卡，但没有办理过户手续的，一般也应认定为受贿罪的既遂。主要原因在于，理论与实务对于贿赂犯罪是从严打击的一个态势。不动产的权属原则上应以过户登记为准。但是，在行贿受贿案件中，受贿人为了规避法律的制裁，会选择实际占有房产而不办理过户手续，行贿者也有将房产交付受贿者的意思。在此意义上而言，行贿人与受贿人让渡房产的"合意"、受贿者实际占有房产，实际上已经对抗了行贿人还是房屋的"法律上的名义人"，即受贿人在实际控制房产，故应认定为受贿罪既遂。其实质还在于，"合意"+"实际占有"已经实际上优于行贿人"法律名义上的占有"，可以认定为受贿罪既遂。

存在争议的问题是：审判实践中，国家工作人员收受行贿人交付的需要支付按揭贷款的房产，没有办理过户手续的，如何认定？

观点一(法考观点)：构成受贿罪既遂。理由：

(1)行贿人已经将房屋的所有权让渡给了国家工作人员，行贿人已经事实上背负了银行的贷款，已经与受贿者事实上达成了承担债务(贷款按揭)的共识。

(2)受贿人事实上控制了该房屋，应将房屋整体认定为受贿所得。其他犯

罪(如财产犯罪)对财物的控制处于不确定的状态,也会认定为犯罪既遂。例如,盗窃他人有定位功能的汽车,只要控制了汽车,就应认定为犯罪既遂,即便被害人可能通过警察的力量找到并取回该车。

(3)受贿罪是侵犯国家工作人员职务行为的廉洁性的犯罪,利用职务上的便利收受并控制房产,也可以认为损害了职务行为的廉洁性而成立犯罪既遂。

(4)如果认定为未遂,不符合当前对国家工作人员受贿犯罪从严处罚的精神,也忽略了行为人事实上已经拥有房屋的客观事实。

观点二:构成受贿罪未遂。① 理由如下:

(1)受贿者并没有实际控制房屋,不能认定为犯罪既遂。

(2)虽然形式上受贿人控制了房屋,但是,房屋的抵押权人可能随时实现其抵押权。受贿者对房屋的控制处于不确定性的状态。

案例:国家工作人员徐某接受蒋某请托,收受了商人蒋某提供的一套住房,未办理过户手续。该房屋的市值1000万元,但系贷款购买,蒋某仅支付了300万元的首付款,二人约定,每月由蒋某负担按揭款。

问题:徐某收受房屋的行为应认定为犯罪既遂还是未遂,存在几种观点?请说明理由。

答案:

国家工作人员徐某接受蒋某请托而收受房屋的行为,构成受贿罪,对于该行为成立未遂或既遂存在以下两种观点:

观点一:徐某的行为成立受贿罪未遂。理由:

鉴于房屋带有贷款,客观上存在蒋某不按期偿还贷款的可能性,银行随时有权收回房屋,因此徐某对房屋的控制尚未完全实现,宜认定为受贿罪未遂。

---

① 近年来,实务上有部分案例持此观点。参见《于某岩受贿案——国家工作人员收受未还清银行抵押贷款房产的既未遂认定》,载最高人民法院刑事审判第一、二、三、四、五庭编:《刑事审判参考》(总第134辑),法律出版社2022年版。当行贿人向银行办理购房贷款并以涉案房产作抵押时,银行对尚未清偿贷款本金对应部分的房产价值一直享有优先主张的权利,一旦行贿人停止还贷,银行有权基于抵押权而要求对涉案房产折价、拍卖、变卖,且该权利优先于受贿人对房产的控制,受贿人只有帮助债务人偿还贷款才能继续保留房产,此时如果认定受贿人已经完全取得该房产对应的全部经济利益,则与客观事实完全矛盾。因此,在认定受贿数额时,应当尊重对应贷款未全部偿还之前,银行债权和抵押权会影响受贿人取得经济价值这一客观事实。最高人民法院同时指出,该种认定方式,也有利于追赃工作顺利进行。

观点二:徐某的行为成立受贿罪既遂。理由:

徐某收受了房屋后对房屋进行占有,即实现了客观上的控制,受贿行为已经完成。因此,应认定为犯罪既遂。

八十二、受贿金额的认定标准

理论解读:司法实践中,行贿人与受贿人之间就同一笔贿赂款项,可能会存在前、后多次反复送礼的现象。例如,毛毛将100万元送给徐市长,徐市长退回给毛毛,之后毛毛又送给徐市长,反复多次。如何认定其犯罪金额。从形式上看,只要行贿完成即构成犯罪既遂,即使事后退回,也不成立犯罪中止或扣减犯罪数额,反复多次行贿的,应该多次累计计算犯罪数额。从实质上看,仅就一笔款项反复行贿的,不宜重复计算犯罪数额,否则,就会导致处罚过重。

案例:陈某被采取强制措施后,陈某的母亲洪某向财政局局长吕某请托,并答应事成后给予100万元的报酬。吕某向公安局局长覃某请托,覃某心想吕某肯定收受了陈某亲属的贿赂或者准备接受贿赂,于是以陈某不清楚事实为由作无罪处理,陈某解除强制措施后,洪某交给吕某存有100万元的银行卡。三个月以来,吕某使用该银行卡消费了60万元,担心长期使用洪某名下的银行卡会引起怀疑,遂将该银行卡还给洪某。洪某觉得吕某在此事上帮了大忙,报酬不能太少,于是将剩下的40万元现金取出,又送给吕某,吕某收下。

问题:吕某犯罪数额是多少?

答案:

首先,斡旋受贿是指国家工作人员利用本人职权或者地位形成的便利条件,通过其他国家工作人员职务上的行为,为请托人谋取不正当利益,索取请托人财物或者收受请托人财物的行为。在本案中,吕某身为财政局局长,通过覃某为洪某谋取不正当利益,成立受贿罪(斡旋受贿)。

其次,受贿数额应以"权钱交易"当时的数额为准,即应以获得该财产性利益当时的价值计算受贿金额。在本案中,洪某第一次行贿时交付给吕某100万元的银行卡。因此,受贿数额应以100万元计算。

再次,吕某将存有40万元的银行卡退还给洪某的行为,不影响受贿100万元的金额计算。吕某是担心暴露而将 40 万元的银行卡退回,吕某的退还行为并不影响之前受贿的金额。

最后,吕某后续收受 40 万元现金的行为,不应当作为新的受贿行为进行累加计算。① 如果受贿人两次收受财物的行为都是因为同一请托事项,并且退回的财物与后来收受的财物之间具有同一性,则说明后一次的收受不能够成立新的受贿行为,不需要将前、后两次受贿金额进行相加计算。②

八十三、如何理解行贿人在"被追诉前"主动交代:立案前与提起公诉前

理论解读:《刑法》第 390 条(行贿罪)规定:行贿人在被追诉前主动交代行贿行为的,可以从轻或者减轻处罚。其中,犯罪较轻的,对调查突破,侦破重大案件起关键作用的,或者有重大立功表现的,可以减轻或者免除处罚。如何理解这一规定中的"被追诉前",存在不同的观点。有的认为是立案前,有的认为是提起公诉前。不同的观点,对于行贿人是否属于在被追诉前主动交代的认定上差异,进而可能会导致对行贿人从宽处罚的差异。

案例:司法机关发现徐某曾给领导蒋某行贿 20 万元,徐某所在地的监察委对徐某行贿进行立案,并于当日对徐某进行传唤,徐某到案后如实供述其行贿犯罪事实。

问题:徐某的行为是否属于"在被追诉前主动交代行贿行为"? 可能存在几种观点? 请说明理由。

答案:

观点一:徐某不属于在被追诉前主动交代行贿行为。理由:

监察委已经掌握徐某行贿且已经对其行贿行为立案的情况下,徐某接受调查时供述行贿的事实,不属于"在被追诉前主动交代行贿行为",该观点体现

---

① 参见张明楷:《刑法学》(第六版),法律出版社 2021 年版,第 1610 页。
② 理论上也有不同观点,认为既然第一次收受 100 万元银行卡的行为已经构成受贿罪的既遂,那么后续收受 40 万元现金的行为就应当属于新的受贿行为。因此,这种观点认为受贿金额应当叠加计算,为 140 万元。

了对行贿者从严处罚的精神。(该观点为通说观点,并得到司法解释的支持)①

观点二:徐某属于在被追诉前主动交代行贿行为。理由:

行贿与受贿是对向关系,在通常情况下,如果不掌握行贿犯罪事实,就不可能完全查清受贿事实。行贿人在立案后的交代对于受贿罪的认定起到十分重要的作用,因此,没有必要将"被追诉前"限定为立案前。本案中,徐某在被立案后、检察机关提起公诉前主动交代行贿行为,属于在被追诉前主动交代行贿行为。②

八十四、受贿罪的既遂标准

理论解读:受贿罪的对象是财物,但不同于普通的财产犯罪,受贿案件中,国家工作人员收受贿赂时,会采取一些规避法律制裁、规避查处的手段,但又事实上占有、控制着财物。例如,收受他人房产、汽车后,通常并不办理过户手续,但事实上已经占有、支配该财物。或者,受贿人收受行贿人的银行卡,卡的名义人仍然是行贿人。这些情形,司法解释已经明确承认属于犯罪既遂。但是,实务中的情况有些更为复杂,需要进一步判断。究竟能否认定为犯罪既遂,在一定程度上也取决于当前的刑事政策,如果对于行贿、受贿犯罪实行更为严厉的政策,则会扩张既遂的成立范围。反之,则会认定为未遂。

案例:甲向国家工作人员乙行贿100万元,将随取随用的银行卡(户名为甲)交给乙,乙收下。次日,为了帮助银行朋友完成业绩,甲通过网上银行,将银行卡内的100万元资金转为定期,需要甲领身份证才能使用。案发时,定期存款未到期。国家工作人员乙是否成立受贿罪未遂?

答案:

观点一(法考观点):成立受贿罪的既遂。理由:

(1)收受银行卡型的受贿罪,既、未遂的判断标准在于行为人是否可以实

---

① 《最高人民法院、最高人民检察院关于办理行贿刑事案件具体应用法律若干问题的解释》第13条:"刑法第三百九十条第二款规定的'被追诉前',是指检察机关对行贿人的行贿行为刑事立案前。"

② 张明楷:《刑法学》(第六版),法律出版社2021年版,第1623页。

际支配该卡内的余额。虽然银行卡的"名义人"是行贿人,但受贿人(国家工作人员)的职权决定了其对银行卡有实质上的掌握权。因此,成立受贿罪既遂。

(2)当受贿人收受了该银行卡时,就已经成立犯罪既遂。后续行贿人将卡内资金冻结、转移的,不影响犯罪既遂的成立。①

(3)行贿人交付随取随用的银行卡时,已经完成了"权钱交易",受贿罪要保护的法益已经受到了侵害。

观点二:成立受贿罪的未遂。理由:

(1)银行卡的交付并不意味着卡内资金实现了彻底的转让,只是根据受贿人手中拥有职权这一筹码,推断出行贿人通常不会再动用自己作为银行卡登记人冻结、挂失、转移的权利。换而言之,认定受贿人拿到银行卡时受贿行为就已经既遂是一种法律拟制的完成,受贿者并不必然取得卡内的存款。

(2)如果行贿人交付银行卡给受贿人之后,又冻结卡内现金或更改密码的,就说明卡内资金没有转移完成,受贿人因为意志以外的原因不能取得财物,属于犯罪未遂。②

八十五、行贿罪与受贿罪的关系

理论解读:对于行贿罪与受贿罪,通说一般认为二者属于对向犯的关系,也就是说,如果行贿罪不能成立,一般而言受贿罪也无法成立。但是理论上有观点提出,在部分情况下,应当将行贿罪与受贿罪视为各自独立的犯罪,即使行贿罪(受贿罪)不成立,与之相对的受贿罪(行贿罪)也能够独立成罪。③

案例:国家工作人员甲向乙索要大量贿赂,但被乙拒绝。对甲的行为如何认定?

答案:

观点一:甲的行为不构成犯罪。理由:

---

① 参见曲新久:《收受银行卡受贿罪既未遂的具体认定及内在逻辑》,载《人民司法》2022 年第 19 期,第 16 页。

② 参见段凰:《银行卡受贿犯罪既未遂的司法认定》,载《人民司法》2022 年第 19 期,第 4 页。

③ 参见张明楷:《行贿罪与受贿罪的关系》,载《环球法律评论》2024 年第 5 期,第 22 页。

(1)受贿罪与行贿罪之间是对向犯的关系,只有行贿罪成立,受贿罪才能成立。

(2)国家工作人员甲虽然向乙索要大量贿赂,但被乙拒绝。乙没有行贿行为,亦没有行贿意图,不构成行贿罪。

(3)没有收受贿赂、也未能实现"权钱交易"的行为,如果被认定为受贿罪,易扩大受贿罪的处罚范围。

观点二:甲的行为成立受贿罪。理由:

(1)受贿罪与行贿罪是各自独立的犯罪,即使行贿罪不成立,受贿罪也可以成立。《刑法》第385条第1款规定:"国家工作人员利用职务上的便利,索取他人财物的,或者非法收受他人财物,为他人谋取利益的,是受贿罪。"因此,只要国家工作人员索取他人财物,就应当成立受贿罪。

(2)甲已经主动向乙索要贿赂,即使乙不成立行贿罪,也不影响甲成立受贿罪。

(3)甲的行为已经侵犯了国家工作人员职务行为的廉洁性,不作为犯罪处理会不利于打击受贿行为。

八十六、渎职罪与财产类犯罪存在竞合时的法律适用:特别法优先还是重法优先

理论解读: 国家机关工作人员实施渎职犯罪时,亦可能造成公共财产的损失或人员伤亡,行为人对此也可能是明知的心态,对于这一行为,究竟是以渎职罪论处,还是以涉财产类犯罪等(财产犯罪、贪污罪、故意杀人罪等)论处,可能存在争议。既往实务及理论的多数观点认为,渎职罪本身已经能够包容特定的严重后果,仅认定为渎职罪即可。这种观点在一定程度上是容忍国家机关工作人员履职过程中的过错,如果以其他竞合的重罪论处,可能会导致处罚过重。但现今不少学者认为,可以考虑以其他罪论处,应强调渎职罪与其他罪的竞合。

案例: 省渔政总队验船师郑某(国家机关工作人员),明知有8艘渔船存在套用船号等问题,按规定应注销,却为船主办理船检证书,船主领取国家柴油补贴640万元。

问题：郑某行为构成何罪？可以谈不同观点。

观点一(实务观点)：郑某构成滥用职权罪。

(1)因为郑某实施了滥用职权行为,且造成了严重后果。渎职行为本身造成的财产损失已经在渎职罪(滥用职权罪)中进行了评价,不宜再认定为其他犯罪。

换言之,如果没有该财产损失,就不可能认定为滥用职权罪,财产损失是成立滥用职权罪的当然内容。

(2)立法对其滥用职权罪规定相对较轻的法定刑,也是希望该类犯罪能够特别从宽,以适度容忍履职过程中的过错。该类渎职过程中所造成的后果的危害性相对单纯的贪污罪、故意杀人罪等,主观罪过相对较小,仅认定为滥用职权罪即可。

观点二(法考观点)：郑某的行为既构成滥用职权罪,也构诈骗罪,应以诈骗罪这一重罪论处。

(1)郑某明知其行为会造成公共财产损失,即明知船主在骗取国家补贴,仍然利用其职务上的便利帮助船主,二人成立诈骗罪的共犯。

(2)行为确实触犯了两个罪名,如果仅认定为滥用职权罪,可能会导致处罚过轻,应以诈骗罪论处。

第三部分
模拟案例

案例(一)

案情

徐某作为县畜牧水产局党组书记、局长,明知陈某不符合生猪养殖的条件,但是其仍批准了陈某的养殖场手续。后徐某为陈某的种猪养殖场量身定制了一项良种引进补贴,并指导陈某"按图施工",陈某的养殖场成功申请到40万元的补贴。(事实一)

陈某采用新的技术养猪后,首月用电量是以往的十倍(以往2万元左右,增至20万元)。在电力公司人员即将按电表收取电费时,陈某产生少缴电费的念头,使用不法手段将电表显示数调到以往电费的数额,使收费人员误以为陈某没有多用电,从而免除行为人多用的18万元电费缴纳义务,仅交了2万元的电费。(事实二)

某日,陈某在某网红餐馆吃饭时,旁边顾客李某取餐时将手机放在餐桌上。在李某取餐过程中服务员问该手机是谁的,陈某谎称是自己的,然后服务员将手机交给陈某,陈某拿着手机便离开。(事实三)

陈某出门后慌张驾驶车辆快速离开,但是一不小心将巷子中的郑某撞成重伤,尚未达到交通肇事罪的标准。陈某为了逃避法律追究,驾车逃走,导致郑某因未得到及时救助而死亡。(事实四)

某日,陈某在路上闲逛时,偶遇仇人蒋某,陈某遂决定教训一下蒋某,便捡起地上的砖头朝蒋某腿部砸去。蒋某见状跳入旁边的河中。陈某见蒋某在水中挣扎,在未确认蒋某是否会游泳的情况下离开现场。后蒋某因不会游泳,溺死在河中。(事实五)

蒋某的妻子赵某欲报复陈某,便与孙某共谋伤害陈某。孙某与赵某同时

使用凶器攻击陈某,但孙某在对陈某实施暴力时,因为打击错误导致赵某身受重伤,陈某趁机逃离。(事实六)

某日,陈某的仇人章某为杀害陈某,来到陈某家给陈某注射了一剂毒药便离开。此时,赵某也找到陈某,见陈某躺在地上,便对陈某实施殴打。陈某由于先前中毒而无力逃避赵某的暴力,被赵某殴打致死。(事实七)

问题1:事实一中,徐某行为的认定,主要有两种观点:第一种观点认为,徐某成立滥用职权罪;第二种观点认为,徐某既构成滥用职权罪,也构成贪污罪,应以贪污罪这一重罪论处。请说明两种观点的理由和不足(如果认为有)。

问题2:事实二中,陈某行为的认定?主要有两种观点:第一种观点认为,陈某成立诈骗罪;第二种观点认为,陈某成立盗窃罪。请说明两种观点的理由和不足(如果认为有)。

问题3:事实三中,陈某行为的认定,主要有两种观点:第一种观点认为,陈某成立诈骗罪;第二种观点认为,陈某成立盗窃罪。请说明两种观点的理由和不足(如果认为有)。

问题4:事实四中,陈某行为的认定,主要有两种观点:第一种观点认为,陈某应当成立交通肇事因逃逸致人死亡;第二种观点认为,陈某仅成立交通肇事罪。请说明两种观点的理由和不足(如果认为有)。

问题5:事实五中,陈某行为的认定,主要有两种观点:第一种观点认为,陈某成立故意伤害(致人死亡)罪;第二种观点认为,陈某不成立故意伤害(致人死亡)罪。请说明两种观点的理由和不足(如果认为有)。

问题6:事实六中,孙某造成赵某重伤行为的认定,主要有两种观点:第一种观点认为,孙某的行为无罪;第二种观点认为,孙某的行为成立故意伤害罪。请说明两种观点的理由和不足(如果认为有)。

问题7:事实七中,章某的行为与陈某死亡结果之间是否存在因果关系?请说明两种观点的理由和不足(如果认为有)。

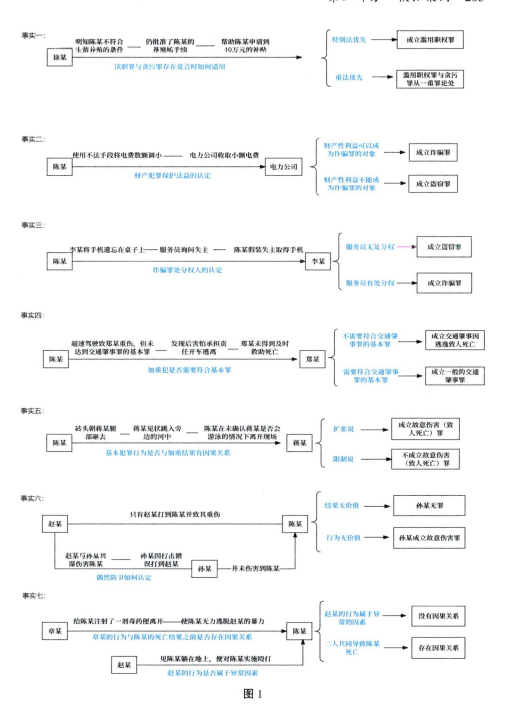

图 1

问题 1：事实一中，徐某行为的认定，主要有两种观点：第一种观点认为，徐某仅成立滥用职权罪；第二种观点认为，徐某既构成滥用职权罪，也构成贪污罪，应以贪污罪这一重罪论处。请说明两种观点的理由和不足（如果认为有）。

【考点提示】渎职罪与财产类犯罪（或贪污罪）存在竞合时的法律适用：特别法优先还是重法优先

答案：

首先，徐某作为县畜牧水产局党组书记、局长，应当<u>负有对生猪养殖条件进行评估的义务</u>（0.5 分）。而徐某在明知陈某不符合生猪养殖的条件的情况下依然批准了陈某的养殖场手续。因此，徐某的行为属于滥用职权的行为。

其次，徐某作为国家工作人员，明知其行为会造成公共财产损失，仍然<u>利用其职务上的便利</u>（0.5 分）帮助陈某，还为陈某的种猪养殖场量身定制了一项良种引进补贴，并指导陈某"按图施工"。因此，徐某与陈某应成立<u>贪污罪的共犯</u>（0.5 分）。

最后，关于滥用职权罪与贪污罪之间的关系，存在如下不同观点：

（1）一种观点（特别法优先）认为，徐某应以<u>滥用职权罪论处</u>（1 分）。

以滥用职权罪论处的理由： 这种观点认为，由于渎职行为本身造成的财产损失<u>已经在渎职罪（滥用职权罪）中进行了评价</u>（0.5 分），因此不宜再认定为其他犯罪。

因此，徐某的行为应以滥用职权罪论处。

不足：

这种观点的不足之处在于，徐某的行为确实触犯了两个罪名，如果<u>仅认定为滥用职权罪，可能会导致处罚过轻</u>（0.5 分），应以贪污罪（或诈骗罪）论处。

（2）另一种观点（重法优先）认为，徐某的行为既构成滥用职权罪，也构成贪污罪，应以<u>贪污罪</u>这一重罪论处（1 分）。

以贪污罪论处的理由： 这种观点认为，徐某实施了<u>一个行为触犯数个罪名</u>（0.5 分），应当按照想象竞合犯的原理，择一重罪处罚，这样才能<u>实现罪刑相适应的基本原则</u>（0.5 分）。本案中，徐某同时触犯滥用职权罪与贪污罪，应以贪污罪这一重罪论处。

不足:这种观点的不足之处在于,行为人在渎职过程中所造成的财产损失等严重后果,已经在渎职罪(滥用职权罪)中进行评价,该类渎职罪所造成的后果的危害性相对单纯的贪污罪、故意杀人罪等,主观罪过相对较小,仅认定为滥用职权罪即可(0.5分)。立法对滥用职权罪规定更轻的法定刑,也是希望该类犯罪能够特别从宽,以适度容忍实施职务行为中的过错(0.5分)。

问题2:事实二中,陈某行为的认定,主要有两种观点:第一种观点认为,陈某成立诈骗罪;第二种观点认为,陈某成立盗窃罪。请说明两种观点的理由和不足(如果认为有)。

【考点提示】"窃电"的行为定性

答案:

(1)一种观点(现今法考观点)认为,陈某成立诈骗罪。(1分)

陈某成立诈骗罪的理由:因为在这种场合,电力公司本有20万元的电费请求权(债权),由于行为人的欺骗行为,仅收了2万元。陈某骗取的不是电力本身(0.5分),而是对方的电费请求权这一财产性的利益(0.5分)。

不足:

将"财产性利益"(电费请求权)纳入诈骗罪的保护范围,过于扩张了财产的范围,进而导致入罪范围过于扩张。(0.5分)

普通财产(看得见、摸得着)被侵犯后,权利人事实上无法实现对财物的支配,如手表被盗后,权利人对手表的控制就处于完全失控的状态。

而对于财产性利益,即使行为人以消灭财产性利益为目的而对被害人使用暴力,但财产性利益本质上是一种债权债务关系,行为人对其实施抢劫、诈骗等行为,并不能从根本上消灭这一债权债务关系(法律关系),被害人还有着充分的法律救济渠道。(0.5分)

(2)另一种观点(实务观点,既往法考观点)认为,陈某成立盗窃罪。(1分)

陈某成立盗窃罪的理由:该观点认为"电力请求权"(或债权)不能成为诈骗罪的对象(0.5分),陈某系秘密窃取了电力,被害人并不知情,应成立盗窃罪。

不足:

这种观点,将上述情形与行为人为了不缴或者少缴电费,事先采用不法手段,使电表停止运行的情形等同处理。但两种类型的行为性质并不相同(0.5分)。后者,所窃取的是电力本身(0.5分),而不是财产性利益,其行为也符合盗窃罪的构成要件。但前者,行为人事先没有窃电的意图,而是正常用电。事后骗取的也不是电力,而是对方的电费请求权这一财产性利益(0.5分)。二者是不宜混淆的。①

问题3:事实三中,陈某行为的认定,主要有两种观点:第一种观点认为,陈某成立诈骗罪;第二种观点认为,陈某成立盗窃罪。请说明两种观点的理由和不足(如果认为有)。

【考点提示】诈骗罪处分权人的认定

答案:

(1)一种观点认为,陈某成立盗窃罪(1分)。

陈某成立盗窃罪的理由:服务员对李某的手机不具有处分权(0.5分),李某只是在取餐时暂时将手机放在餐桌,且李某仍在饭店内,与手机位置距离不远,故手机仍由李某占有,服务员至多是辅助占有者(0.5分),不具有处分权。陈某趁李某取餐时,在李某不知情的情况下从服务员手中拿走李某的手机,成立盗窃罪。

不足:

不能将财产的处分权限定为所有权人(0.5分),当前社会财产关系异常复杂,财物的占有人与所有权人通常是分离的,犯罪分子在诈骗他人财物的时候,根本无法判断财物的占有人是否为财物的所有权人,据此,只要占有财产的人均有处分权。再者,"处分"也并非要求处分所有权,处分"占有"即可,所以,只要占有财产的人,就有处分权。

即使认为本案中的服务员对手机只是"辅助占有者",但这种"占有"仍然是值得刑法所保护的,陈某通过欺骗手段,骗取服务员以破坏这种占有关系,成立诈骗罪。

---

① 参见张明楷:《财产性利益是诈骗罪的对象》,载《法律科学(西北政法大学学报)》2005年第3期,第72页。

(2)另一种观点认为,陈某成立诈骗罪(1分)。理由:

陈某成立诈骗罪的理由: 该种观点认为,在李某将手机放在餐桌时,手机转由饭店的管理者(服务员)占有,服务员对该手机具有处分权(0.5分)。陈某向服务员谎称手机是自己的,导致服务员基于错误认识而处分手机(0.5分),陈某成立诈骗罪。①

不足:

此种观点过度扩大了财产处分权的范围(0.5分),李某在取餐时并未离开饭店,此时所有权与处分权并未转移,应当认定服务员不具有处分权。

问题4:事实四中,陈某行为的认定,主要有两种观点:第一种观点认为,陈某应当成立交通肇事因逃逸致人死亡。第二种观点认为,陈某仅成立交通肇事罪。请说明两种观点的理由和不足(如果认为有)。

【考点提示】交通肇事因逃逸致人死亡是否需要前行为构成交通肇事罪

答案:

(1)一种观点认为,陈某成立交通肇事因逃逸致人死亡。(1分)如果认为认定"交通肇事因逃逸致人死亡",不需要逃逸之前的交通肇事行为符合交通肇事罪的基本罪。(0.5分)本案中,陈某交通肇事后逃逸,并因此导致郑某死亡,就成立交通肇事因逃逸致人死亡。

不足:《刑法》条文中明文规定,交通肇事因逃逸致人死亡以"交通运输肇事后逃逸"为前提。②(0.5分)因此,若前行为不成立交通肇事罪,那么便没有成立"逃逸"这一加重犯的可能。即,当前行为没有达到基本罪的要件,就不能在此基础上评价为加重犯,否则极易造成刑罚的扩大化,可能会违反罪刑法定

---

① 张明楷教授支持前一种观点,对于明显属于他人管理的财物,即使他人短暂遗忘或者短暂离开,但只要财物处于他人支配力所能涉及的范围,或者说只要他人可以没有障碍地取回财物,也应认定为他人占有该财物。例如,甲在餐馆就餐时,将提包放在座位上,付款时忘记拿提包,或者离店时忘了拿提包,但只要时间比较短暂,就仍应认定甲仍然占有着自己的提包。再如,乙在售楼处与售楼员商谈购房事宜后,一时忘了拿走提包,但只要离开的时间不长,就应认定乙仍然占有自己的提包。回到本案,蔡某只是在试衣服时,暂时将钱包"遗忘"在收银台,且蔡某仍在商场内,与钱包位置距离不远,应当认定,蔡某仍占有钱包。参见张明楷:《刑法学》(第六版),法律出版社2021年版,第1232页。

② 《刑法》第133条(交通肇事罪)规定:"交通运输肇事后逃逸或者有其他特别恶劣情节的,处三年以上七年以下有期徒刑;因逃逸致人死亡的,处七年以上有期徒刑。"

原则。(0.5分)

(2)另一种观点认为,陈某仅成立交通肇事罪。(1分)如果认为认定"交通肇事因逃逸致人死亡",需要逃逸之前的交通肇事行为符合交通肇事罪的基本罪(0.5分),本案中,陈某逃逸之前的行为未达交通肇事罪的标准,之后逃逸进而导致郑某死亡的行为,不成立"交通肇事因逃逸致人死亡"的加重犯。① 因此,甲只成立一般的交通肇事罪。

不足:从形式上维护了加重犯的要件,认为必须同时充足基本罪与加重结果才能成立加重犯。但这种观点较为形式、机械地理解了结果加重犯。(0.5分)实践中,大量的结果加重犯也未要求必须充足基本犯,例如,基于伤害的故意而造成被害人的死亡结果的,就可以成立故意伤害(致人死亡)罪这一结果加重犯,也未必要求、无法要求该伤害行为本身具有造成"轻伤"的结果的。

并且,这种观点也违反了罪刑相适应原则(0.5分),对于行为人肇事造成被害人轻伤或重伤后逃逸,导致被害人得不到及时救助而死亡,危害性并不存在本质的差异,将对于造成轻伤(或未达到交通肇事罪的标准的行为)而逃逸导致被害人死亡的,不认定为交通肇事因逃逸致人死亡,并不合理。

问题5:事实五中,陈某行为的认定,主要有两种观点:第一种观点认为,陈某成立故意伤害(致人死亡)罪;第二种观点认为,陈某不成立故意伤害(致人死亡)罪。请说明两种观点的理由和不足(如果认为有)。

【考点提示】结果加重犯之基本犯罪行为与加重结果的因果关系判断:扩张说与限制说

答案:

对于陈某意图伤害蒋某,致使其主动落水身亡的定性,可能存在如下观点:

(1)一种观点(扩张说)认为,陈某的行为构成故意伤害(致人死亡)罪(1分)。

成立故意伤害(致人死亡)罪的理由:这种观点认为,结果加重犯是强调基本犯罪行为具有造成加重结果的高度可能性(0.5分),行为人还实施该基本犯

---

① 参见张明楷:《刑法学》(第六版),法律出版社2021年版,第928页。

罪行为,当然需要对该加重结果负责。

即便行为本身不具有造成加重结果的可能,如果行为所处的情境决定了行为具有加重结果的可能,行为人主观上亦对此有认识,说明其主观恶性较大(0.5分),应以结果加重犯论处。

在本案中,首先,陈某用砖头砸向蒋某的行为导致蒋某跳入水中,是正常的介入因素,不中断因果关系,陈某应对蒋某跳水负责(0.5分)。

其次,陈某虽然不确定蒋某是否会游泳,但至少主观上对蒋某当时溺水有预见的可能性,具有过失,应对蒋某的死亡结果负责,认定为故意伤害(致人死亡)罪这一结果加重犯(0.5分)。

不足:

这种观点的不足之处在于,我国《刑法》对结果加重犯所规定的法定刑过重,过于扩张其成立犯罪会导致处罚畸重(0.5分)。并且,脱离行为本身的属性而以行为所处的时空环境来判断行为是否具有造成加重结果的高度可能性,会存在判断上的不准确性。这样也会导致,因为所处的情境不同,在认定结果加重犯这一问题上,相同的行为,出现截然相反的结论(0.5分)。

(2)另一种观点(限制说)认为,陈某不构成故意伤害(致人死亡)罪(1分)。

不构成故意伤害(致人死亡)罪的理由: 这种观点认为,只有"基本犯罪行为本身"具有造成加重结果的可能时,才能认定结果加重犯(0.5分)。

在本案中,陈某用砖头砸被害人的腿这一行为本身并不具有致人死亡的高度危险性,因此,不宜认定为结果加重犯(0.5分)。

不足: 这种观点的不足之处在于,将结果加重犯中的基本行为与加重结果之间的因果关系限定为直接因果关系,过分限缩了结果加重犯的因果关系范围(0.5分)。本案中,在当时的情况下,蒋某为躲避陈某的侵害跳入湖中,这一行为作为逃脱方法而言,不能认为是显著的不自然、不相当的。如果陈某不需要对蒋某的死亡结果负责,会造成显著的罪责不相符(0.5分)。①

---

① 参见徐岱:《论结果加重犯的因果关系——基于刑法理论与司法实践关系的反省》,载《法律科学(西北政法大学学报)》2018年第2期,第75页。

问题 6：事实六中，孙某造成赵某重伤行为的认定，主要有两种观点：第一种观点认为，孙某的行为无罪；第二种观点认为，孙某的行为成立故意伤害罪。请说明两种观点的理由和不足（如果认为有）。

【考点提示】 偶然防卫的认定

答案：

孙某因打击错误导致赵某身受重伤，偶然地保护了陈某，成立偶然防卫。关于偶然防卫，存在两种观点：

（1）一种观点认为，孙某的行为无罪，是正当防卫（1分）。

孙某无罪的理由： 结果无价值论认为，孙某虽然打中赵某，导致赵某重伤，但该结果在客观上被法律所允许（0.5分），而且事实上保护了另一种法益（0.5分），使陈某免受侵害，构成正当防卫。

不足：

包括刑法在内的法律是一种行为规范（0.5分），孙某的行为虽然没有最终造成法益侵害的结果，但是从规范行为的角度看，有必要将其作为犯罪处理。类似行为如果重复上演，是有可能造成严重危害结果的（0.5分）。并且，规范行为的终极目的是保护法益不受侵害，保护法益也需要从规范行为做起（0.5分）。

（2）另一种观点认为，孙某的行为成立故意伤害罪（1分）。

孙某成立故意伤害罪的理由： 行为无价值论认为，孙某客观上有伤害的行为（0.5分），主观上有伤害的故意（0.5分），应承担故意伤害罪的刑事责任。即便行为在客观上是保护了陈某，客观上是刑法所允许的，也应认定为犯罪。

不足：

这种观点，虽然一定程度上体现了刑法的社会防卫思想（0.5分），但过度地扩张了刑法的适用对象。在行为本身没有造成具体法益侵害，或者"此次"行为不具有侵害法益的客观危险性的情况下，甚至保护了法益（陈某），仅以规范行为为理由就入罪，容易导致主观归罪（0.5分）。

【提示】本题还可以从行为属于打击错误回答，在此视角下，又可以区分具体符合说与法定符合说。

问题 7：事实七中，章某的行为与陈某死亡结果之间是否存在因果关系？请说明两种观点的理由和不足（如果认为有）。

【考点提示】因果关系判断中介入因素的认定

答案：

(1) 一种观点认为，章某的行为与陈某的死亡结果之间没有因果关系(1分)。

没有因果关系的理由：赵某的行为是异常的因素(0.5分)，中断了前行为章某与被害人死亡结果之间的因果关系。因果关系必须回溯禁止(0.5分)，在判断因果关系时，不得追溯至前行为人的行为，章某的行为与被害人的死亡结果没有因果关系。①

不足：

此种观点评价得并不周全(0.5分)，因为即便是章某的行为被异常因素介入，但毕竟陈某是由于先前中毒而无力逃避赵某的暴力，导致陈某的死亡。在评价因果关系时不能完全不考虑章某的行为。②

(2) 另一种观点认为，章某的行为与陈某的死亡结果存在因果关系，属于二重的因果关系。(1分)

存在因果关系的理由：本案中，章某和赵某没有意思联络(0.5分)，各自实施对陈某的投毒和伤害行为，具有法益侵害可能性，造成了现实紧迫、直接的危险(0.5分)，且二行为单独都足以导致陈某死亡结果发生，二行为竞合在一起同时发生作用，共同导致了危害结果的发生，与陈某死亡结果都具有因果关系，属于二重的因果关系(0.5分)。

不足：

此种观点过度扩大了因果关系的认定范围，不符合刑法谦抑性原则(0.5分)。章某下毒后，是赵某的殴打行为是异常的因素，其直接致陈某死亡，章某的行为与被害人死亡结果之间的因果关系应当因此中断。

---

① 参见张明楷：《刑法学》（第六版），法律出版社2021年版，第239页。
② 参见〔德〕乌尔斯·金德霍伊泽尔：《刑法总论教科书》（第六版），蔡桂生译，北京大学出版社2015年版，第84-85页。

案例(二)

案情

徐某使用同城"跑腿"软件(借用蒋某的用户账号)下单了一个新款手机,用徐某自己的银行卡付了款,留的是自己的号码。手机卖家核实信息时,按照徐某下单的用户账号预留信息打电话给了蒋某,蒋某骗商家说手机是他买的,并告知商家更改收货地址,最终手机送至蒋某的地址。(事实一)

徐某得知此事后便购买了假警服和假警官证,冒充警察到蒋某家欺骗蒋某,称蒋某骗取他人手机后银行账户即将被冻结,需要将银行资金转移到"安全账户"。蒋某见徐某是警察,同时出于紧张,便将自己银行卡上的270余万元转移到徐某指定的"安全账户"上。徐某得款后潜逃。(事实二)

徐某在潜逃过程中伪装为成功人士,进入某品牌西服店选购西服。店员推荐两款略有差别的西服,便宜的1000元,贵的为设计师联名款2万元。徐某假装要买1000元的西服,却趁店员不注意将两款西服的吊牌调换。店员结账时并未仔细检查,便在徐某支付1000元后,将2万元的西服交给了徐某。(事实三)

徐某出门后,便想要盗窃一辆汽车回家。徐某窃取刘某汽车时被发现,驾驶刘某的汽车逃跑,刘某乘出租车追赶。途遇路人王某过马路,徐某也未减速,为了顺利逃跑而将王某撞成重伤。(事实四)

某日,徐某与邻居郑某发生矛盾,徐某欲将郑某杀死,便趁郑某乘凉期间在郑某的茶杯中投放了足以致死量的毒药。徐某在投毒的过程中被钱某发现,钱某也要杀郑某,欲在茶杯中投放毒性更强的毒药,徐某表示同意(钱某投毒性更强的毒药)。最终,两种毒剂因"中和"而失去毒性,郑某喝下后没有死。(事实五)

投毒后,徐某以打电话为由借用钱某的手机,钱某将手机交给徐某便去上厕所,徐某打完电话后登录钱某的微信,将钱某微信上绑定的信用卡中的10万元转走。(事实六)

徐某关闭钱某微信后,便打开钱某的支付宝,发现钱某支付宝中的"蚂蚁

花呗"上有6000元的额度,便偷偷在"蚂蚁花呗"上贷款6000元后将该款转入自己的支付宝使用。(事实七)

问题1:事实一中,蒋某行为的认定,主要有两种观点:第一种观点认为,蒋某成立诈骗罪;第二种观点认为,蒋某成立盗窃罪。请说明两种观点的理由和不足(如果认为有)。

问题2:事实二中,徐某行为的认定,主要有两种观点:第一种观点认为,徐某成立招摇撞骗罪;第二种观点认为,徐某成立诈骗罪。请说明两种观点的理由和不足(如果认为有)。

问题3:事实三中,徐某行为的认定,主要有两种观点:第一种观点认为,徐某成立诈骗罪;第二种观点认为,徐某成立盗窃罪。请说明两种观点的理由和不足(如果认为有)。

问题4:事实四中,徐某行为的认定,主要有两种观点:第一种观点认为,徐某应当成立事后抢劫(转化型抢劫)。第二种观点认为,徐某不成立事后抢劫。请说明两种观点的理由和不足(如果认为有)。

问题5:事实五中,徐某行为的认定,主要有两种观点:第一种观点认为,徐某成立故意杀人罪未遂;第二种观点认为,徐某不成立犯罪。请说明两种观点的理由和不足(如果认为有)。

问题6:事实六中,徐某行为的认定,主要有两种观点:第一种观点认为,徐某的行为成立盗窃罪;第二种观点认为,徐某的行为成立信用卡诈骗罪。请说明两种观点的理由和不足(如果认为有)。

问题7:事实七中,徐某行为的认定,主要有两种观点:第一种观点认为,徐某的行为因为未达贷款诈骗罪的立案标准而不构成犯罪;第二种观点认为,徐某的行为成立诈骗罪。请仅就上述两种观点说明其理由和不足(如果认为有)。

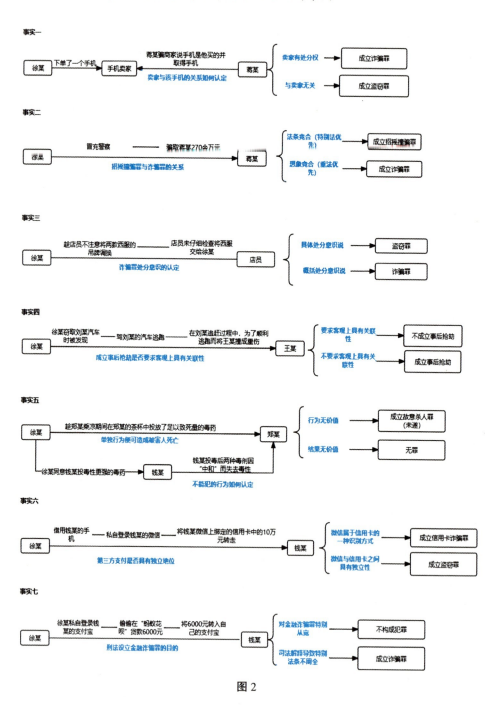

图 2

问题1:事实一中,蒋某行为的认定,主要有两种观点:第一种观点认为,蒋某成立诈骗罪;第二种观点认为,蒋某成立盗窃罪。请说明两种观点的理由和不足(如果认为有)。

【考点提示】"特殊的三角诈骗"与盗窃罪的认定

答案:

(1)一种观点,蒋某的行为成立诈骗罪(1分)。

蒋某成立诈骗罪的理由: 蒋某的行为对商家构成诈骗,欺骗了卖家。卖家对该财物当然具有处分权(0.5分),而且,卖家对于将财产(手机)转移给蒋某是知情的(0.5分),可以认为是处分了财产。

这是一种特殊的三角诈骗,该案中,蒋某虽然欺骗了商家,商家处分了自己占有的手机,但由于商家的做法并不存在过错(应账户人的申请修改地址),最终损失由徐某承担。

不足:

此种观点会扩大诈骗罪要求的欺骗行为的范围(0.5分),因为徐某是购买手机的合同主体,对于卖家来说,蒋某修改收货信息的行为并非实施欺骗(0.5分),故构成诈骗罪的认定也存在疑问。

(2)另一种观点,蒋某的行为成立盗窃罪(1分)。

蒋某成立盗窃罪的理由: 本案中,蒋某瞒着徐某更改收货地址,从而阻断了卖家将手机寄给徐某的可能性(0.5分),并将卖家本应当送给徐某的手机秘密据为己有(0.5分),其行为应当定性为盗窃罪。这种观点是站在蒋某、徐某二者关系的角度来看问题,蒋某侵吞了徐某的财产,但并没有和徐某有任何沟通。

不足:

此种观点会不当扩大盗窃罪的成立范围(0.5分),通说认为,成立盗窃罪要求具有秘密窃取的行为,而在本案中,徐某并未实施窃取他人财物的行为(0.5分),只是欺骗商家,将收货地址改为自己的地址,从而获取手机。

问题2：事实二中，徐某行为的认定，主要有两种观点：第一种观点认为，徐某成立招摇撞骗罪；第二种观点认为，徐某成立诈骗罪。请说明两种观点的理由和不足(如果认为有)。

【考点提示】法条竞合与想象竞合的关系的界定

答案：

(1)一种观点认为，徐某的行为构成招摇撞骗罪(1分)。

成立招摇撞骗罪理由：招摇撞骗罪与诈骗罪是法条竞合，应坚持特别法优先(0.5分)。本案中，徐某通过假警服和假证件冒充警察，足以使蒋某相信其警察身份，利用该身份欺骗徐某，侵犯了国家机关的公共信赖(0.5分)，构成招摇撞骗罪。

这种观点认为，招摇撞骗行为是一种特殊领域的诈骗行为，虽然本案同时也触犯了诈骗罪，但应坚持法条竞合特别法优先，认定为招摇撞骗罪。

不足：

这种观点违背了罪刑相适应原则(0.5分)。招摇撞骗罪的最高法定刑为10年有期徒刑，而诈骗罪的最高法定刑为无期徒刑。因此，根据司法解释规定，徐某骗取270万元的行为，如果以诈骗罪论处，可以判处无期徒刑。如果以招摇撞骗罪论处，则最高仅能判处10年有期徒刑。因此，法条竞合坚持特别法优先的观点违背了罪刑相适应原则。

(2)另一种观点认为，徐某的行为构成诈骗罪(1分)。

成立诈骗罪的理由：招摇撞骗罪与诈骗罪是想象竞合，应坚持重法优先(0.5分)。本案中，徐某编造自己是警察，使得蒋某产生错误认识，基于错误认识将钱款交付给徐某，构成诈骗罪(0.5分)。同时也触犯了招摇撞骗罪。但考虑到如果认定为诈骗罪"数额特别巨大"判处的刑罚更重，以诈骗罪论处，能更好地实现罪刑相适应原则。

不足：

这种观点突破了法条竞合与想象竞合的区分标准(0.5分)。在一个行为同时触犯两个法条时，只适用其中一个法条就能够充分、全面评价行为的所有不法内容时，成立法条竞合。本案虽然触犯了诈骗罪与招摇撞骗罪，但认定为招摇撞骗罪能实现对行为的全面评价。因此,二者应该是法条竞合的关系。

问题3:事实三中,徐某行为的认定,主要有两种观点:第一种观点认为,徐某成立诈骗罪;第二种观点认为,徐某成立盗窃罪。请说明两种观点的理由和不足(如果认为有)。

【考点提示】诈骗罪的处分意识的认定

答案:

(1)一种观点认为,徐某的行为成立盗窃罪(1分)。

成立盗窃罪的理由:如果对诈骗罪所要求的处分意识持具体的处分意识说,要求被害人对交付的财物有具体的(100%)认识(0.5分)。本案中,徐某使用了欺骗手段(0.5分),但被害人对自己交付的财物没有具体认识清楚(0.5分),没有认识到商品的价格,即没有处分意识,故徐某的行为成立盗窃罪。

不足:

此种观点过于机械地认定欺骗行为所要求的处分意识,如果要求被害人对所交付的财物有过于具体的认识,会限制诈骗罪的成立范围(0.5分),不利于司法实务中的认定。

(2)另一种观点认为,徐某的行为成立诈骗罪(1分)。

成立诈骗罪的理由:如果对诈骗罪所要求的处分意识持概括的(50%)处分意识说,要求被害人对交付的财物有大概的认识(0.5分)。本案中,被害人对交付的财物外观、形状都有大致的认识,应认为有处分意识(0.5分),被害人由于徐某的诈骗行为产生错误认识,并处分财物,徐某的行为成立诈骗罪。

不足:

标准不明确,该种观点只要被害人"大概""大致"认识到自己处分的财产,行为人的行为就成立诈骗罪。但是,"大概"认识是要认识到何种程度,由于标准的不明确而在实务中可操作性不强(0.5分)。同时,只要大概认识,而不同的被害人认识程度可能会存在不同,但都认定为诈骗罪,忽略了被害人认识上的差异(0.5分)。

问题4:事实四中,徐某行为的认定,主要有两种观点:第一种观点认为,徐某应当成立事后抢劫(转化型抢劫)。第二种观点认为,徐某不成立事后抢劫。请说明两种观点的理由和不足(如果认为有)。

【考点提示】抢劫的机会过程中导致他人重伤死亡的,能否认定为抢劫致人重伤、死亡

答案:

(1)一种观点认为,徐某不成立事后抢劫(1分)。

徐某不成立事后抢劫的理由:成立事后抢劫要求客观上具有关联性(0.5分)。本案中,王某并非抓捕徐某的人,徐某将王某撞成重伤并非"直接"是为了抗拒抓捕(0.5分),不能认定为成立事后抢劫。

不足:

没有完整评价徐某为躲避追捕并未减速,将王某撞成重伤的事实(0.5分)。如果过于强调客观上的关联性,会限缩事后抢劫的成立范围(0.5分)。

(2)另一种观点认为,徐某的行为成立抢劫致人重伤(1分)。

徐某成立事后抢劫的理由:从《刑法》第269条的规定来看,成立事后抢劫并不要求客观上的关联性(0.5分)。由于马路上的王某妨害了徐某实现其逃跑的目的(0.5分),影响了徐某的盗窃目的的实现。徐某的行为属于当场使用暴力,成立事后抢劫。

不足:

徐某针对无关第三人实施暴力,对于防止财物被追回,客观上是没有意义的(0.5分),此种情形成立事后抢劫并不妥当,否则会过度扩张事后抢劫的成立范围(0.5分)。

问题5:事实五中,徐某行为的认定,主要有两种观点:第一种观点认为,徐某成立故意杀人罪未遂;第二种观点认为,徐某不成立犯罪。请说明两种观点的理由和不足(如果认为有)。

【考点提示】不能犯是否构成犯罪

(1)一种观点(犯罪未遂说,法考观点)认为,徐某的行为成立故意杀人罪

(未遂)(1分)。

构成故意杀人罪(未遂)的理由: 这种观点持行为无价值的立场,认为虽然徐某与钱某共同投的毒药因"中和"而失去毒性,但徐某客观上实施了投毒行为,且主观上有杀人的故意,类似行为重复上演,有造成被害人死亡的客观危险性(0.5分)。因此,成立故意杀人罪(未遂)。

不足:

这种观点的不足之处在于,扩张不能犯入罪的范围,一定程度上体现了刑法的社会防卫思想,过度扩张了刑法的适用对象(0.5分)。当前犯罪行为所造成的附随后果比犯罪本身所受的刑罚处罚还要更严重(0.5分),应限制入罪的范围。如犯罪后,犯罪人本人及其近亲属在入学、就业、参军等都会受到严格的限制,甚至是终身的限制。社会舆论对其否定性的评价也会长期影响行为人。因此,这种观点所带来的刑法适用范围的扩张并不可取。

(2)另一种观点(无罪说)认为,徐某的行为无罪(1分)。

无罪的理由: 这种观点持结果无价值的立场,认为徐某与钱某共同投的毒药因"中和"而失去毒性,并没有造成被害人死亡的具体危险(0.5分)。因此,可以考虑无罪。

不足:

这种观点的不足之处在于,近年来,随着我国《刑法》越来越体现轻罪化、扩张罪名的趋势,如刑法规定了危险驾驶罪、高空抛物罪、妨害安全驾驶罪、危险作业罪等这些轻罪名,这些犯罪均是行为犯(抽象危险犯)或具体危险犯,立法目的是体现刑法的行为规制机能(0.5分)。因此,当行为具有侵害法益的客观危险性时,应当予以处罚,以此坚决杜绝他人效仿,防止其重演。①

问题6: 事实六中,徐某行为的认定,主要有两种观点:第一种观点认为,徐某的行为成立盗窃罪;第二种观点认为,徐某的行为成立信用卡诈骗罪。请说明两种观点的理由和不足(如果认为有)。

【考点提示】利用第三方支付犯罪

---

① 参见周光权:《刑法总论》(第三版),中国人民大学出版社2016年版,第295页。

答案:

(1)一种观点认为,成立信用卡诈骗罪(1分)。

成立信用卡诈骗罪的理由: 微信仅仅是信用卡使用过程中的一种识别方式,冒用他人信用卡才是该行为的本质(0.5分)。本案中,徐某的行为属于冒用他人信用卡的情形,成立信用卡诈骗罪。

不足:

将被害人微信的"钱"转到自己微信中的行为,并没有直接使用李某银行卡的账号与密码,是典型的盗窃行为(0.5分)。

(2)另一种观点认为(法考观点),成立盗窃罪(1分)。

成立盗窃罪的理由: 微信与信用卡二者之间具有独立性,应承认微信支付方式的独立地位(0.5分),并且微信支付的密码与信用卡本身的密码都是不相同的,不应将微信视作其捆绑的信用卡的附随品。本案中,徐某并没有使用信用卡,而是直接使用了微信,属于通过微信窃取他人财物(0.5分),应成立盗窃罪。

不足:

没有全面地保护法益(0.5分)。金融诈骗罪侵犯的客体应当是金融管理秩序及财产所有权。若按照盗窃罪定性,显然不能涵盖所要保护的全部法益,将会遗漏评价徐某的行为对金融管理秩序的侵害(0.5分)。毕竟微信本身也是一种金融支付工具,而且微信事实上也依赖于银行卡,脱离银行及银行卡,微信难以独立存在。

问题7: 事实七中,徐某行为的认定,有两种观点:第一种观点认为,徐某的行为因为未达贷款诈骗罪的立案标准而不构成犯罪;第二种观点认为,徐某的行为成立诈骗罪。请仅就上述两种观点说明其理由和不足(如果认为有)。

【考点提示】诈骗罪与金融诈骗罪关系的认定

答案:

(1)一种观点认为,徐某的行为未达贷款诈骗罪的立案标准而不构成犯罪(1分)。

不构成犯罪的理由: 如果认为《刑法》在诈骗罪的基础上设立贷款诈骗

罪,就是对其处罚特别从宽于诈骗罪(0.5分),应当坚持特别法优于一般法的原则(0.5分)。徐某的行为同时触犯贷款诈骗罪与诈骗罪的,应当认定为贷款诈骗罪。但是,徐某的贷款诈骗6000元,未达到贷款诈骗罪的立案标准(2万元),故徐某的行为不成立犯罪。

不足:

此种观点有悖于刑法的公平正义性(0.5分),不能周延地打击犯罪(0.5分)。例如,对于采取其他方法骗取3000元的行为构成诈骗罪,而对于贷款诈骗8000元的行为,反而不以犯罪论处。

(2)另一种观点认为,徐某的行为成立诈骗罪(1分)。

成立诈骗罪的理由:如果认为是司法解释对诈骗罪、贷款诈骗罪规定了差异较大的立案标准,导致了特别法条不周全的现象(0.5分),徐某的行为虽然没有达到贷款诈骗罪的立案标准,但是为了打击犯罪,徐某的行为同时符合诈骗罪的构成要件(0.5分),也达到了诈骗罪的立案标准,应当以诈骗罪处罚。

不足:

这种观点违背了罪刑法定原则(0.5分),《刑法》在诈骗罪之外设立金融诈骗罪且对之处罚显著从宽于诈骗罪,为了限制对金融诈骗的处罚范围。对于符合金融诈骗罪的行为,就应当严格按照《刑法》规定,认定为金融诈骗罪,只有这样才能实现对行为的全面评价(0.5分)。如果认定为诈骗罪,会忽略对行为金融属性的评价,也会忽略《刑法》对金融诈骗罪处罚特别从宽于诈骗罪的立法原意。

案例(三)

案情

徐某是一位公务员,在报销发票的过程中,徐某没有出差,却谎称自己出差开会,将妻子外出旅游的收据向本单位报销差旅费,将该票据交其上级领导签字后,报销了"出差"费用3万元。(事实一)

某日,徐某在上班途中发现草丛里有一具尸体(被害人系半小时前死亡的),徐某看其装扮像是有钱人,便上前搜身,徐某竟搜出一张背面写有密码的信用卡。回家后徐某对妻子周某谎称是"捡了一张信用卡",和周某共同到商场用该信用卡消费4万元。(事实二)

徐某无意中得知朋友郑某将要强奸王某(女),而徐某也对王某爱慕已久,便提前将王某灌醉,并暗中观察郑某的奸淫行为,但郑某对此并不知情。待郑某强奸王某并离开现场后,徐某又奸淫了王某。(事实三)

某日,徐某需要去外地出差1周,便将15岁的女儿托付给邻居赵某照看。期间,徐某的女儿自愿与赵某发生性关系。此后,赵某为了给徐某的女儿买礼物,便想出售自己家中的毒品,但误将面粉当作毒品而带出,最终将"面粉"当作"毒品"卖给了吸毒人员傅某。(事实四)

徐某回家了解此事后,聚集十余人去赵某家讨要说法,赵某随之找来数名亲戚与徐某一方斗殴。在聚众斗殴过程中,徐某这方的积极参加者钱某将对方的孙某殴打致死,钱某对孙某主观上仅有伤害的故意,对孙某的死亡结果持过失的心态。后钱某逃往乡下好友冯某家暂避。(事实五)

钱某与冯某赌博成性,意图盗窃他人财物用以赌钱。冯某曾经是富商牛某的管家,钱某于是要求冯某为自己绘制富商牛某别墅的结构图,并将贵重物品位置标出,以便钱某去牛某别墅盗窃,冯某同意并绘制。次日,钱某入室后未使用冯某提供的图纸就找到牛某价值100万元的珠宝,即携珠宝逃离现场。两日后,冯某欲盗窃钱某所在工厂的财务室,让钱某将财务室的钥匙放在冯某的信箱。钱某同意,但错将钥匙放入姜某的信箱,后冯某用其他方法盗窃财务室。(事实六)

钱某与冯某将上述财物盗窃后,因分赃不均,产生矛盾。钱某恐冯某泄露盗窃财物之事,遂将冯某杀害。后钱某因杀害冯某之事被刑事拘留,经讯问后,钱某除交代故意杀人的犯罪事实外,还交代自己伙同冯某盗窃财物的犯罪事实。(事实七)

【问题】

问题1：事实一中，徐某的行为如何认定？请说明理由，可以谈不同观点。

问题2：事实二中，徐某、周某的行为如何认定？请说明理由。

问题3：事实三中，徐某的行为如何认定？请说明理由，可以谈不同观点。

问题4：事实四中，赵某与徐某的女儿发生性关系的行为如何认定？请说明理由。此外，赵某误将面粉当作毒品卖出的行为如何认定？请说明理由，可以谈不同观点。

问题5：事实五中，徐某、钱某的行为如何认定？请说明理由，可以谈不同观点。

问题6：事实六中，钱某未使用冯某提供的图纸，冯某的行为是否成立犯罪既遂？可以谈不同观点。此外，冯某未使用钱某提供的钥匙盗窃，钱某的行为是否成立犯罪既遂？请说明理由。

问题7：事实七中，钱某的行为是否成立特别自首？请说明理由，可以谈不同观点。

224 刑法观点展示问题梳理:法考主客观题应对手册

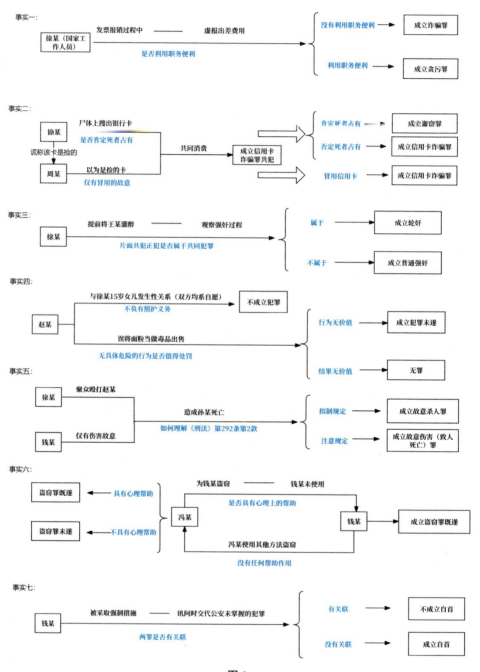

图 3

问题 1：事实一中，徐某的行为如何认定？请说明理由，可以谈不同观点。

答案：

（1）一种观点认为，徐某没有利用职务上的便利，构成诈骗罪。理由：

首先，徐某并没有利用主管、管理公共财物的权力或职务，不属于利用职务上的便利骗取公共财物，不构成贪污罪。

其次，徐某虚构自己出差开会的事实，提供虚假报销材料，使单位主管人员基于错误认识处分财产，徐某构成诈骗罪。

（2）另一种观点认为，徐某利用职务上的便利，那么徐某构成贪污罪。理由：

徐某身为国家工作人员，利用职务上的便利骗取公共财物，构成贪污罪。这种观点对贪污罪所要求的"利用职务上的便利"进行了扩大解释，认为只要是与职务、工作有一定的关联即可，包括本案中的"报销发票"行为也是利用了职务上的便利。

问题 2：事实二中，徐某、周某的行为如何认定？请说明理由。

答案：

徐某的行为成立盗窃罪或信用卡诈骗罪；周某的行为成立信用卡诈骗罪。二者成立信用卡诈骗罪的共同犯罪。

（1）对于徐某在"死者"身上取财以及后续使用信用卡的行为，在刑法理论上有两种观点：

一种观点否定死者的占有，徐某属于"捡拾"他人信用卡，之后再冒用他人信用卡的，应成立信用卡诈骗罪。

另一种观点肯定死者的占有，徐某的行为属于盗窃信用卡。根据《刑法》第一百九十六条第三款的规定，盗窃信用卡并使用的，成立盗窃罪。

（2）周某以为是捡来的信用卡，使用该卡的，属于冒用他人信用卡，成立信用卡诈骗罪。

（3）徐某、周某成立信用卡诈骗罪的共犯。徐某参与了"捡拾/盗窃"并"使用"信用卡的犯罪全过程，周某仅参与了冒用他人信用卡的犯罪过程，无论之前徐某构成盗窃罪还是信用卡诈骗罪，二者都在"冒用他人信用卡"即信用卡诈骗罪的范围内成立共同犯罪。

问题 3：事实三中，徐某的行为如何认定？请说明理由，可以谈不同观点。

答案：

徐某在未与郑某通谋的情况下，基于单方面的意思提前将王某灌醉，方便郑某奸淫王某，属于片面的共同正犯(实行犯)。关于片面共同正犯是否属于共同犯罪，存在以下两种观点：

(1)一种观点认为，徐某的行为成立轮奸。理由：

肯定片面共同正犯是共同犯罪。根据这一观点，徐某需要对其主观上认识到的全部行为负责任，即徐某需要对整体行为承担责任，不仅要对自己的强奸行为负责，而且要对郑某的奸淫行为承担责任，故徐某成立轮奸。

(2)另一种观点认为，徐某的行为构成普通的强奸罪。理由：

否认片面共同正犯是共同犯罪。根据这一观点，徐某只需要对自己的行为单独承担责任，不对郑某的强奸行为负责，徐某仅构成普通的强奸罪。[①]

问题 4：事实四中，赵某与徐某的女儿发生性关系的行为如何认定？请说明理由。此外，赵某误将面粉当作毒品卖出的行为如何认定？请说明理由，可以谈不同观点。

答案：

(1)对于赵某与徐某的女儿发生性关系的行为：

赵某不构成犯罪。

首先，赵某不构成负有照护职责人员性侵罪。本案中，赵某只是受徐某之托临时照顾其女儿，赵某对徐某女儿并没有形成一种长期稳定的依赖关系，赵某不符合负有照护职责人员性侵罪的主体条件。

其次，徐某女儿已满14周岁，不属于幼女，是妇女。赵某与徐某女儿是自愿发生性关系，不构成强奸罪。

(2)对于赵某误将面粉当作毒品卖出的行为：

一种观点认为(司法解释、审判实务持此观点，法考观点)，赵某的行为成

[①] 张明楷：《刑法学》(第六版)，法律出版社 2021 年版，第 599 页。

立贩卖毒品罪(未遂)。理由：

行为无价值认为,虽然赵某误将面粉当作毒品贩卖,但赵某是拥有毒品的,且主观上有贩卖毒品的故意,类似行为重复上演,有造成贩卖毒品的客观危险性。因此,成立贩卖毒品罪(未遂)。

另一种观点认为,赵某的行为无罪。理由：

结果无价值认为,赵某误将面粉当作毒品出售的,并没有贩卖毒品的具体危险。因此,可以考虑无罪。

问题5：事实五中,徐某、钱某的行为如何认定？请说明理由,可以谈不同观点。

答案：

《刑法》第二百九十二条第二款规定：聚众斗殴,致人重伤、死亡的,依照本法第二百三十四条(故意伤害罪)、二百三十二条(故意杀人罪)的规定定罪处罚。

(1)一种观点认为(法考观点),徐某、钱某的行为成立故意杀人罪。理由：

将《刑法》第二百九十二条第二款的规定认定为法律拟制规定,只要在聚众斗殴过程中致使他人死亡,无论行为人主观上是故意还是过失,都应以故意杀人罪论处。

(2)另一种观点认为,徐某、钱某的行为成立故意伤害(致人死亡)罪。理由：

将《刑法》第二百九十二条第二款的规定理解为法律注意规定,认为该款规定并没有改变故意伤害罪、故意杀人罪的认定规则。那么,钱某基于伤害的故意导致被害人死亡的,应认定为故意伤害(致人死亡)罪。

问题6：事实六中,钱某未使用冯某提供的图纸,冯某的行为是否成立犯罪既遂？可以谈不同观点。此外,冯某未使用钱某提供的钥匙盗窃,钱某的行为是否成立犯罪既遂？请说明理由。

问题：

(1)对于钱某未使用冯某提供图纸盗窃的行为：

一种观点认为,冯某的行为成立盗窃罪既遂。理由

即便没有使用图纸,冯某仍然具有心理上的影响力。冯某所绘制的图

纸,钱某虽然没有使用,但冯某的帮助行为使得钱某盗窃时,心理上更为从容,故冯某的心理上的帮助行为仍然存在。因此,冯某与钱某共同成立盗窃罪既遂。

另一种观点认为,冯某的行为成立盗窃罪未遂(法考观点)。理由:

本案中,图纸事实上没有起到作用,连心理上的影响力也不存在,因为被害人家里结构非常简单,图纸连备用的作用都没有,因此,冯某的行为成立盗窃罪未遂。

(2)对于冯某未使用钱某提供的钥匙盗窃的行为:

首先,本案中,钱某将钥匙投错了地方,客观上对冯某的盗窃行为没有起到任何帮助作用,并且,冯某还是用其他方法盗窃了财务室。

其次,主观上,冯某盗窃财务室的意图并不是钱某唆使的,而是冯某先前已经有了盗窃意图。

综上,钱某的行为与冯某的盗取财物这一结果之间没有因果关系,钱某成立盗窃罪未遂。

问题7:事实七中,钱某的行为是否成立特别自首?请说明理由,可以谈不同观点。

答案:

钱某因故意杀人罪被采取强制措施,被讯问时主动交代未被公安机关掌握的盗窃的犯罪行为,其是否成立特别自首,关键在于钱某交代的盗窃罪是否与故意杀人罪有事实上的密切关联,对此,存在两种观点:

一种观点认为,钱某成立特别自首。理由:钱某实施的盗窃罪与故意杀人犯罪是相对独立的两个犯罪,盗窃罪并不必然导致故意杀人犯罪的发生,司法机关掌握其故意杀人犯罪并不必然能够推断或知晓其曾实施盗窃犯罪,两者不具有事实上的密切关联,钱某成立特别自首。

另一种观点认为,钱某不成立特别自首(法考观点)。理由:钱某所交代的故意杀人的犯罪事实中,包含了盗窃罪的相关内容,盗窃后分赃不均是钱某杀害冯某的起因,与司法机关已掌握的故意杀人罪有事实上的密切联系,不成立特别自首。

案例（四）

案情

某装修公司负责人徐某找到市场监督管理局局长甲，希望甲利用职权帮助自己不符合条件的公司顺利申报国家补助，并送给了甲一套价值100万元的别墅。这套别墅是徐某贷款所买，一直登记在徐某名下，徐某交了50万元的首付款。徐某与甲约定，贷款将由徐某自行偿还。至案发时，徐某尚有40万元贷款本金未还清。（事实一）

几天后，徐某因赌博与刘某结仇，于是纠集好友陈某意图伤害刘某。徐某与陈某将下班的刘某堵在一条死胡同中，由徐某持刀刺向刘某。刘某闪身躲过了徐某的攻击，徐某不小心将刀刺中身旁的陈某，致陈某重伤。（事实二）

3年后，甲下海经商，不再担任市场监督管理局局长。甲开办了一家初中数学培训机构，某日，甲在午休期间趁班级同学午睡，多次在教室对女学生王某（15周岁）实施强奸，虽然教室内只有甲、王某二人，但教室外仍有部分同学走动。某一次，甲对王某实施的强奸行为被学生李某（13周岁，男）发现，甲为了拉李某下水，伙同李某共同强奸了王某。（事实三）

某晚，甲发现有人进入其住宅盗窃后出门追赶未及，也未认出何人。之后，甲便带一把自制尖刀去村委会打电话报警。当甲返回时，发现自家窗前有两个人影（此二人系好友孙某、钱某，来甲家串门）。甲误以为是刚才非法侵入其住宅之人，甲又见二人向自己走来，以为要袭击他，甲随即用尖刀刺向孙某腹部，致其重伤。孙某见状，便制止甲的行为，甲方知自己打错人。（事实四）

一日，甲将购买的古董花瓶摆放在客厅，等待合适的时机出手获利。不料，甲的儿子小甲（11周岁）在客厅踢球，将花瓶踢碎。甲为了发泄心中不满，便将小甲关入小黑屋一天不给饭吃以泄愤，小甲认为爸爸要抛弃自己，伤心欲绝，选择自杀身亡。（事实五）

甲的妻子赵某得知儿子小甲死亡后，要杀死甲，于是在甲置于露天露台的茶杯中下了足以致甲死亡的毒药。毒药因为过期，药效大打折扣，甲喝后并没有死亡，但感觉头晕眼花，不慎从窗户坠落，当场死亡。（事实六）

赵某因杀害甲被捕入狱后,为了获得减刑,向司法机关交代了其好友刘某任职某省人民医院会计时,在征得药品供应商窦某同意的情况下,将自己隐名控制的"毛毛公司"收到的1年后到期银行承兑汇票(100万元)背书转让给窦某,用于清偿医院本应立即支付的药品货款。同时将医院本应立即偿还窦买公司的药品货款100万元通过转账的方式转给"毛毛公司",一年后案发。(事实七)

【问题】

问题1:事实一中,甲的受贿金额如何认定?可能存在哪些观点?请说明各种观点的理由和不足(如果认为有)。

问题2:事实二中,陈某的行为如何定性?可能存在哪些观点?请说明各种观点的理由和不足(如果认为有)。

问题3:事实三中,甲的行为如何定性?请说明理由。

问题4:事实四中,甲的行为如何认定?可能存在哪些观点?

问题5:事实五中,甲的行为如何定性?是认定为虐待罪的基本罪还是加重犯?请说明理由。

问题6:事实六中,赵某的行为如何定性?请说明理由。

问题7:事实七中,赵某的行为是否成立立功?请说明理由。

第三部分 模拟案例 231

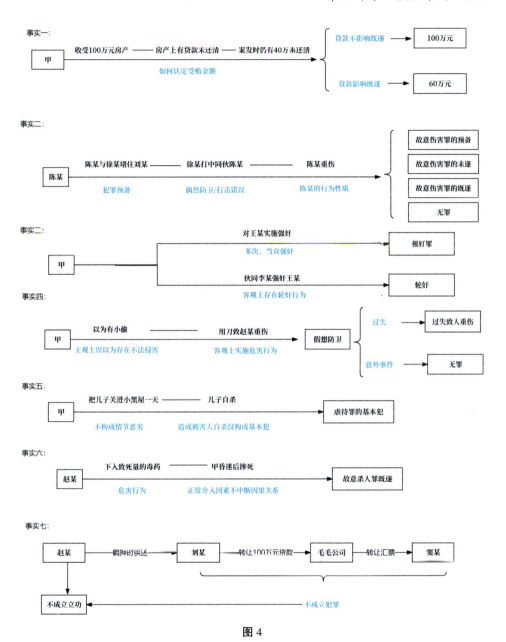

图 4

问题1:事实一中,甲的受贿金额如何认定？可能存在哪些观点？请说明各种观点的理由和不足(如果认为有)。

答案:

(1)一种观点认为,甲的受贿金额应认定为 100 万元。

理由:这种观点认为,受贿人控制该房产后就应当认定为受贿既遂,涉案房产上设有抵押贷款不影响受贿犯罪形态的认定。受贿人所收受的财物系房产,而房产作为一种有具体形态的物品,可以在客观上被占有、使用、收益、处分,当受贿人实际控制涉案房产后,受贿犯罪行为就已经完成,应当以房产总体价值全部认定为受贿既遂。

在本案中,甲已经收受了别墅,因此应当认为犯罪既遂,按 100 万元认定受贿金额。

不足:这种观点的不足之处在于,没有认识到房屋的价值会受到其上抵押权的影响。在行、受贿行为完成之时,甲收受的房产之上已经存在归属于银行的抵押权。有抵押权的房产较没有抵押权的房产而言,其价值自然是有所贬损的。未来甲如果想转移这一房产,就会受到抵押权的影响。因此,不应当将还未还清贷款的房产与已经还清贷款的房产做同样的处理,一样的认定受贿金额。

(2)另一种观点认为,甲的受贿金额应认定为 60 万元。

理由:这种观点认为,行贿人使用按揭方式贷款买房,国家工作人员收受房产后,行贿人按期偿还贷款,案发时该贷款尚未还清的,对于尚未还清的贷款本金应认定未遂,不计入受贿数额。

在本案中,甲虽然收受了房产,但是其上仍有 40 万元贷款没有还清。因此,这部分贷款不应当计入受贿金额,受贿金额为 60 万元。

不足:这种观点的不足之处在于,行贿人交付房产时,已经完成了"权钱交易",受贿罪要保护的法益已经受到了侵害。认定为犯罪未遂,难以完整评价行为的社会危害性。

问题 2：事实二中，陈某的行为如何定性？可能存在哪些观点？请说明各种观点的理由和不足（如果认为有）。

答案：

（1）一种观点认为，陈某的行为成立故意伤害罪的预备。

理由： 这种观点认为，陈某已经将刘某逼至胡同，准备实施伤害行为。但是，由于陈某意志以外的因素未能得逞，因此应当成立犯罪预备。

不足： 这种观点的不足之处在于，没有将陈某与徐某作为共同犯罪的整体看待。本案中，徐某与陈某共谋伤害刘某，陈某已经开始实施伤害行为，用刀刺向刘某。因此，陈某和徐某的行为已经超过犯罪预备的阶段，至少也应当成立犯罪未遂而不是犯罪预备。

（2）一种观点认为，陈某的行为成立故意伤害罪的未遂。

理由： 这种观点认为，徐某误伤陈某的行为属于打击错误。依照具体符合说，徐某对刘某已经开始实施故意伤害行为，但由于意志以外的因素未能得逞，徐某对刘某成立故意伤害罪的未遂。因此，陈某作为共同犯罪人，也应当成立故意伤害罪的未遂。①

依照具体符合说，徐某还对陈某构成过失致人死亡罪。但由于陈某自己的利益受损，因此陈某无法对自己成立过失致人重伤罪。

不足： 这种观点的不足之处在于，采用具体符合说过于强调行为人主观上的具体意愿，忽略了法律对于同类对象的无差别的保护。

（3）一种观点认为，陈某的行为成立故意伤害罪的既遂。

理由： 这种观点认为，徐某误伤陈某的行为属于打击错误。依照法定符合说，徐某想攻击的刘某与实际侵害的陈某都符合故意伤害罪中的侵害对象"他人"，徐某的行为成立故意伤害罪的既遂。因此，陈某作为共同犯罪人也应当成立故意伤害罪的既遂。

不足： 这种观点的不足之处在于，忽略了行为人的主观内容。行为人意欲侵害的具体对象及结果并没有实现，如果也认定为犯罪既遂，这在一定程度上背离了行为人主观上的具体意愿。并且，陈某对自己的"自伤"行为最

---

① 参见张明楷编著：《刑法的私塾（之二）》（上），北京大学出版社 2017 年版，第 87 页。

终却要以故意伤害罪既遂论处,不符合故意伤害罪中的"他人",有违罪刑法定原则。

(4)还有一种观点认为,陈某的行为无罪。

理由:这种观点认为,徐某误打中了陈某,致陈某重伤,但该结果在客观上被法律所允许,而且事实上保护了另一种法益,使得刘某免受不法侵害,徐某的行为构成正当防卫,无罪。因此,陈某作为共同犯罪人,也应当以无罪论处。

不足:这种观点的不足之处在于,过于强调结果主义的导向,忽略了行为人主观上的恶意,也忽略了类似行为如果重复上演可能会造成严重后果而非"善果",也忽略了刑法本身是一种行为规范,不能鼓励该类"偶然有好结果"的行为。

问题3:事实三中,甲的行为如何定性?请说明理由。

答案:

甲在教室里奸淫王某的行为成立当众强奸、多次强奸;甲与李某一起奸淫王某的行为成立轮奸。

首先,甲开办了一家初中课外辅导机构,对于机构内的学生可能会具有照护职责,但是,负有照护职责人员性侵罪,要求双方必须是自愿发生性关系。本案中,甲是强行与王某发生性关系,应当成立强奸罪。

其次,成立当众强奸这一加重情节,只要在不特定或者众人可能看到、感觉到的公共场所强奸妇女,就属于在公共场所"当众"强奸妇女。本案中,甲在教室里趁午休期间对王某实施强奸,有极大的可能性被他人看到、感觉到,应当成立当众强奸。

最后,甲伙同李某先后奸淫王某,虽然王某因不满14周岁不成立强奸罪。但是,客观上存在两人对王某进行了强奸,也应认定甲成立轮奸。

问题4:事实四中,甲的行为如何认定?可能存在哪些观点?

答案:

首先,甲的行为成立假想防卫。

假想防卫是指本不存在不法侵害,但行为人误以为存在不法侵害而实施防卫行为,造成了危害后果。在本案中,甲误以为孙某、钱某是小偷而攻击孙某致其重伤。因此,甲的行为成立假想防卫。

其次,假想防卫是否成立犯罪,取决于如何认识行为人的主观心态:

(1)如果认为甲主观上有过失,没有履行必要的注意义务,造成他人重伤,则应当认定为过失致人重伤罪。

(2)如果认为甲主观上不存在过失,在当时黑天的情况下,很难要求甲去反复确认对方的身份。因此,甲的行为属于意外事件,甲无罪。

问题5:事实五中,甲的行为如何定性?是认定为虐待罪的基本罪还是加重犯?请说明理由。

答案:

甲仅成立虐待罪的基本犯,不成立该罪的结果加重犯。

首先,根据《刑法》第二百六十条第二款的规定,成立虐待罪的基本犯,要求行为人虐待家庭成员,"情节恶劣"。本案中,单纯地将11周岁的孩子关在小黑屋一天,不能认定为"情节恶劣"。也就是说,不考虑"小孩死亡"这一情节的话,本案并不构成虐待罪的基本犯。

其次,虽然虐待导致被害人自杀、死亡等,通常认定为虐待罪的加重犯。但本案中,由于根本不存在虐待罪的基本犯,所以,"造成被害人自杀"只能构成虐待罪的基本犯,而不能认定为结果加重犯。

综上,本案只能认定为虐待罪的基本罪,"致人死亡"本身就是基本罪所要求的"情节恶劣"。不能认定为虐待罪的加重犯。

问题6:事实六中,赵某的行为如何定性?请说明理由。

答案:

赵某成立故意杀人罪(既遂)。

首先,赵某出于杀害的故意向甲下了自以为足量的毒药。虽然没有直接造成甲死亡,但使得甲头晕眼花,下毒行为属于危害行为。

其次,甲的死因是高空坠落,高空坠落属于介入因素。但该介入因素虽然造成了甲死亡的结果,但是属于正常的介入因素。换句话说,一个中毒后头晕眼花的人从露台上跌落下楼是存在高度可能性的。因此,不中断赵某的危害行为与甲的死亡结果之间的因果关系。赵某成立故意杀人罪既遂。

问题 7：事实七中，赵某的行为是否成立立功？请说明理由。

答案：

赵某不成立立功。

立功要求犯罪分子检举揭发他人的犯罪行为。因此，本案中，赵某是否成立立功的关键在于刘某是否成立犯罪。

首先，医院本身就应该立即支付药品货款，本案中医院支付了该货款。挪用公款罪的本质在于让渡了公款的使用权（使用时间），医院实质上没有让渡公款的使用权。

其次，药商本该立即收到货款，却收到了未到期的承兑汇票，可以认为药商让渡了本应该收取的款项的使用权，而不是公款的使用权被让渡了。

综上，刘某的行为不成立挪用公款罪，因此赵某并不属于检举揭发他人的犯罪行为，不成立立功。①

案例（五）

案情

甲的朋友朱某生病需要医药费。甲表示自己没钱。于是朱某告诉甲："许某家有钱，你去偷一点。"甲听从建议，叫上自己的朋友何某，让何某在楼下望风。甲刚潜入许某家，便接到何某电话，何某告诉甲："我很害怕，我回去了，不给你望风了。"甲表示同意，并继续盗窃，不料被许某发现，甲为了抗拒许某的抓捕便将许某捆绑至座椅上，然后携带盗窃的 20 万元逃离现场。后甲将此 20 万元给了朱某。（事实一）

外地工作的陈某听说甲的事情后心生不安，想到自己的一幅郑板桥字画（价值 200 万元）还在甲处让其保管。便急忙前往甲家取字画，但甲要求陈某支付 10 万元保管费，陈某不同意。甲为了将字画据为己有，起了杀心，对陈某谎称去卧室取字画时趁陈某不备将其打晕，丢入家里的水井之中，想要将陈某溺死。但事后查明，井中并没有水，陈某是摔死的。（事实二）

甲害怕之前做的事情被发现，就将字画收藏好逃往外省。数日后，甲身上

---

① 参见《刑事审判参考》指导案例第 574 号：杨培珍挪用公款案。本案中，刘某的行为并没有利用职权，也不构成国有公司人员滥用职权罪。并且，成立该罪也要求造成严重后果。

已无积蓄便计划去沈某家盗窃。甲来到沈某家时被沈某发现,但甲见沈某胆小如鼠,便毫无畏惧感。沈某只能缩在墙角看着甲将自己家卧室里的1万元拿走。(事实三)

一个月后,甲与张某发生矛盾。甲以伤害故意砍张某两刀,随即心生杀意又砍两刀,但是四刀中只有一刀砍中并致其死亡,且无法查明由前后四刀中的哪一刀造成死亡。(事实四)

张某的好友郑某得知张某死亡的消息后,发誓要杀了甲。于是郑某带一大伙人天天去甲家楼下堵人。甲为了躲避郑某,让冯某去司法机关报案,说甲抢了冯某钱包和手机。冯某遂到司法机关告发甲抢劫行为,后甲因该虚假告发被以抢劫罪定罪。(事实五)

一个月后,郑某找不到甲,遂作罢。郑某前往A市从毒贩陈某处购买2000克毒品吸食,准备乘A市至B市的火车将毒品带回赌场,但在途经C市时被C地民警抓获。(事实六)

甲入狱后,妻子乙为养家外出务工,只留15周岁的儿子丙在家。丙因平时无人管教,沉迷于游戏。一日,丙因无钱去网吧,便伙同好友丁(21周岁)趁邻居家小孩刘某独自一人放学回家之际,将其挟持至一废弃厂,后打电话给刘某的父亲,但刘某父亲的电话一直处于占线的状态,二人只好放弃,因恐刘某将被绑架的事实告知其父亲,丙和丁便一起将刘某抛入海中淹死。(事实七)

【问题】

问题1:事实一中,甲、朱某的行为如何认定?何某的行为是否成立犯罪中止,请说明理由。

问题2:事实二中,甲的行为如何认定?可以谈不同观点,请说明理由。

问题3:事实三中,甲的行为如何认定?可以谈不同观点,请说明理由。

问题4:事实四中,甲的行为如何认定?可以谈不同观点,请说明理由。

问题5:事实五中,冯某的行为是否成立诬告陷害罪?请说明理由。

问题6:事实六中,郑某的行为是否构成运输毒品罪?请说明理由。如果郑某仅仅是为了吸食运输少量毒品(5克海洛因),是否构成运输毒品罪?请说明理由。

问题7:事实七中,丙、丁的行为如何定性?请说明理由。

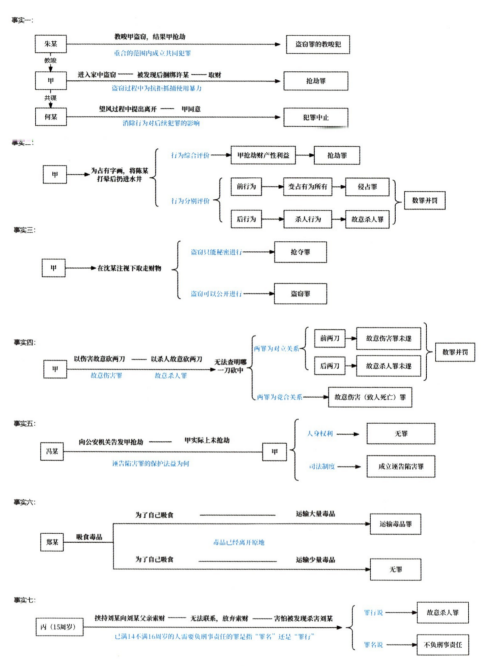

图 5

问题1：事实一中，甲、朱某的行为如何认定？何某的行为是否成立犯罪中止？请说明理由。

答案：

(1)甲成立抢劫罪，是入户抢劫。

本案中，甲进入许某家盗窃，被许某发现，为抗拒许某的抓捕对许某当场使用暴力，其行为成立转化型抢劫。

(2)朱某成立盗窃罪的教唆犯。

朱某教唆甲实施盗窃行为，但甲最终实施的是抢劫行为，从规范意义上来讲，抢劫包含了盗窃，故朱某与甲在所实施犯罪相重合的范围内成立共同犯罪，即成立盗窃罪的共同犯罪，朱某成立盗窃罪的教唆犯。

(3)何某的行为成立犯罪中止。

本案中，何某在共同犯罪的过程中，明确告知甲其退出共同犯罪的意思，其行为主动消除了对甲帮助的因果力，甲后续的犯罪行为与何某无关，即何某主动消除了其在共同犯罪的后续影响力，成立犯罪中止。

问题2：事实二中，甲的行为如何认定？可以谈不同观点。请说明理由。

答案：

(1)一种观点认为，应对前、后行为进行综合评价，甲的行为成立抢劫(致人死亡)罪。理由：

首先，甲杀害陈某是为了不返还字画，陈某对字画的返还请求权是一种财产性利益，财产性利益可以成为抢劫罪的对象，所以，甲属于抢劫财产性利益。

其次，甲对于陈某的死亡，甲想将陈某溺死，但事实上陈某系被摔死的，这属于狭义的因果关系错误，并不影响犯罪既遂的认定。

综上，甲的行为成立抢劫(致人死亡)罪。

(2)另一种观点认为，应对前、后行为进行分别评价，甲的行为成立故意杀人罪与侵占罪，数罪并罚。理由：

首先，甲因委托保管，合法占有该字画，在陈某索要该字画时，甲才产生了据为己有之意，且并未返还字画，属于变合法占有为据为己有，符合侵占罪的构成要件，成立侵占罪。

其次，甲对陈某主观上有杀人的故意，客观上实施了杀害的行为。而死亡的过程虽与预期不同，但此种情况属于狭义的因果关系错误，并不影响犯罪既遂的认定。因此认定为故意杀人罪。

问题3：事实三中，甲的行为如何认定？可以谈不同观点，请说明理由。
答案：
（1）一种观点认为，甲的行为成立抢夺罪。理由：

盗窃罪是秘密窃取，必须满足秘密性。甲进入沈某家中公然拿走沈某财物，成立抢夺罪。

（2）另一种观点认为，甲的行为成立盗窃罪。理由：

盗窃罪既可以是秘密的，也可以是公开的，只要是以平和的方式取走他人的财物，就成立盗窃罪。甲采取平和的方式（没有造成被害人伤害的可能性）取走他人财物，成立盗窃罪。

问题4：事实四中，甲的行为如何认定？可以谈不同观点，请说明理由。
答案：
（1）一种观点认为，甲的行为可分别认定为故意伤害罪未遂与故意杀人罪未遂，应数罪并罚。理由：

如果认为故意杀人罪与故意伤害罪是对立关系，根据事实存疑有利于被告原则，没有证据证明甲的前两刀（伤害行为）确定造成了被害人受伤结果，故前两刀的行为只能认定为故意伤害罪（未遂）；同样，也没有证据证明甲的后两刀（杀人行为）确定造成被害人死亡结果，故后两刀的行为也仅能认定为故意杀人罪（未遂）。所以，甲的行为应分别认定为故意伤害罪未遂与故意杀人罪未遂，应数罪并罚。

（2）另一种观点认为，甲的行为成立故意伤害（致人死亡）罪。理由：

如果认为故意杀人罪与故意伤害罪是竞合关系，故意杀人罪是程度更为严重的故意伤害罪，无论是前两刀（伤害行为）造成被害人死亡，还是后两刀（杀人行为）造成被害人死亡，甲的行为已经造成了被害人死亡的结果。

根据事实存疑有利于被告原则，无论是伤害行为，还是杀人行为（与伤害行为存在竞合，是更为严重的伤害），至少可以认为伤害行为造成了死亡结果。

故,甲的行为成立故意伤害(致人死亡)罪。

问题5:事实五中,冯某的行为是否成立诬告陷害罪?请说明理由。

答案:

一种观点认为,冯某的行为不构成诬告陷害罪。理由:

诬告陷害罪的保护法益是人身权利,人身自由可以得到被害人承诺。冯某的行为属于得到甲承诺的诬告,因此,冯某的行为不成立诬告陷害罪。

另一种观点是认为,冯某的行为构成诬告陷害罪。理由:

即使诬告陷害行为没有侵犯他人的人身权利,但只要妨害了客观公正的司法活动本身,侵犯了司法(审判)作用,就成立本罪。因此,冯某的行为妨害了司法机关的正常活动,导致了错案,成立诬告陷害罪。

问题6:事实六中,郑某的行为是否构成运输毒品罪?请说明理由。如果郑某仅仅是为了吸食运输少量毒品(5克海洛因),是否构成运输毒品罪?请说明理由。

答案:

(1)构成运输毒品罪(既遂)。

首先,尽管郑某购买毒品是为了个人吸食,但是运输的毒品数量较大的,成立运输毒品罪。2015年最高人民法院关于印发《全国法院毒品犯罪审理工作座谈会纪要》的通知规定,吸食者在运输毒品过程中,数量较大的,以运输毒品罪论处。

其次,郑某主观上具有运输毒品的故意,客观上已经实施了转移运送毒品的行为,虽然未到达其目的地B地,但毒品已经离开了原地,构成运输毒品罪(既遂)。

(2)不构成运输毒品罪。

为个人吸食目的,运输"少量"毒品的,不成立运输毒品罪。吸毒在我国不是犯罪行为,为了维持吸毒所必要的一些行为,如购买毒品、从购买地运输回家等这样的行为,就不应该认定为犯罪。①

---

① 参见张明楷:《刑法学》(第六版),法律出版社2021年版,第1508页。

问题 7：事实七中，丙、丁的行为如何定性，请说明理由。

答案：

丁构成绑架罪（杀害被绑架人），丙是否构成故意杀人罪有两种观点。

首先，丙与丁为勒索财物而绑架他人，并在绑架过程中，为避免他人发现而故意杀害刘某，属于"杀害被绑架人"，丁构成绑架罪，与丙在不法层面成立绑架罪的共同犯罪。

其次，根据《刑法》第 17 条第 2 款规定，已满 14 周岁不满 16 周岁的人，只对规定的 8 种罪负刑事责任，不包括绑架罪，但包括故意杀人罪。对此存在两种观点：

一种观点认为，丙应负故意杀人罪的刑事责任，理由：

根据"罪行说"（通说），《刑法》第十七条第二款规定的 8 种犯罪是指具体犯罪行为，丙在绑架过程中故意杀害被害人，有故意杀人行为，符合故意杀人罪的构成要件。

另一种观点认为，丙不负刑事责任，理由：

根据"罪名说"，《刑法》第十七条第二款规定的 8 种犯罪是指具体罪名，其中，不包括绑架罪。丙在绑架过程中故意杀害被绑架人刘某，本应以绑架罪定罪论处，但因丙未达绑架罪的刑事责任年龄，故丙不承担刑事责任。

案例（六）

案情

徐某在外地一直找不到工作。某日，在商场闲逛时，看到赵某的钱包从口袋露出一半，遂偷偷顺走。刚偷出钱包但没走几步就被赵某发现，徐某为了抗拒抓捕，向赵某腹部猛踢一脚后逃离。赵某追出商场外，目睹全过程的蒋某（徐某好友）见状，担心徐某被抓，便将赵某推倒在地，徐某顺利逃离。事后查明，徐某的行为造成赵某脾脏破裂的重伤结果，蒋某的行为仅致赵某轻微伤的结果。（事实一）

次日，徐某为感谢蒋某的相助之恩，邀请蒋某到自己出租屋内喝酒。蒋某带自己的女友钱某一块出席，三人大量饮酒后均醉倒。徐某半夜上厕所时发现,钱某的脸埋在她自己的呕吐物中且呼吸困难,徐某连忙喊醒蒋某。蒋某早就对钱某颇有怨言,对徐某说:"别管了,我们假装睡着了没发现。"徐某听后默默回房间继续睡觉。钱某窒息而死。(事实二)

徐某多日没有收入,计划在公交车上实施扒窃行为。一天,徐某在公交车上正在偷身边乘客的钱包时,被该车的公交司机朱某看见。但是司机朱某没有提醒乘客,导致最终该乘客钱包被徐某偷走。(事实三)

徐某拿到钱后,准备拿钱与蒋某好好挥霍一番。蒋某从毒贩处购得少量毒品,邀请徐某共同吸食。徐某此前从没碰过毒品,出于好奇,答应与蒋某一块吸毒。徐某吸毒后产生幻觉,误以为上门送外卖的郑某准备杀害自己,为了保命遂拿起桌子上的菜刀,朝郑某身上砍去,造成郑某重伤。(事实四)

长期以来,徐某因为分赃不均对蒋某怀恨在心。某日,徐某敲诈勒索蒋某,要求蒋某三天内筹集10万元钱给徐某,否则将对蒋某及其家人实施暴力。蒋某对徐某的敲诈勒索行为完全不予理会,徐某大怒,使用暴力将蒋某控制后,当场从蒋某身上劫取了6万元,后放蒋某回家。(事实五)

徐某拿到6万元现金后的第二天,将自己的犯罪过程告知其亲属赵某并希望赵某提供处所。赵某答应了徐某的要求,让徐某在自己家中生活了近100天。某日,徐某在商场购物时,被警察因前述犯罪事实抓获。徐某在看守所期间,主动交代了其亲属赵某为自己提供住所的窝藏行为。(事实六)

徐某出狱后,到某公司任职。该公司的主要业务是提供门面出租,徐某的工作是负责收租金。按照公司要求,收取的租金应由租户直接打入公司的账户。但是徐某在与商家订立租赁合同时,欺骗商户将租金8万元直接打入其个人账户。(事实七)

【问题】

问题1:事实一中,徐某、蒋某的行为应如何定性?请说明理由。

问题2:事实二中,徐某、蒋某的行为应如何定性?请说明理由。

问题3:事实三中,司机朱某的行为应如何定性?可能存在哪些观点?请说明各种观点的理由和不足(如果认为有)。

问题4：事实四中，徐某的行为应如何定性？请说明理由。若徐某常年吸毒，明知自己吸毒后会产生被人追杀的幻觉，仍然实施吸毒行为，实施上述行为导致他人死亡的，又应如何定性？请说明理由。

问题5：事实五中，徐某的行为如何认定？请说明理由。

问题6：事实六中，徐某的行为是否成立立功？可能存在哪些观点？请说明各种观点的理由和不足(如果认为有)。

问题7：事实七中，徐某的行为如何定性？可能存在哪些观点？请说明各种观点的理由和不足(如果认为有)。

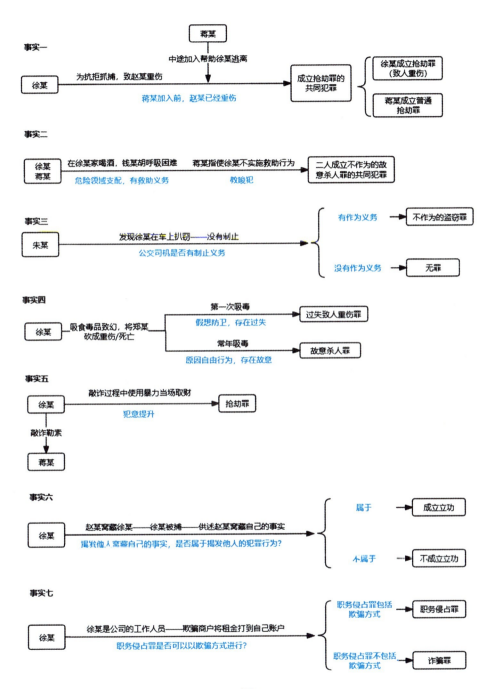

图 6

问题1：事实一中，徐某、蒋某的行为应如何定性？请说明理由。

答案：

徐某、蒋某的行为构成抢劫罪(转化型抢劫)的共同犯罪，徐某是抢劫致人重伤，蒋某仅对轻微伤负责，是普通抢劫罪。

首先，徐某实施盗窃行为被发现后，为抗拒赵某的抓捕而当场使用暴力，是事后抢劫(转化型抢劫)。

其次，蒋某明知徐某实施转化型抢劫而中途加入的，两人成立抢劫罪(转化型抢劫)的共同犯罪。

最后，蒋某加入之前，徐某已经造成的重伤结果，蒋某不需要负责。蒋某仅对自己加入之后造成的轻微伤负责。

问题2：事实二中，徐某、蒋某的行为应如何定性？请说明理由。

答案：

徐某、蒋某构成不作为的故意杀人罪的共同犯罪。

首先，原本徐某等三人相约喝酒属于成年人的日常生活行为，所制造的风险为社会所允许的风险。但是危险发生在徐某的家中，属于发现者的监控区域，因此徐某负有救助义务，能救助而不救助，徐某构成不作为犯的故意杀人罪。

其次，蒋某明知钱某有窒息死亡的危险，仍然指使徐某不实施救助行为，蒋某是教唆犯，构成不作为的故意杀人罪的共犯。

综上，徐某、蒋某二人构成不作为的故意杀人罪，且系共同犯罪。

问题3：事实三中，司机朱某的行为应如何定性？可能存在哪些观点？请说明各种观点的理由和不足(如果认为有)。

答案：

(1)一种观点认为，司机朱某构成不作为犯的盗窃罪。

理由：这种观点认为，不作为犯的义务来源包括对自己支配的建筑物、汽车等场所内的危险的阻止义务。公交车是司机的支配场所，司机对其中发生的危险具有作为义务。因此，当车上存在犯罪行为时，司机具有制止义务。能够制止而不制止的，成立不作为犯。

不足：这种观点的不足之处在于，载乘行为没有创设法所不容许的风险，也没有提高风险，其并非风险之真正来源。既然风险非由司机制造，司机无救助的义务。

对司机认定为不作为犯，实际上是变相地使见危不救入刑，违反罪刑法定原则。并且，公交车是一个相对开放的"公共场所"，不同于出租车这一相对狭小、可控的空间，公交车司机对车内的行为的掌控能力相对有限，以刑法规范公交车司机的不作为，有违刑法的谦抑性。

（2）另一种观点认为（法考观点），司机朱某不构成不作为犯。

理由：这种观点认为，司机在正常的载乘过程中，发现其所载乘的乘客遭遇其他犯罪侵害的，或者因为本人自招的原因而遭受其他危险的，单纯的不救助行为难以成立不作为犯罪。并且，公交车内，除了有司机之外，还有其他乘客，既然一般认为其他乘客"见危不救"不受任何处罚，就没有必要将司机的行为认定为不作为犯罪。

不足：这种观点的不足之处在于，司机明知他人在自己的车里实施犯罪而不制止，其主观恶性较大，并且刑法规范应逐步提升国民的救助义务范围，这是社会文明的必然结果，也是社会文明发展对国民所提出的规范要求。

问题4：事实四中，徐某的行为应如何定性？请说明理由。若徐某常年吸毒，明知自己吸毒后会产生被人追杀的幻觉，仍然实施吸毒行为，实施上述行为导致他人死亡的，又应如何定性？请说明理由。

答案：

（1）徐某的行为构成过失致人重伤罪。

首先，本案中，徐某第一次吸毒，并不明知自己吸毒后会产生被人杀害的幻觉，进而实施伤害他人的行为，不认为其主观上有犯罪的故意。

其次，可以理解为，徐某误以为郑某想要杀害自己，用菜刀将郑某杀害的行为属于假想防卫。当然，徐某的吸毒行为产生致人重伤的结果，存在过失。因此，徐某成立过失致人重伤罪。①

---

① 审判实践中重罪主义、重刑主义的倾向有时是比较明显的，类似本题中的情况，审判实践不少都以故意杀人罪论处，与司法考试观点并不一致。

（2）徐某的行为构成故意杀人罪。

常年吸毒，明知自己吸毒后会产生被人追杀的幻觉，仍吸毒，说明徐某主观上存在故意，对吸食毒品会造成的危害后果可以预见。故，徐某吸食毒品的行为属于原因自由行为，直接承担故意犯罪的刑事责任，即应当对他人的死亡结果承担责任，成立故意杀人罪。

问题5：事实五中，徐某的行为如何认定，请说明理由。
答案：
徐某的行为成立抢劫罪。

本案中，徐某在实施敲诈勒索的过程中，升级为当场使用暴力并劫取财物，属于犯意提升，构成抢劫罪既遂。

问题6：事实六中，徐某的行为是否成立立功，可能存在哪些观点？请说明各种观点的理由和不足(如果认为有)。
答案：
（1）一种观点认为，徐某的行为成立立功。

理由： 立功所要求的揭发"他人"犯罪行为，是指与本人共同犯罪以外的其他犯罪人的犯罪事实。

我国《刑法》仅对明知他人犯罪而提供帮助的行为规定为窝藏犯罪，而对犯罪后窝藏的人未规定为犯罪，因此被窝藏人与窝藏人不构成共同犯罪。就窝藏这一行为而言，徐某不构成犯罪，赵某构成窝藏罪。

因此，被窝藏人徐某到案后交代赵某的窝藏自己的犯罪行为，符合法律规定的"揭发他人犯罪行为"，应认定为立功。

不足： 这种观点回避了被窝藏人的逃匿行为与窝藏者的窝藏行为之间的关联性和因果关系。

我国法律确立立功制度的本意是为了调动一切积极因素，鼓励犯罪分子作出有益于国家和社会的行为，从而减轻自己的罪责，并获得司法机关的从宽处罚。如果接受窝藏的犯罪分子制造窝藏犯罪后，再揭发该犯罪行为可被认定为立功的话，那么将预示着犯罪分子逃避司法机关追诉的时间越长，制造的窝藏犯罪越多，其立功的机会也就越多，功劳也就越大，这与确立立功的立法本意完全相悖。

(2)另一种观点认为,徐某的行为不成立立功。

理由:实施犯罪后,被窝藏人接受他人帮助的行为包含于窝藏犯罪行为之中,实际上被窝藏人也是窝藏犯罪的参与者、制造者。被窝藏人主动揭发的他人窝藏犯罪行为,与其本人的犯罪行为及其逃匿行为具有必然关联性和因果关系,对此不能认定为立功。

不足:这种观点可能会不利于司法机关打击窝藏犯罪。如果认为被窝藏人主动供述他人窝藏犯罪的行为不成立立功,结合窝藏犯罪隐秘性的特点,对于立功的条件设置过高,不利于鼓励被窝藏者揭发窝藏者。

问题7:事实七中,徐某的行为如何定性,可能存在哪些观点?请说明各种观点的理由和不足(如果认为有)。

答案:

(1)一种观点认为,徐某的行为成立职务侵占罪。

理由:这种观点认为,认定职务侵占罪,只要求行为人利用了职务上的便利,至于其行为方式是"侵吞"还是"骗取或窃取"在所不问。本案中,行为人取走的虽然不是已经处于本人保管、占有之下的财产,而是骗取了租客应付的租金,但这仍然是利用了职务上的便利,成立职务侵占罪。

不足:这种观点过度扩张了职务侵占罪的适用范围,《刑法》对职务侵占罪的处罚过轻,不利于公司财产的保护。例如,对行为人非法取得价值8万元财物的案件,认定为诈骗罪属于"数额巨大",应判处三年以上十年以下有期徒刑,但认定为职务侵占罪,则只能处三年以下有期徒刑。[①]

(2)另一种观点认为,徐某的行为成立诈骗罪。

理由:这种观点认为,职务侵占罪的客观行为方式不包括"骗取""窃取",只包括利用职务上的便利"侵吞"本人占有之下的单位财产,以此限定职务侵占罪的成立范围。[②]

本案中,徐某从商家手中骗取本该属于公司的租金的,不属于直接拿走了

---

① 参见张明楷:《论刑法中的利用职务上的便利》,载《法治社会》2022年第5期,第3页。
② 参见张明楷:《论刑法中的利用职务上的便利》,载《法治社会》2022年第5期,第4页。

自己保管之下的财物,不能认定为职务侵占罪,应成立诈骗罪。

不足:这种观点,过于缩小了职务侵占罪的范围。虽然更加精准地区分了"职务上的便利"与"非职务上的便利"。但是,企业员工的职务权利范围存在一定的概括性、抽象性,《刑法》也并没有明文规定"利用职务上的便利"仅限于非法获取已经处于本人占有之下的财物,对于与职务有关的"窃取""骗取"行为,也应认为是职务侵占罪的行为方式,或者说是利用了职务上的便利。

案例(七)

案情

赵某、钱某是多年未见的好友,刚一见面,二人决定一醉方休。赵某、钱某二人喝醉后,钱某要求开赵某的车送赵某回家。赵某知道钱某已经喝醉,但还是将车辆交给钱某驾驶。途中,钱某驾车撞倒路边的孙某和李某,致孙某死亡,李某重伤。(事实一)

李某出院后,决心要报复钱某,于是找到好友周某,两人埋伏在钱某回家的必经之路,决定共同杀掉钱某。在打斗过程中,李某持刀刺向钱某,被钱某闪身躲过,李某误将刀刺进周某胸口,致周某死亡,钱某趁机逃走。(事实二)

李某逃亡过程中没有收入,于是决定实施入户抢劫。李某持刀进入吴某家中要求吴某交出财物。但吴某家中家徒四壁,李某翻找多时分文未得,只得离开。(事实三)

钱某逃回家后,好友郑某带钱某散心,提议二人上山打猎。郑某和钱某发现一只野鹿(非珍贵、濒危野生动物),二人约定一同射杀。在射击时,却不小心击中了野鹿旁边的护林员,导致护林员死亡。事后发现,无法证明是谁的子弹打中了护林员。(事实四)

钱某开车回家的途中,后备箱内的猎枪被警察发现,钱某的车因涉嫌非法运输枪支被公安机关扣押。钱某为夺回汽车,半夜强行闯进公安大院,将看门大爷殴打致重伤后将该被扣押的车辆开走。(事实五)

钱某为躲避警察追捕在外流浪。为获得收入,欲抢劫陈某财物,对陈某使用严重暴力,但陈某随身没有携带财物,钱某扣下陈某的身份证,要陈某独自外出去筹款,否则将对陈某及其家人进行恶性报复。陈某独立外出三小时,将筹集得来的5万元交给钱某。(事实六)

钱某拿到钱后想到商场消费,在路上捡到了一张冯某遗失的银行卡,背后写有密码。后持该卡去银行柜台营业员处,取走了卡内存款50万元。(事实七)

问题1:事实一中,一种观点认为赵某构成交通肇事罪。另一种观点认为赵某不构成交通肇事罪。请说明各种观点的理由和不足(如果认为有)。

问题2:事实二中,李某的行为如何定性?可以谈不同的观点,请说明各种观点的理由和不足(如果认为有)。

问题3:事实三中,关于李某的行为定性,一种观点认为,李某的行为成立"入户抢劫"的既遂。另一种观点认为,李某的行为成立"入户抢劫"的未遂。请说明各种观点的理由和不足(如果认为有)。

问题4:事实四中,关于钱某与郑某的行为定性,一种观点认为,钱某与郑某不构成犯罪。另一种观点认为,钱某与郑某成立过失致人死亡罪。请说明各种观点的理由和不足(如果认为有)。

问题5:事实五中,一种观点认为,钱某的行为构成故意伤害罪。另一种观点认为,钱某的行为构成抢劫(致人重伤)罪。请说明各种观点的理由和不足(如果认为有)。

问题6:事实六中,一种观点认为钱某的行为成立抢劫罪,另一种观点认为钱某的行为成立抢劫罪未遂与敲诈勒索罪。请说明各种观点的理由和不足(如果认为有)。

问题7:事实七中,一种观点认为钱某的行为构成盗窃罪。一种观点认为钱某的行为构成侵占罪。还有一种观点认为钱某的行为构成诈骗罪。请说明各种观点的理由和不足(如果认为有)。

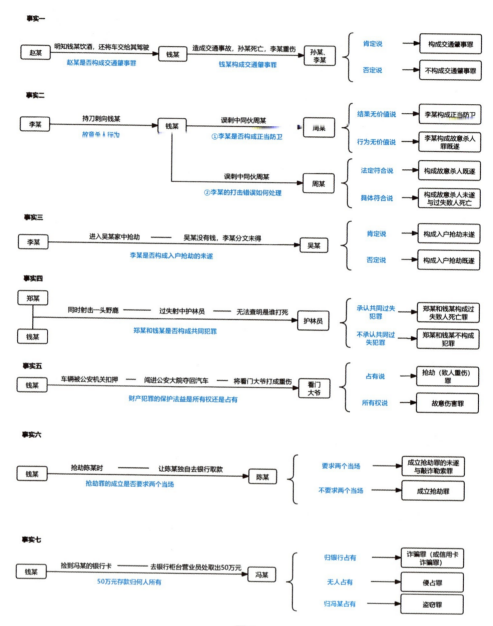

图 7

问题1:事实一中,一种观点认为赵某构成交通肇事罪。另一种观点认为赵某不构成交通肇事罪。请说明各种观点的理由和不足(如果认为有)。(6分)

【考点提示】车主将车辆交由无证者、醉酒者驾驶,进而发生交通事故的,能否认定为交通肇事罪:肯定说与否定说

答案:

关于赵某是否构成交通肇事罪,存在不同观点:

(1)一种观点(否定说)(1分)认为,赵某不构成交通肇事罪。

不构成交通肇事罪的理由:这种观点认为,将机动车交由醉酒者驾驶与"指使、强令"他人违章驾驶相比,行为人的主观故意明显不同,以交通肇事罪追究将机动车交由醉酒者驾驶的人的刑事责任,不符合共同犯罪原理,当事人之间对危害后果不存在共同罪过(1分)。①

不足:这种观点的不足之处在于,仅以交通肇事罪是过失犯罪而不成立共同犯罪为由,否认赵某对该死亡结果不承担责任。但忽略了钱某交通肇事行为并非孤立的肇事行为,(1分)赵某、钱某均对该危险驾驶行为所造成的严重后果有预见的可能性,应对该严重后果承担责任。

(2)另一种观点(肯定说)(1分)认为,赵某构成交通肇事罪。

构成交通肇事罪的理由:司法解释规定,单位主管人员、机动车辆所有人或者承包人等"指使、强令"他人违章驾驶,造成重大交通事故,以交通肇事罪定罪处罚。根据这一规定,既然"指使、强令"他人违章驾驶的,成立交通肇事罪,那么,"纵容"他人违章驾驶而造成严重后果的,也应成立交通肇事罪(1分)。

不足:

这种观点的不足之处在于,过于扩张了交通肇事罪的成立范围(0.5分),即使车主存在过失,但过失犯罪也不是共同犯罪,不能让车主对醉驾者过失行为所造成的危害结果承担责任。并且,"纵容"他人违章驾驶,与"指使、强

---

① 《最高人民法院研究室关于纵容他人醉酒驾驶造成重大交通事故定性问题的复函》。注意:即便认为纵容者不构成交通肇事罪,也构成危险驾驶罪的共犯。

令"他人违章驾驶,在主观罪过及危害性大小上也存在差异(0.5分),应区别对待。

问题2:事实二中,李某的行为如何定性?可以谈不同观点,请说明各种观点的理由和不足(如果认为有)。(8分)

【考点提示】偶然防卫;紧急避险

答案:

(1)李某误打中周某,致周某死亡,客观上制止了周某对钱某的侵害行为,保护了钱某。李某主观上并没有保护钱某的意思,但客观上起到保护钱某的效果,这属于偶然防卫(1分)。

对于偶然防卫,存在两种处理意见。

观点一:结果无价值论认为,李某构成正当防卫(0.5分)。

构成正当防卫的理由:李某误打中了周某,致周某死亡,但该结果在客观上被法律所允许,而且事实上保护了另一种法益(0.5分),使得钱某免受不法侵害,因此不成立犯罪,构成正当防卫。

不足:这种观点的不足之处在于,过于强调结果主义的导向,忽略了行为人主观上的恶意,也忽略了类似行为如果重复上演可能会造成严重后果而非"善果"(0.5分)。也忽略了刑法本身是一种行为规范,不能鼓励该类"偶然有好结果"的行为。

观点二:行为无价值论认为,李某构成故意杀人罪(0.5分)。

构成故意杀人罪的理由:李某客观上有杀人的行为,主观上有杀人的故意,并且造成了他人(同伙)死亡的结果(0.5分)。从规范行为的角度看,应承担故意杀人罪的刑事责任,成立故意杀人罪(既遂)。

不足:这种观点的不足之处在于,过于强调行为面、主观面,忽略了行为在客观上是有益于社会的(0.5分),就本案而言,李某的行为事实上是保护了被害人钱某,将不法侵害人周某刺死,这一客观结果是刑法所肯定的。

(2)李某欲杀害钱某,但客观上却杀害了周某,属于打击错误(1分)。对于打击错误,存在具体符合说与法定符合说两种处理意见。

观点一:法定符合说认为,李某构成故意杀人罪的既遂(0.5分)。

构成故意杀人罪既遂的理由：即便实际上被害的对象与李某意欲杀害的对象不是具体的一致,也不影响故意犯罪的成立(0.5分)。本案中,李某主观上有杀人的故意,客观上也导致了他人死亡,应认定为故意杀人罪的既遂。

不足：这种观点的不足之处在于,过于考虑刑法保护法益上的同一性,忽略了犯罪行为人主观内容(0.5分),行为人意欲侵害的具体对象及结果并没有实现,如果也认定为犯罪既遂,这在一定程度上背离了行为人主观上的具体意愿。

观点二：具体符合说认为,李某构成故意杀人罪(未遂)与过失致人死亡罪的想象竞合(0.5分)。

构成想象竞合犯的理由：由于客观事实与行为人的主观认识没有形成具体的统一(0.5分),所以,李某对钱某承担故意杀人罪未遂的责任,对周某的死亡结果承担过失致人死亡的责任,想象竞合,择一重罪处罚。

不足：这种观点的不足之处在于,过于强调行为人主观上的具体意愿,忽略了法律对于同类对象的无差别的保护(0.5分)。

问题3：事实三中,一种观点认为,李某的行为成立"入户抢劫"的既遂。另一种观点认为,李某的行为成立"入户抢劫"的未遂。请说明各种观点的理由和不足(如果认为有)。(6分)

【考点提示】加重构成与犯罪既、未遂的认定

答案：

关于李某行为的性质,存在如下观点：

(1)一种观点(肯定说)认为,应承认加重犯的未遂形态,李某的行为成立"入户抢劫"的未遂(1分)。

成立未遂的理由：这种观点认为,承认加重犯的未遂形态,可以更为全面地贯彻主客观相统一原则(1分),不仅仅以客观结果(入户)认定行为的性质,而是注重于行为本身针对"加重构成"的主观恶性及客观危险性。

本案中,李某实施入户抢劫,从结果上并未抢得财物,其主观恶性与客观危险性较一般抢劫罪更大,但较之入户抢劫且抢到了财物危害性更小,因此,应当成立"入户抢劫"的未遂。

不足：这种观点的不足之处在于，在客观结果之外，注重行为人的主观面及行为客观上可能侵害严重法益的危险性，但是，如何判断行为人的主观面及行为可能具有的危险性，在实务操作中并不容易(0.5分)。并且，立法上对于加重犯是否承认其存在未遂形态，本身也并不是特别明确的(0.5分)。

(2)一种观点(否定说)认为，不承认加重犯存在未遂形态，李某的行为成立"入户抢劫"的既遂(1分)。

成立既遂的理由：这种观点认为，只要实施了入户抢劫，无论是否抢到钱，都是犯罪既遂(1分)，立法将"入户抢劫"作为一种加重情节，目的就是要对之从严处罚。

本案中，李某已经实施了入户抢劫行为，虽然没有抢得财物，依然成立入户抢劫的既遂。

不足：这种观点的不足之处在于，不利于实现罪刑相适应原则(1分)，行为人的主观恶性、客观上行为的危险性存在差异，刑法对其处罚就应区别对待。

问题4：事实四中，一种观点认为，钱某与郑某不构成犯罪。另一种观点认为，钱某与郑某成立过失致人死亡罪。请说明各种观点的理由和不足(如果认为有)。(6分)

【考点提示】是否承认共同过失犯罪

答案：
关于钱某和郑某的行为性质，存在如下观点：

(1)一种观点认为，钱某、郑某二人不构成犯罪(1分)。

理由：这种观点认为钱某、郑某二人没有杀人的故意，仅有过失，根据《刑法》规定，共同过失不构成共同犯罪(0.5分)，每个人均只需要对自己行为所造成的结果承担责任。由于过失必须造成结果才能定罪处罚(0.5分)，且无法查明结果是谁造成的，故根据存疑有利于被告原则，不能将结果归属于钱某和郑某，钱某、郑某均无罪。

不足：这种观点的不足之处在于，不利于更好地惩治犯罪，实现刑法的社会防卫机能(1分)。尤其是各行为人基于共同的行为，但主观上存在过失，甚至共同过失的情形下，不认定为共同犯罪，难以追究各行为人的刑事责任，不利于对被害人利益的保护。

(2)另一种观点认为,钱某和郑某均成立过失致人死亡罪(1分)。

理由:该观点认为只要有共同的客观行为就成立共同犯罪(行为共同说),钱某、郑某二人共同实施了开枪射击行为,即便没有故意也成立共同犯罪(1分)。所以钱某和郑某均需要对整体的结果承担责任,钱某、郑某均成立过失致人死亡罪。

不足:这种观点的不足之处在于,背离了《刑法》关于共同犯罪要求"二人以上共同故意犯罪"的规定,不符合罪刑法定原则的要求(0.5分)。并且,在没有共同故意且没有查清结果发生的原因的情况下,将所有共同行为人认定为犯罪,不符合罪责自负(0.5分)。

问题5:事实五中,一种观点认为,钱某的行为构成故意伤害罪。另一种观点认为,钱某的行为构成抢劫(致人重伤)罪。请说明各种观点的理由和不足(如果认为有)。(6分)

答案:

(1)一种观点(占有说)认为,钱某的行为构成抢劫(致人重伤)罪(1分)。

构成抢劫罪的理由:这种观点认为,财产犯罪的保护法益,不仅仅是保护财产所有权,还保护其他权利,典型的如占有权(0.5分)。

在本案中,钱某将本属于自己所有、但目前被公安机关占有的汽车抢回来,侵犯了国家机关对车的占有(0.5分),并且将看守者打成重伤,因此成立抢劫(致人重伤)罪。

不足:

这种观点的不足之处在于,我国《刑法》对财产犯罪规定相对较重的法定刑,占有说过于扩张了财产犯罪的适用范围,导致处罚过重,有违罪刑相适应原则(0.5分)。按这一观点,偷回自己所有但处于他人占有状态下的财物,与偷回他人所有的财物,均认定为盗窃罪,没有区分侵犯所有权与侵犯占有权的差异(0.5分)。

(2)另一种观点(所有权说)认为,钱某的行为构成故意伤害罪(1分)。

构成故意伤害罪的理由:这种观点认为,财产犯罪的保护法益为所有权,单纯的占有权并不值得刑法保护(0.5分)。

在本案中,汽车虽然被扣押,但所有权仍归钱某所有,钱某的行为仅侵犯了占有权而没有侵犯他人的财产所有权(0.5分),不应以抢劫罪论处。同时,钱某将看守者打成重伤,成立故意伤害罪。

不足:

这种观点的不足之处在于,认为自己的财产不能成为财产犯罪的保护对象,即否认财产犯罪的保护对象包括"占有权",不利于维护社会的财产秩序。在当前社会财产关系较为复杂的背景下,行为人侵犯的财物的所有权究竟归属于谁,也存在判断上的不确定性,仅以"所有权"作为财产犯罪的保护法益对实务而言,存在判断所有权归属上的复杂性,从而使判断的可操作性受到影响(1分)。

问题6: 事实六中,一种观点认为钱某的行为成立抢劫罪,另一种观点认为钱某的行为成立抢劫罪未遂与敲诈勒索罪。请说明各种观点的理由和不足(如果认为有)。(6分)

【考点提示】抢劫罪的"两个当场"是否需要坚持:肯定说与否定说

答案:

关于钱某恐吓陈某,让其独自去取款的定性,存在不同观点:

(1)一种观点(肯定说)认为,钱某的行为成立抢劫罪既遂(1分)。

成立抢劫罪的理由: 这种观点认为,抢劫罪不必要求"两个当场"(0.5分),只要取财行为仍然是在前面所实施的暴力、胁迫行为的支配、影响下实施的,也成立抢劫罪。这种观点有助于前、后行为进行关联考察,而非割裂的判断。

在本案中,钱某以恶性报复恐吓陈某并因此取得财物,应当成立抢劫罪。

不足:

这种观点的不足在于,突破"两个当场",不利于清晰地认定抢劫罪,使得抢劫罪与敲诈勒索罪之间的界限变得模糊(1分)。

(2)另一种观点(否定说)认为,钱某的行为成立抢劫罪的未遂与敲诈勒索罪(1分)。

成立抢劫罪的未遂与敲诈勒索罪的理由: 该观点认为,抢劫罪必须要求

"两个当场"。钱某并没有当场取得财物,成立抢劫罪的未遂。后续恐吓陈某并事后取得财物的,成立敲诈勒索罪(0.5分)。

不足:

这种观点的不足在于,对于抢劫罪的认定过于机械化、形式化,仅以"两个当场"作为认定抢劫罪的标准,忽略了行为本身可能对人身和财产法益的严重侵犯,进而导致罪刑失衡(0.5分)。例如,对被害人使用严重暴力,但当场并未取得被害人的财物,而是事后才取得财物的,不认定为抢劫罪有违罪刑均衡。

这种观点也不符合司法实践的需要(0.5分),实务中,诸多案件,被害人身上并无财物,行为人多是事后取得财物,如果否认该类行为构成抢劫罪既遂,将严格限制抢劫罪的范围,不利于对犯罪行为的惩治。

问题7: 事实七中,一种观点认为钱某的行为构成盗窃罪,一种观点认为钱某的行为构成侵占罪,还有一种观点认为钱某的行为构成诈骗罪,请说明各种观点的理由和不足(如果认为有)。(8分)

【考点提示】关于存款的占有

答案:

钱某取走存款的行为成立何种犯罪,关键在于存款归何人占有:

(1)一种观点认为,钱某的行为成立诈骗罪(或信用卡诈骗罪)(1分)。

成立诈骗罪(或信用卡诈骗罪)的理由: 如果认为该存款归银行占有(0.5分)。钱某欺骗了银行工作人员,取走了银行存款,构成诈骗罪(或信用卡诈骗罪)。

不足:

钱某捡到该卡,即使不实施任何欺诈行为,由于知悉卡的密码,按照银行卡使用规则,也可以更为方便地取走卡内钱款,不能认为卡内存款归银行占有(0.5分)。因此,难以称得上在银行取款的行为为诈骗罪(或信用卡诈骗罪),或者说,银行工作人员也并不会对用卡行为进行实质审查(0.5分)。

(2)另一种观点认为,钱某的行为成立侵占罪(1分)。

成立侵占罪的理由: 如果认为银行卡内的存款本身就在银行卡内,既不归银行占有,也不归卡的名义人占有,处于无人占有的状态(0.5分)。钱某捡到冯某的财物后,据为己有的,成立侵占罪。

不足:

捡到银行卡的行为不能直接等同于捡到财物,其后续取款还需要通过非法手段(0.5分),仅认定为侵占罪会导致处罚畸轻(0.5分)。类似的,捡到他人家中的钥匙,不能认为"捡"到了他人的房产及屋内财物,后用钥匙打开他人家门取财的,也是认定为盗窃罪,而非侵占罪。

(3)还有一种观点认为,钱某的行为成立盗窃罪(1分)。

成立盗窃罪的理由: 这种观点认为,存款虽然归冯某占有,但是,冯某的财物在银行卡内,属于封缄物(0.5分),行为人还得通过使用密码等非法手段取走卡内存款,成立盗窃罪。

不足:

这种观点的不足之处在于,不利于实现罪刑相适应原则(0.5分)。我国《刑法》规定了盗窃信用卡并使用的行为成立盗窃罪。捡拾信用卡并使用的主观恶性和客观危险性较前者为低,如果也认定为盗窃罪,无法体现两种行为之间的区别。毕竟这种行为与盗窃罪不同,盗窃罪是"没有机会而创造机会"去犯罪,而本案是"机会已经到来(捡到卡)而利用该机会"去犯罪。

案例(八)

案情

钱某是某手表零售商,经常绕过海关检查走私高档进口手表,并将该走私进口的手表在国内进行销售。(事实一)

钱某在车内放入大量走私的手表,准备开出收费停车场时,发现附近有海关人员。心虚的钱某害怕海关人员上前盘问,于是在排队出停车场时,钱某紧跟前面李某的汽车,待李某交费驶离收费出口,趁栏杆还没有放下时,驾车冲出停车场,进而达到不交停车费的目的。(事实二)

钱某有钱后染上了赌博。初期,钱某在赌场手气很好,每当对方输得无法还债时,钱某就会强行用刀剁掉对方的小指来抵债。钱某用此办法先后砍掉8

个人的小指。(事实三)

后期,钱某手气不好输光了所有资产,身无分文的钱某决定以盗窃为生。钱某前往李某家,窃得一块名贵手表。下楼离开时,误以为周某是回家的李某。为了窝藏赃物,将周某打成轻伤。事实上,周某只是个送外卖的小哥,对钱某盗窃的事实并不知情。(事实四)

几天过去,钱某回到家后担心李某报警(事实上李某也已经报警),钱某的妻子吴某提议,不如再去李某家,将李某杀死。钱某同意,手持菜刀前往李某家,结果在途中被警察抓获。事后得知,这两名警察在李某报警后已经调查出钱某的犯罪行为,正是要去钱某家逮捕钱某的途中发现了钱某。(事实五)

吴某认为是李某害了钱某,怀恨在心,于是独立前往李某家中,欲将李某杀死。实施砍杀后,李某事实上还未死亡,但吴某误以为李某已经死亡,于是电话通知好友郑某来到现场帮忙抛"尸"。二人将李某装入麻袋中意图沉入江中。搬运过程中,郑某发现李某还有气息,但是郑某没有告知吴某。后在大桥上,吴某独自将李某抛入江中,郑某一直站在旁边没做什么,只是反复催促吴某动作快一点。事后查明,李某是淹死的。(事实六)

吴某杀人后精神出现问题,在某小区门口持刀追砍他人。小区的保安陈某和门口巡逻的警察冯某都看到了,但没有出手制止吴某,最终导致吴某砍死两人。(事实七)

问题1:事实一中,关于钱某行为的定性,一种观点认为钱某的行为成立走私普通货物罪与洗钱罪,应当数罪并罚。另一种观点认为钱某的行为成立走私普通货物罪与洗钱罪,应当择一重处。请说明各种观点的理由和不足(如果认为有)。

问题2:事实二中,关于钱某不交停车费的行为的定性(不考虑数额),存在多种观点。第一种观点认为钱某的行为成立抢夺罪。第二种观点认为钱某的行为成立盗窃罪。第三种观点认为钱某的行为不构成犯罪。请说明各种观点的理由和不足(如果认为有)。

问题3:事实三中,关于钱某行为的定性,一种观点认为应当对钱某以一个故意伤害罪论处。另一种观点认为,应当对钱某以8个故意伤害罪数罪并罚。

请说明各种观点的理由和不足(如果认为有)。

问题4：事实四中，关于钱某行为的定性，一种观点认为钱某成立事后(转化型)抢劫。另一种观点认为钱某成立盗窃罪和故意伤害罪。请说明各种观点的理由和不足(如果认为有)。

问题5：事实五中，关于吴某行为的定性，一种观点认为吴某的行为成立教唆犯的未遂。另一种观点认为，吴某的行为不构成犯罪。请说明各种观点的理由和不足(如果认为有)。

问题6：事实六中，关于郑某行为的定性，一种观点认为郑某的行为成立故意杀人罪的间接正犯，另一种观点认为郑某的行为成立故意杀人罪的帮助犯。请说明各种观点的理由和不足(如果认为有)。

问题7：事实七中，一种观点认为保安陈某构成不作为的故意杀人罪。另一种观点认为陈某不构成犯罪。请说明各种观点的理由和不足(如果认为有)。

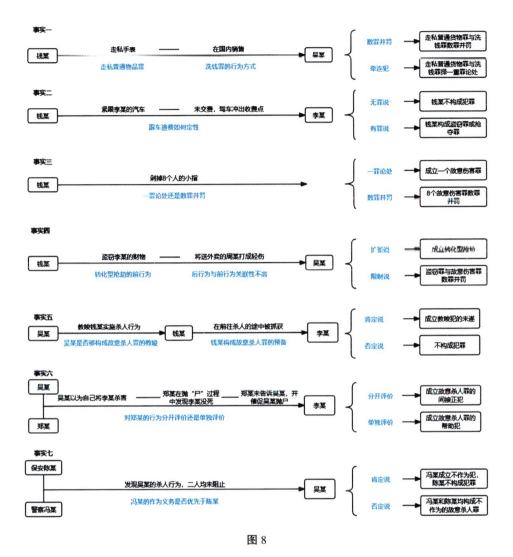

图 8

问题1:事实一中,关于钱某行为的定性,一种观点认为钱某的行为成立走私普通货物罪与洗钱罪,应当数罪并罚。另一种观点认为钱某的行为成立走私普通货物罪与洗钱罪,应当择一重处。请说明各种观点的理由和不足(如果认为有)。(8分)

【考点提示】洗钱罪(自洗钱)与上游犯罪的罪数关系

答案：

首先，钱某走私高档手表，成立走私普通货物罪(1分)。

其次，钱某独自在中国境内销售走私来的手表，属于将财产转换为现金、金融票据、有价证券的自洗钱行为，成立洗钱罪(1分)。

最后，关于自洗钱与上游犯罪之间的罪数关系，存在不同观点：

(1)一种观点认为，直接销售自己走私的手表的行为，成立走私普通货物罪与洗钱罪，应当数罪并罚(1分)。

应当数罪并罚的理由：这种观点认为，《刑法修正案(十一)》将自洗钱行为单独入罪，说明立法将洗钱罪的主体范围有所扩大，体现出对洗钱行为从严治理的刑事政策(0.5分)。因此，如果将自洗钱行为所成立的洗钱罪与上游犯罪择一重处，将导致许多自洗钱行为无法被单独评价，违背了立法将自洗钱行为独立成罪的初衷。

因此，在本案中，钱某直接销售自己走私的手表，应当成立洗钱罪与走私普通货物罪，数罪并罚(0.5分)。

不足：

这种观点的不足之处在于，过于机械地理解洗钱罪与上游犯罪之间的关系(0.5分)。《刑法修正案(十一)》将自洗钱行为规定为洗钱罪，是为了发挥刑法的明示机能。认定行为人构成洗钱罪与上游犯罪的同时，在处罚时仅以一罪论处，同样可以发挥刑法的明示机能，即明确行为人既实施了走私行为，又实施了洗钱行为。并且，在洗钱罪与上游犯罪之间存在紧密联系的情况下依然数罪并罚，有悖于罪刑相适应的基本原则，不当扩大了刑法的适用范围(0.5分)。

(2)另一种观点认为，直接销售自己走私的手表的行为，成立走私普通货物罪与洗钱罪，应当从一重处(1分)。

应当从一重处的理由：这种观点认为，走私行为与之后的销售行为之间是原因行为与结果行为这种牵连关系，因此应当认为，这种情况下上游犯罪与洗钱罪之间应当适用牵连犯的处罚原则(0.5分)，以一罪(走私普通货物、物品罪)论处即可。

因此,在本案中,钱某直接销售自己走私的手表,应当成立洗钱罪与走私普通货物罪,从一重罪论处(0.5分)。

不足:

这种观点的不足之处在于,我国没有关于牵连犯的相关规定,因此如何判断牵连犯难度较大,加大了实务中的操作难度(0.5分)。并且,在处罚上以一罪论处容易鼓励行为人积极实施销售行为,不利于实现刑法的预防目的(0.5分)。

问题2:事实二中,关于钱某不交停车费的行为的定性(不考虑数额),存在多种观点。第一种观点认为钱某的行为成立抢夺罪。第二种观点认为钱某的行为成立盗窃罪。第三种观点认为钱某的行为不构成犯罪。请说明各种观点的理由和不足(如果认为有)。(6分)

【考点提示】高速公路闯卡、跟车逃费的定性

答案:

(1)观点一:钱某的行为不构成诈骗罪,也不构成犯罪(1分)。

不构成犯罪的理由:这种观点认为,本案中,钱某仅实施了跟车行为,工作人员并没有产生错误认识进而免收钱某的停车费(0.5分),故钱某的行为不成立诈骗罪。这属于民事纠纷。

不足:这种观点的不足在于,该行为确实具有较为严重的危害性,也损害了收费站的利益(未交停车费),无论从主观恶性还是客观危害性上看,危害性均较大(0.5分),不认定为犯罪,可能并不合理。

(2)第二种观点认为,钱某的行为构成抢夺罪(1分)。

构成抢夺罪的理由:这种观点认为,钱某公然抢夺了财产性利益(免收停车费),构成抢夺罪(0.5分)。

(3)第三种观点认为,钱某的行为构成盗窃罪(1分)。

构成盗窃罪的理由:这种观点认为,行为人趁被害人(收费员)不注意而取走了财产性利益,符合盗窃罪的犯罪构成(0.5分)。

不足:第二、三种观点的不足之处在于,将财产性利益作为盗窃罪、抢夺罪的对象,过于扩张了财产犯罪的成立范围(0.5分)。并且,行为人在获取该

"财产性利益"后,与普通的盗窃罪、抢夺罪确实存在差异,与收费站之间的债权债务关系仍然存在(0.5分)。

问题3:事实三中,关于钱某行为的定性,一种观点认为应当对钱某以一个故意伤害罪论处。另一种观点认为,应当对钱某以8个故意伤害罪数罪并罚。请说明各种观点的理由和不足(如果认为有)。(6分)

【考点提示】同种数罪是否需要并罚:肯定说与否定说

答案:

关于钱某是否需要数罪并罚,存在不同观点:

(1)否定说认为,同种数罪不并罚,认定为一罪即可(1分)。

认定为一罪的理由:这种观点认为对于同种数罪认定为一罪,符合实务的通行做法(0.5分),在操作上也更具有便利性(0.5分),无须细分为数罪。这种观点同时认为,行为人虽然实施了8个故意伤害行为,但该8个故意伤害行为是基于同一类型的故意,仅认定为故意伤害罪一罪即可。

不足:这种观点的不足之处在于,对于部分轻罪案件,如果同种数罪仅认定为一罪,可能会违反罪刑相适应原则(1分),需要并罚。如本案中,仅认定为故意伤害罪一罪,并且结果为轻伤,会导致处罚过轻。

(2)肯定说认为,应"有限度地承认"同种数罪可以并罚(1分)。

数罪并罚的理由:这种观点认为,如果以一罪论处,会导致罪刑失衡的,可以考虑并罚(1分)。

本案中,如果仅认定为故意伤害罪(轻伤)一罪,法定刑为三年以下有期徒刑,会导致罪刑失衡。可以以多个故意伤害罪(轻伤)并罚以实现罪刑均衡。当然,如果行为人实施了8个故意杀人行为,由于故意杀人罪的法定最高刑为死刑,认定为一罪也能实现罪刑相适应,无须并罚。

不足:这种观点的不足之处在于,增加了实务的操作难度(1分),容易出现同案异判的情况。如何判断行为人实施了多个同种罪行的时候,定一罪是否能够实现罪刑相适应,可能会因为不同的判断的主观性而存在差异。

问题4：事实四中，关于钱某行为的定性，一种观点认为钱某成立事后(转化型)抢劫。另一种观点认为钱某成立盗窃罪和故意伤害罪。请说明各种观点的理由和不足(如果认为有)。(6分)

【考点提示】如何认定转化型抢劫的前、后行为的关联性：主观说与主客观统一说

答案：

(1)一种观点(扩张说)认为，钱某成立转化型抢劫(1分)。

成立转化型抢劫的理由：这种观点认为，成立转化型抢劫，行为人必须是出于窝藏赃物、抗拒抓捕、毁灭罪证三种特定目的之一，而当场使用暴力或以暴力相威胁。因此，只要行为人主观上是基于上述目的，并在此目的下实施了暴力行为即可，强调了前、后行为在主观上的关联性(0.5分)。不要求行为人客观上必须实现这三种目的，即不要求暴力、胁迫行为与窝藏赃物、抗拒抓捕、毁灭罪证的目的达成之间存在客观上的关联(0.5分)。

本案中，钱某主观上是为了窝藏赃物而实施暴力，即便客观上未针对抓捕者使用暴力(将周某打成轻伤)，也成立转化型抢劫。法条依据为《刑法》第269条。①

不足：过于扩大了《刑法》第269条转化型抢劫的适用范围，一定程度上还背离了罪刑法定原则(0.5分)。《刑法》第269条要求使用暴力必须是出于"窝藏赃物、抗拒抓捕、毁灭罪证"的目的，该类案件中，行为人的目的也没有实现，不宜认定为转化型抢劫。

此外，我国司法解释对转化型抢劫的适用范围也持限制态度(0.5分)，司法解释规定，14—16周岁的人，不对《刑法》第269条的转化型抢劫承担责任。

(2)另一种观点(限制说)认为，钱某成立盗窃罪和故意伤害罪，应并罚(1分)。

成立故意伤害罪与盗窃罪的理由：成立转化型抢劫不仅仅要求行为人主观上是出于"窝藏赃物、抗拒抓捕、毁灭罪证"，还要求暴力、胁迫行为与上述目

---

① 《刑法》第269条：犯盗窃、诈骗、抢夺罪，为窝藏赃物、抗拒抓捕或者毁灭罪证而当场使用暴力或者以暴力相威胁的，依照本法第263条的规定(抢劫罪)定罪处罚。

的达成之间存在客观上的关联性(0.5分),即暴力、胁迫的对象应该是防止行为人"窝藏赃物、毁灭罪证或是抓捕行为人"的人。

本案中,尽管钱某主观上是出于窝藏赃物的目的,但其对来楼里送外卖的周某(无关第三人)实施暴力,前、后行为没有客观上的关联性,仅成立盗窃罪和故意伤害罪,数罪并罚(0.5分)。

不足:这种观点的不足之处在于,《刑法》第269条规定转化型抢劫罪,属于一种拟制型的规定,就是考虑该类行为既侵犯了财产权利,也侵犯了人身权利,需要从严处罚而认定为抢劫罪,为了严惩该类行为而以抢劫罪论处。因此,如果过分限缩其适用范围,不符合立法目的(1分)。

问题5:事实五中,关于吴某行为的定性,一种观点认为吴某的行为成立教唆犯的未遂。另一种观点认为,吴某的行为不构成犯罪。请说明各种观点的理由和不足(如果认为有)。(6分)

【考点提示】教唆未遂如何认定:共犯从属性与共犯独立性

答案:

关于吴某的行为是否属于教唆未遂,存在以下两种观点:

(1)一种观点认为,吴某的行为成立教唆未遂(1分)。

教唆未遂的理由:共犯独立性的观点认为,行为人的危险性一旦通过一定的行为流露出来,即可认定其有实行行为,这就是独立的犯罪行为(0.5分)。

本案中,吴某教唆钱某实施杀人行为,属于独立的犯罪行为,尽管钱某没有着手实施被教唆的罪,吴某也应受处罚,成立教唆未遂(0.5分)。

不足:这种观点的不足之处在于,扩大了刑法处罚范围(0.5分)。虽然行为人实施了教唆行为,但该教唆行为要经由被教唆者的"实行行为"才能侵害具体的法益。如果被教唆者没有"实行行为",从保护法益的角度看,无处罚的必要。并且,该类案件,实务中一般也不认定为犯罪,搜集相关的证据(教唆行为)也确属难事(0.5分)。

(2)另一种观点认为,吴某的行为无罪(1分)。

无罪的理由:共犯从属性的观点(通说)认为,只有单纯的教唆、帮助行为,并不构成犯罪(0.5分),必须是被教唆、被帮助的人着手实施犯罪时,共犯才成立。

本案中,吴某虽然教唆钱某实施杀人行为,但因钱某并未着手实施被教唆的罪(0.5分),故吴某无罪。

不足:这种观点的不足之处在于,过于强调结果主义的导向,忽略了刑法对行为的塑造,即忽略了行为无价值。毕竟行为人实施了教唆行为,甚至引起了他人的犯罪故意,只是因为被教唆者没有着手实行犯罪就认定为无罪,不利于严惩教唆者。尤其是如果针对较为严重的犯罪实施教唆行为,贯彻共犯从属性理论而认定为无罪,不利于对重大法益的保护(1分)。

问题6:事实六中,关于郑某行为的定性,一种观点认为郑某的行为成立故意杀人罪的间接正犯,另一种观点认为郑某的行为成立故意杀人罪的帮助犯。请说明各种观点的理由和不足(如果认为有)。(8分)

【**考点提示**】因果关系的错误之"事前的故意"的不同学说:整体判断与分别判断

答案:

首先,郑某对李某的死亡构成故意杀人罪(1分)。

郑某明知吴某在犯罪,却仍然在犯罪过程中加入,是承继的共犯(0.5分)。郑某明知李某没有死亡,却催促吴某动作快一点,显然主观上具有杀人故意,客观上对李某的死亡也起到了作用(0.5分),应认定为故意杀人罪。

其次,郑某成立的是故意杀人罪的间接正犯还是帮助犯,根据吴某的行为认定而存在不同观点。吴某以为李某已经死亡,为毁灭罪证而将李某淹死,属于事前的故意(1分)。

(1)一种观点(分别判断)认为,郑某的行为成立故意杀人罪的间接正犯(1分)。

成立间接正犯的理由:这种观点认为,应当将吴某的前行为认定为故意杀人罪未遂,将后行为认定为过失致人死亡罪,对二者实行数罪并罚或者按想象竞合处理。理由是,毕竟是因为后行为导致死亡,吴某对后行为只有过失(0.5分)。

因此,在这种观点下,郑某的行为属于利用吴某的后行为(过失行为)实施杀人,是故意杀人罪的间接正犯(因为此时吴某仅存在过失,而郑某存在杀人的故意,郑某的杀人故意吴某并不知晓)(0.5分)。

不足：

这种观点的不足之处在于,过于精确化的判断不利于实务操作(0.5分)。同时,也会导致大致相同的行为却得出不同的处理结果。例如,吴某以杀人的故意直接致人死亡的,成立故意杀人罪。而该类型的因果关系的错误与此类行为并无太大差异,但最终却被分别认定为故意杀人罪未遂与过失致人死亡罪(0.5分)。

(2)另一种观点(整体判断)认为,郑某的行为成立故意杀人罪的帮助犯(1分)。

成立帮助犯的理由： 这种观点认为,应当将吴某的前、后行为进行整体评价,认定为故意杀人罪既遂一罪(或故意的抢劫致人死亡即对死亡持故意一罪)。理由是,前行为与死亡结果之间的因果关系并未中断(0.5分),前行为与后行为具有一体性,故意不需要存在于实行行为的全过程。

因此,在吴某对死亡结果持有故意的前提下,郑某帮助吴某实施了杀人行为,成立故意杀人罪的帮助犯(从犯),这可以认为二人具有杀人的共同故意,成立共同犯罪(0.5分)。

不足：

这种观点的不足之处在于,对前、后行为进行整体化的判断,忽略了行为人在实施前、后具体行为时主观心态上的差异,背离了主、客观相统一原则(1分)。毕竟,郑某的杀人故意,吴某并不知情。

问题7： 事实七中,一种观点认为保安陈某构成不作为的故意杀人罪。另一种观点认为陈某不构成犯罪。请说明各种观点的理由和不足(如果认为有)。① (6分)

【考点提示】不作为犯中作为义务的判断：是否有顺序

答案：

关于陈某是否构成不作为的故意杀人罪,存在不同观点：

(1)一种观点认为,不应按顺序履行救助义务,保安陈某与警察冯某均有制止、救助的义务,陈某不履行该义务的,构成不作为犯的故意杀人罪(1分)。

---

① 参见魏东、谢铠：《不作为犯中作为义务的层级关系论》,载《人民检察》2022年第11期,第9页。

成立不作为犯的理由：这种观点的理由在于，只要具有作为义务的主体，就不区分先后顺序，这有利于对被害人进行更为全面周延的保护（0.5分），也有助于唤醒国民的责任意识。

本案中，甲作为小区保安，有救助小区居民的义务，也有阻止他人侵害小区居民的义务（0.5分），无论其救助义务处于何种顺位，其不履行该义务的，均成立不作为犯的故意伤害罪。

不足：这种观点的不足在于，不同主体对被害人的亲疏程度、保护责任确实存在差异，如果对所有义务主体同时要求履行救助义务，违反了罪刑相适应原则（0.5分）。同时，对所有主体赋予相同顺位的义务，可能会使义务主体怠于履行义务（0.5分）。

（2）另一种观点认为（法考观点），应按顺序履行救助义务，陈某不构成不作为犯的故意伤害罪（1分）。

无罪的理由：具有作为义务的不同主体，对于其作为义务进行顺序上的区别对待，有助于更好地评判不同主体履行义务的顺序，评判不同主体不履行义务的危害性差异，进而更好地实现区别对待（0.5分）。

本案中，陈某作为小区保安，虽然有义务救助小区居民，但冯某作为人民警察，冯某的义务是第一顺位的。当吴某侵害他人生命时，作为第二顺位的陈某，没有义务阻止（0.5分），陈某不构成犯罪。

不足：

这种观点的不足在于：过度强调作为义务的顺序，只有处于具有救助义务顺位的人才具有作为义务，不利于对被害人利益的全面保护（0.5分）。并且，如何评判作为义务的先后顺序，也存在争议（0.5分）。

案例（九）

案情

富二代甲在酒吧认识了肖某（女），甲因为肖某长相美丽，甲心生歹意，欲奸淫肖某。便以去自己家看电影为由，将肖某哄骗至家中，将肖某灌醉后，与肖某发生性关系。事后查明，肖某已经喜欢甲很久，当时只是假装被灌醉，当

天晚上就是想主动和甲发生性关系的。(事实一)

第2天,甲约了自己的好友赵某进行飙车竞速。赵某撞上了人行路上绿灯通行时的王某,王某当场死亡。赵某主动投案自首,甲逃离现场。事后法院认定赵某对被害人王某的死亡结果是过失的心态,且对此负事故全部责任,判处赵某成立交通肇事罪。(事实二)

甲逃回家后,将飙车撞人的事情告知了妻子徐某,徐某劝甲去自首,甲害怕坐牢拒绝了徐某,带上大量现金准备潜逃。徐某堵在门口求甲不要逃跑,甲一气之下想要勒死徐某。正当甲拿皮带勒徐某脖子的时候,徐某叫喊,二人的孩子毛毛(4岁)听到呼喊后跑过来,甲觉得不应该当着孩子的面杀死妻子,于是停止行凶,仅造成徐某轻伤。(事实三)

甲离开家后,身无分文,想起自己去年借给李某的高利贷(本金100万元,年息100万元)已经到期,便找到李某索要贷款。李某表示,要钱没有,要命一条。甲采取非法拘禁的方法要求李某还款100万元本金以及4800元的合法利息,不要求李某归还合法利息以外的高额利息,拘禁李某2小时后即被警方发现后逃跑。(事实四)

甲在外潜逃的过程中,被赵某的妻子周某发现,周某要挟甲,若不给自己100万元,就将甲的行踪汇报给公安机关。甲害怕,就按照周某的指示,将100万元现金放到某一废弃的工厂门口。周某将事情的真相告诉了情人郑某,让郑某去指定地点取钱,郑某取到钱后与周某平分,每人得50万元。(事实五)

周某拿到钱后,成立光华公司,并以公司名义取得某片工业性质用地的使用权。后周某因资金紧缺一直未按照土地出让合同约定进行开发利用。为规避该工业用地不能买卖的规定,以股权转让的方式将光华公司转让给他人,进而实现将土地使用权转让的目的。(事实六)

问题1:事实一中,甲的行为是否成立强奸罪?可能存在哪些观点?请说明各种观点的理由和不足(如果认为有)。

问题2:事实二中,甲的飙车行为与王某的死亡结果之间是否存在因果关系?可能存在哪些观点?请说明各种观点的理由和不足(如果认为有)。

问题 3:事实三中,甲的行为,有一种观点认为应以故意杀人罪未遂论处。还有一种观点认为应以故意杀人罪中止论处。请说明各种观点的理由和不足(如果认为有)。

问题 4:事实四中,甲的行为是否成立催收非法债务罪?请说明各种观点的理由和不足(如果认为有)。你持什么观点?

问题 5:事实五中,郑某的行为,有一种观点认为应以敲诈勒索罪论处。还有一种观点认为应以侵占罪论处。请说明各种观点的理由和不足(如果认为有)。

问题 6:事实六,周某以股权转让的形式实现土地使用权的转让目的的行为,是否成立非法转让、倒卖土地使用权罪,可能有在哪些观点?请说明各种观点的理由和不足(如果认为有)。

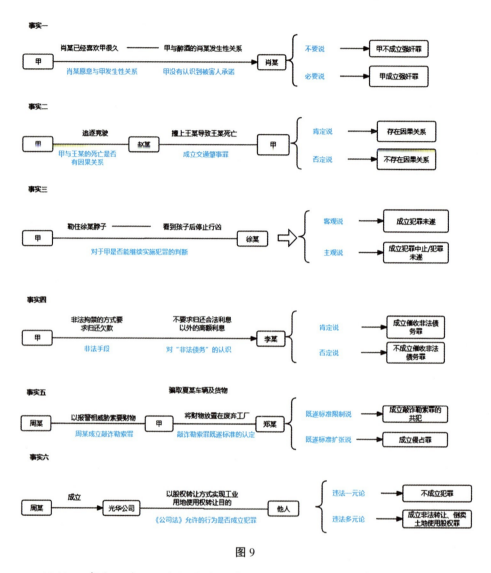

图9

问题1:事实一中,甲的行为是否成立强奸罪?可能存在哪些观点?请说明各种观点的理由和不足(如果认为有)。

【考点提示】行为人对被害人承诺的认识:不要说与必要说

答案:

甲行为的定性,即是否构成强奸罪关键在于,被害人承诺是否要求行为人

认识到被害人的承诺。关于这一问题存在以下两种观点:

(1)第一种观点(不要说)认为,甲不成立强奸罪(1分)。

不成立强奸罪的理由:被害人承诺不要求行为人认识到被害人的承诺。尽管甲不知道肖某自愿与其发生性关系,但事实上肖某同意了,行为并没有实际侵害肖某的性自由法益(0.5分),甲不成立强奸罪。①

不足:

过度强调了刑法的保护法益机能(0.5分),忽略了刑法的行为规范机能。虽然该类案件客观上没有侵害法益,但是行为人主观上有侵害法益的故意,并基于此故意而实施了行为,行为本身的"恶"也是刑法所禁止的。如果此类行为不以犯罪论处,不利于实现刑法的行为规范(规制)机能(0.5分)。

(2)第二种观点(必要说)认为,甲成立强奸罪(未遂)(1分)。

成立强奸罪(未遂)的理由:被害人承诺要求行为人认识到被害人的承诺。本案中,甲并不知道肖某系自愿与之发生性关系,也即肖某的承诺对于甲而言无效,从刑法规范行为的角度看,甲成立强奸罪(未遂)(0.5分)。

不足:

过度强调了刑法的行为规制机能,是站在预防主义的角度,忽略了行为客观上并没有造成法益侵害的结果(0.5分),不符合刑法的谦抑性(0.5分)。

问题2:事实二中,甲的飙车行为与王某的死亡结果之间是否存在因果关系?可能存在哪些观点?请说明各种观点的理由和不足(如果认为有)。(6分)

【考点提示】共同危险驾驶行为人,对同案犯所造成的严重后果如何承担责任。

答案:

(1)一种观点(肯定说)认为,甲的行为与王某的死亡结果之间存在因果关系(法考通说)。(1分)

---

① 关于被害人承诺是否要求行为人认识到被害人的承诺这一问题,张明楷教授认为,既然被害人同意,行为人的行为与法益损害结果,就不存在受保护的法益,故不必要求行为人认识到被害人的承诺。参见张明楷:《刑法学》(第六版),法律出版社2021年版,第298页。

这种观点的理由：甲和赵某二人共同飙车，情节恶劣，成立危险驾驶罪的共犯(0.5分)。危险驾驶行为本身具有致人重伤、死亡的高度可能性(0.5分)，换言之，危险驾驶行为稍微越界，就可能演化为交通肇事罪或以危险方法危害公共安全罪。即便是赵某的危险驾驶行为造成了重伤结果，甲也需要对该共同危险驾驶行为造成的重伤结果承担责任，故二人均需要对该重伤结果承担责任，甲的飙车行为与王某的死亡结果之间有因果关系。

或者可以认为，交通肇事罪是危险驾驶罪的结果加重犯，甲和赵某在共同实施危险驾驶行为时，对该基本犯罪行为(危险驾驶)所造成的加重结果(死亡)有预见的可能性，当然需要对共同危险驾驶行为所造成的加重结果(死亡)承担责任。张明楷教授亦持此观点。①

不足：

该观点违背了共同犯罪只能由故意犯罪构成的原则，容易造成犯罪圈的扩张。(1分)《刑法》第25条第2款规定："二人以上共同过失犯罪，不以共同犯罪论处；应当负刑事责任的，按照他们所犯的罪分别处罚。"虽然从理论和实践上说，成立过失的共同犯罪的观点具有一定合理性，但既然《刑法》否认了过失共同犯罪，认为交通肇事罪存在共同过失犯罪，可能违背了罪刑法定原则。

(2)另一种观点(否定说)认为，甲的行为与王某的死亡结果之间不存在因果关系(实务观点)。(1分)

这种观点的理由：共同危险驾驶的行为人，不需要对其他同案犯造成的重伤、死亡结果(即交通肇事罪)承担责任。交通肇事罪是过失犯罪(0.5分)，各共同危险驾驶人对于造成的重伤、死亡结果不存在共同的故意，不需要对该结

---

① 张明楷教授同时指出，行为人教唆他人醉酒驾驶，被教唆者醉酒驾驶而导致他人死亡的，驾驶者(被教唆者)构成交通肇事罪，需要对该死亡结果承担责任。教唆者虽然是危险驾驶罪的教唆犯，也需要对该危险驾驶行为所造成的死亡结果承担责任，因为教唆他人危险驾驶时，是可能预料到该危险驾驶行为所造成的严重后果的，故需要对该死亡结果承担责任，成立交通肇事罪。参见张明楷编著：《刑法的私塾》，北京大学出版社2017年版，第280页。

果承担共同的责任(0.5分)。①

不足：

该观点仅以交通肇事罪是过失犯罪而不成立共同犯罪为由,主张甲对王某的死亡结果不承担责任。忽略了该交通肇事行为并非孤立的肇事行为,是危险驾驶行为高度危险现实化的结果,甲和赵某均对该危险驾驶行为所造成的严重后果有预见的可能性,应对该严重后果承担责任。(1分)

问题3：事实三中,甲的行为,有一种观点认为应以故意杀人罪未遂论处,还有一种观点认为应以故意杀人罪中止论处。请说明各种观点的理由和不足(如果认为有)。(7分)

【考点提示】中止与未遂的判断：客观说与主观说

答案：

(1)一种观点认为(客观说),甲的行为成立犯罪未遂。(1分)

甲成立犯罪未遂的理由：根据社会一般观念对犯罪"能"还是"不能"进行判断(0.5分),如果当时的情况对一般人不会产生强制性影响,认为"能"继续实施犯罪,而行为人放弃的,成立犯罪中止;否则,成立犯罪未遂。

客观说的理由在于,如果一般人在当时的情况下也会放弃犯罪,行为人放弃的,对行为人没有必要特别从宽处罚(0.5分),也就没有必要对其认定为犯罪中止而特别从宽处理。

本案中,一般人在杀害妻子时,如果自己的小孩在身边,应该难以(不能)继续实施犯罪(0.5分),故甲应成立犯罪未遂。

不足：

通过"一般社会经验""一般人的立场"对行为人主观上停止犯罪的态度进行判断,该判断标准与犯罪中止要求的"自动性"这一主观要素不相符合。

---

① 例如,被告人司徒英杰、黎启健、邓建鹏、李家涛、胡哲滔分别驾驶小汽车在中山市(限速50km/h)飙车,并相互追逐、左穿右插。其间,司徒英杰驾驶的小汽车超越前方正常行驶的一辆摩托车时失控撞向右边人行道,先后撞倒驾驶摩托车正常行驶的被害人廖某某及在人行道上行走的被害人陈某某、谢某某、范某、范某某,导致廖某某当场死亡及陈某某、谢某某、范某、范某某受伤。司徒英杰明知他人报警而留在现场等候交警处理,归案后如实供述了罪行。法院认定司徒英杰交通肇事罪,而其他共同飙车人构成危险驾驶罪。参见广东省中山市中级人民法院(2021)粤20刑终119号刑事裁定书。

(1分)换言之,行为人放弃犯罪是否符合犯罪中止所要求的自动性,应当根据"放弃犯罪的原因"对行为人本身产生的影响进行判断,而不能根据"放弃犯罪的原因"对一般人产生的影响进行判断。

(2)另一种观点(主观说)认为,甲的行为可能成立犯罪中止,也可能成立未遂。(通说)(1分)

甲成立犯罪中止的理由:犯罪未遂与犯罪中止在客观上都未能将犯罪进行完毕,在客观上是相同的。刑法之所以对犯罪未遂与犯罪中止规定不同的从宽处罚力度,就是基于行为人主观上停止犯罪的态度。(0.5分)因此,采取主观说,以行为人本人的意愿来认定"能"或"不能",更符合立法对犯罪未遂、犯罪中止差异化处罚的精神。(0.5分)

本案中,行为是否"能"继续实施,应以行为人本人的主观判断为标准。(0.5分)即如果甲本人认为,还能够继续实施杀害行为,但主动放弃犯罪,就应成立犯罪中止。当然,如果本人认为"不能"继续进行犯罪,则成立未遂。

不足:

如何正确认识行为人的"主观"上的"能"或"不能",可能存在判断上的不确定性而不易操作。(0.5分)此时,可能借助社会一般人的标准(客观说)更具有方法论上的明确性,当然,客观说仅以一般人的主观为标准,忽略了行为人的主观方面也是有问题的。

并且,不同的犯罪行为人主观上可能有不同的态度(0.5分),完全可能出现对于同一类案件,因行为人的主观上的认识不同,出现犯罪未遂、犯罪中止认定上的差异。

问题4:事实四中,甲的行为是否成立催收非法债务罪?请说明各种观点的理由和不足(如果认为有)。你持什么观点?(8分)

【考点提示】催收本金及合法利息是否构成催收非法债务罪:肯定说与否定说

答案:

(1)一种观点(肯定说)认为,甲成立催收非法债务罪(1分)。

甲成立催收非法债务罪的理由:催收非法债务罪中的"非法债务",强调债务形成本身具有非法性(0.5分),如发放高利贷。包括催收基于高利放贷等非法行为产生的本金以及合法利息,不以催收高息部分为前提(0.5分)。因此,只要行为人基于发放高利贷等非法行为而实施的催收行为,就成立催收非法债务罪。

不足:

民法上并不认为高利放贷行为全面违法,只是强调借款的利率不得违反国家规定。认为催收本金以及合法利息的行为成立催收非法债务罪,会导致出现民法上具有返还请求权,而刑法上却规定为犯罪的情况,导致法律体系不协调(0.5分)。这种观点,也容易导致刑法的处罚范围过大,不符合刑法的谦抑性(0.5分)。

(2)另一种观点(否定说)认为,甲不成立催收非法债务罪(1分)。

甲不成立催收非法债务罪的理由: 催收非法债务罪中的"非法债务",只包括催收债务中的高息部分。本金以及合法利息属于行为人可以合法要求返还的部分(0.5分),因此不属于非法债务。行为人对这一部分进行催收的,不成立催收非法债务罪。这种理解,也符合刑法的谦抑性要求(0.5分)。

不足:

忽视了催收非法债务罪的"手段的非法性"的评价(0.5分)。即使是催收完全合法的债务,也不能采用法律禁止的手段。并且,"本金及合法利息"是高利放贷这一非法行为所产生的债务的一部分(0.5分),将其解释成非法债务不属于类推解释。因此,应当将暴力催收本金以及合法利息的行为认定为催收非法债务罪。

(3)我支持第一种观点,即甲的行为成立催收非法债务罪(1分)。

理由: 从立法背景来看,法律增设催收非法债务罪,所重视的主要是手段行为的非法性(0.5分),而不是行为目的的非法性。催收非法债务罪的设立同样应当保护非法债务中的本金以及合法利息不被暴力、非法催收(0.5分)。因此,应当认定甲的行为成立催收非法债务罪。

问题5:事实五中,郑某的行为,有一种观点认为应以敲诈勒索罪论处,还有一种观点认为应以侵占罪论处。请说明各种观点的理由和不足(如果认为有)。

【考点提示】敲诈勒索罪的犯罪既遂的判断

答案:

(1)如果对敲诈勒索罪既遂的标准持限制说,郑某成立敲诈勒索罪的共犯。(1分)

成立敲诈勒索罪的理由:限制说(0.5分)认为,只有行为人"现实地握有"财物才成立犯罪既遂。(0.5分)本案中,周某叫郑某去废弃工厂取钱时,周某并没有实际取得(控制)该财物(0.5分)。故周某的行为还未完成(既遂)(0.5分)。此时,郑某中途加入该犯罪(取钱)(0.5分),应成立敲诈勒索罪的共犯,是承继的共犯(0.5分)。

不足:过于机械化地理解了犯罪既遂的标准(0.5分),尤其是当前社会,犯罪行为人与财产所处的位置可能不在同一时空,要求行为人"现实地控制"财物才认定为犯罪既遂,可能并不利于司法实践的具体操作(0.5分)。

(2)如果对敲诈勒索罪既遂的标准持扩张说,郑某成立侵占罪。(1分)

成立侵占罪的理由:扩张说(0.5分)认为,"控制"并不要求行为人将财物"拿到手",只要能将财物拿到自己指定的位置且被害人会失去控制(0.5分),就应该认定为"控制"了财物,应成立盗窃罪既遂。

本案中,周某实施敲诈勒索行为,指令被害人将财物放在废弃工厂时(0.5分),就已经构成敲诈勒索罪既遂(0.5分)①。此时,财物被放弃在废旧工厂门口,应属于无人占有(0.5分)的状态,郑某将无人占有的财物据为己有(0.5

---

① 敲诈勒索罪等取得型财产犯罪的犯罪既遂标准是取得(控制)说,对控制说应作扩大解释,只要被害人将财物放至行为人的指定地点,排除被害人对财产的占有,就应认为行为人控制了财物,成立犯罪既遂。当然,也有观点认为,敲诈勒索罪既遂标准应采用"失控说",只要被害人失去了对财物的控制,无论行为人是否控制财物,都应认定为犯罪既遂。本案中,当甲将财物放至垃圾桶旁边时,就失去了对财物的控制,因此无论郑某是否控制财物,郑某都构成犯罪既遂。参见张明楷:《刑法学》(第六版),法律出版社2021年版,第1332页。

分),成立侵占罪。①

不足:对于"控制"进行扩张解释,但如何理解"控制",其扩张后的具体标准如何把握,可能会因标准的不明确(0.5分)而出现判断上的困难。并且,很可能行为人并没有事实上"控制"财物。(0.5分)

问题6:事实六,周某以股权转让的形式实现土地使用权的转让目的的行为,是否成立非法转让、倒卖土地使用权罪,可能存在哪些观点?请说明各种观点的理由和不足(如果认为有)。(8分)

【考点提示】违法一元论与违法多元(相对)论
答案:

(1)如果坚持违法多元论,那么周某构成非法转让、倒卖土地使用权罪。(1分)

周某构成非法转让、倒卖土地使用权罪的理由:虽然《公司法》上允许股东以股权作价的方式出资。②(1分)但本案中,周某以股权转让形式,是为了实现买卖土地使用权的目的,事实上违反土地管理法规(0.5分),完全符合非法倒卖土地使用权罪的犯罪构成(0.5分)。

不足:

该观点坚持违法多元论,民法与刑法对同一问题采取了不同的态度,不利于法秩序的统一。(0.5分)尤其是对于公众而言,守法的前提是要求不同的部门法应保持大致相同的价值取向,如果刑法与其他部门法对同一问题看法不一致,将导致民众无所适从。(0.5分)

(2)如果坚持违法一元论,周某不构成犯罪。(1分)

周某不构成犯罪的理由:首先,刑法作为其他部门法的保障法,其法律后果的严厉性应当置于其他部门法之上。(0.5分)换言之,其他部门法允许的行为,刑法不应当认为是犯罪。(0.5分)

---

① 也有观点认为,郑某是将他人的犯罪所得予以隐瞒,构成掩饰、隐瞒犯罪所得罪。
② 《公司法》第48条规定:"股东可以用货币出资,也可以用实物、知识产权、土地使用权、股权、债权等可以用货币估价并可以依法转让的非货币财产作价出资;但是,法律、行政法规规定不得作为出资的财产除外。"

其次，现行法律并不禁止股东以股权转让形式实现土地使用权或房地产项目的转让目的(0.5分)，《公司法》也是允许该行为的。因此，为保护刑法与其他部门法相同的价值取向(0.5分)，也不能认定周某构成非法转让、倒卖土地使用权罪。

不足：

该观点虽然维护了法秩序的统一性，肯定了民法、刑法对同一问题应采取相同的态度，但是，对于该类行为不以犯罪论处并不妥当(0.5分)，毕竟行为人通过不法手段，违反了土地交易规则(0.5分)。

案例(十)

案情

程序员甲因工作失误被老板徐某开除，甲为报复徐某，决定窃取公司的机密专利。甲趁夜潜入公司，拿走存有公司机密专利的U盘(价值100万元)，甲离开时，途遇路人赵某夜跑经过公司门口，甲误以为是公司的员工来抓捕自己，将赵某踢倒在地，赵某轻伤。(事实一)

甲回到家后，对徐某开除自己依旧耿耿于怀。一日，甲在徐某下班后，将徐某堵在一条小巷，要求徐某交出100万元。徐某表示身上没有这么多钱。甲便持刀架着徐某，到徐某家中当面向徐某的妻子刘某要钱，刘某按要求当场将100万元打入指定账户。甲收到钱后释放徐某并离开。(事实二)

甲的好友郑某找到甲，希望甲能够为自己向银行申请的贷款提供担保，并将自己伪造的"房产证"押给了甲，甲信以为真，为郑某的贷款提供担保。贷款发放后，郑某携款潜逃，银行找到甲，要求甲承担担保责任，甲迫于无奈代为偿还了本金及利息共计200万元。后查明，郑某向银行申请贷款的材料均系伪造。(事实三)

甲偶然间得知了郑某的藏匿地点，决定杀掉郑某。甲冒充郑某的母亲，给郑某邮寄了一包下过毒的牛肉干，但快递运输过程中，大雨浸泡了该包裹，药性失效。(事实四)

甲听闻好友肖某想要杀害仇人蒋某，甲决定利用肖某，替自己杀害郑某。

于是,甲欺骗肖某说,"蒋某"明天下午五点下班后,会途经此路。肖某信以为真,同甲一起提前埋伏在路旁。5点钟,郑某途经此路,甲欺骗肖某说:"蒋某来了,快开枪。"肖某信以为真,开枪射击,郑某当场死亡。(事实五)

一个月后,甲花光了所有积蓄。甲听闻刘某准备实施电信诈骗,但缺少相应的互联网技术支持。便主动找到刘某,向其提供了自己设计的相关程序。但刘某最终并未实施电信诈骗活动。(事实六)

问题1:事实一中,甲的行为,有一种观点认为应以抢劫罪(转化型)论处。还有一种观点认为应以盗窃罪和故意伤害罪并罚。请说明各种观点的理由和不足(如果认为有)。

问题2:事实二中,甲的行为,有一种观点认为仅成立抢劫罪。还有一种观点认为成立抢劫罪亦成立绑架罪。请说明各种观点的理由和不足(如果认为有)。

问题3:事实三中,郑某的行为,一种观点认为郑某仅对甲成立诈骗罪,另一种观点认为,郑某既对银行成立贷款诈骗罪,也对甲成立诈骗罪,二者为牵连犯,应当从一重罪处罚。请说明各种观点的理由和不足(如果认为有)。你持什么观点(可以是两种观点之外的观点)?理由是什么?

问题4:事实四中,甲的行为,有一种观点认为成立故意杀人罪的预备。还有一种观点认为甲的行为不构成犯罪。请说明各种观点的理由和不足(如果认为有)。

问题5:事实五中,甲与肖某成立故意杀人罪的共犯,还是甲对肖某成立故意杀人罪的间接正犯?请说明各种观点的理由和不足(如果认为有)。

问题6:事实六,甲的行为是否成立帮助信息网络犯罪活动罪?可能存在哪些观点?请说明各种观点的理由和不足(如果认为有)。

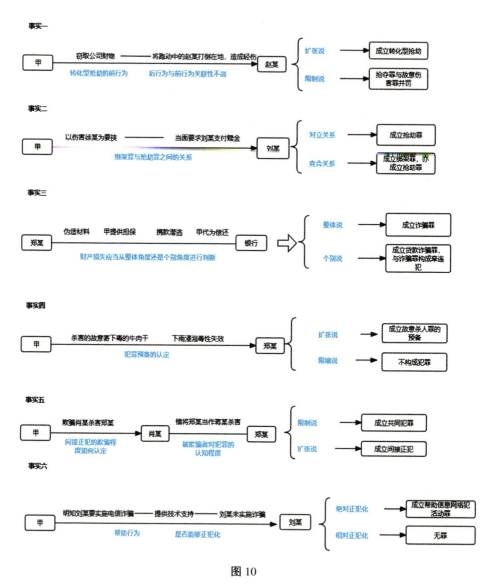

图 10

问题1：事实一中，甲的行为，有一种观点认为应以抢劫罪（转化型）论处。还有一种观点认为应以盗窃罪和故意伤害罪并罚。请说明各种观点的理由和不足（如果认为有）。（7分）

【考点提示】如何认定转化型抢劫的前、后行为的关联性

答案：

（1）一种观点认为，甲成立转化型抢劫。（1分）

甲成立转化型抢劫的理由： 行为人必须是出于窝藏赃物、抗拒抓捕、毁灭罪证三种特定目的之一（0.5分），而当场使用暴力或以暴力相威胁。因此，只要行为人主观上是基于上述目的，并在此目的下实施了暴力行为即可，强调了主观上的关联性。（0.5分）不要求行为人客观上必须实现这三种目的，即不要求暴力、胁迫行为与窝藏赃物、抗拒抓捕、毁灭罪证的目的达成之间存在客观上的关联。（0.5分）

本案中，甲主观上是为了抗拒抓捕而实施暴力，即便客观上未针对抓捕者使用暴力（赵某轻伤），也成立转化型抢劫。

不足：

过于扩大了《刑法》第269条转化型抢劫的适用范围，一定程度上还背离了罪刑法定原则。（0.5分）《刑法》第269条要求使用暴力必须是出于"窝藏赃物、抗拒抓捕、毁灭罪证"的目的，该类案件中，行为人的目的也没有实现，不宜认定为转化型抢劫。我国司法解释对转化型抢劫的适用范围也持限制适用态度，司法解释规定，14—16周岁的人，不对《刑法》第269条的转化型抢劫承担责任。（0.5分）

（2）另一种观点认为，甲成立盗窃罪和故意伤害罪，应并罚。（1分）

甲成立盗窃罪和故意伤害罪的理由： 成立转化型抢劫不仅仅要求行为人主观上是出于"窝藏赃物、抗拒抓捕、毁灭罪证"，还要求暴力、胁迫行为与上述目的达成之间存在客观上的关联性（0.5分），即暴力、胁迫的对象应该是防止行为人"窝藏赃物、毁灭罪证或是抓捕"的人。

本案中，尽管甲主观上是出于窝藏赃物的目的（0.5分），但其对路人赵某（无关第三人）实施暴力，没有客观上的关联性（0.5分），仅成立盗窃罪和故意伤害罪，数罪并罚。

不足：

这一观点过于强调主观目的客观化，容易放纵犯罪。（1分）从《刑法》第269条字面表述来看，并没有限定暴力、胁迫的对象。故"窝藏赃物、抗拒抓捕、毁灭罪证"三个特定目的是主观的超过要素，并不要求行为人实现这三个目的，只要存在于行为人内心即可。[①] 而且，立法规定《刑法》第269条的转化型抢劫，为

[①] 参见张明楷：《侵犯人身罪与财产犯罪》，北京大学出版社2021年版，第273页。

了对这类行为严惩,考虑这类行为既侵犯了财产权,也侵犯了人身权。

否则,如果甲前行为的盗窃数额没有达到数额较大,后行为的伤害也没有达到轻伤标准。甲的行为就不能以犯罪论处,这个结论显然不太合理。

问题2:事实二中,甲的行为,有一种观点认为仅成立抢劫罪,还有一种观点认为既成立抢劫罪,亦成立绑架罪。请说明各种观点的理由和不足(如果认为有)。(7分)

【考点提示】抢劫罪与绑架罪的竞合与对立

答案:

(1)一种观点认为,甲的行为仅成立抢劫罪。(1分)

理由:

如果认为抢劫罪与绑架罪是对立关系(0.5分),本案中,犯罪行为人、被害人都在犯罪现场,是两面关系(0.5分),甲的行为仅成立抢劫罪,不构成绑架罪(0.5分)。

不足:

过度主张不同犯罪之间的对立关系(非此即彼,而不是亦此亦彼)(0.5分),不利于解决实务中的诸多疑难,且定性存在争议的问题,部分情况下,可能会违背罪刑相适应原则(0.5分)。

例如,就本案而言,如果并没有前往人质家里要钱,而是打电话给人质妻子要钱,由于不在当场而是三面关系,成立绑架罪。但如果人质的妻子在现场,反而认为成立抢劫罪而不构成绑架罪,似乎并不合理。

(2)另一种观点认为(法考观点),甲的行为成立抢劫罪,亦成立绑架罪(1分)。

理由:

如果认为抢劫罪与绑架罪是竞合关系(0.5分),而非对立关系。既然交付财物的人,不在犯罪现场(三面关系),都能成立绑架罪(0.5分),那么,本案中,甲绑架徐某后,当场向其妻子索要财物的(0.5分),更应该成立绑架罪,也与抢劫罪存在竞合。

不足:

过度地强调不同犯罪之间的竞合关系(0.5分),可能会导致刑法的行为规

制机能受损,也使刑法各罪名的构成要件缺乏明确性。(0.5 分)

例如,就本案而言,如果人质的妻子不在现场的,认定为绑架罪,在现场的,也认定为绑架罪,那绑架罪究竟是两面关系还是三面关系?并且,绑架罪与抢劫罪的界限将不明确。

问题 3:事实三中,郑某的行为,一种观点认为郑某仅对甲成立诈骗罪。另一种观点认为,郑某既对银行成立贷款诈骗罪,也对甲成立诈骗罪,二者为牵连犯,应当从一重罪处罚。请说明各种观点的理由和不足(如果认为有)。你持什么观点(可以是两种观点之外的观点)?理由是什么?(12 分)

【考点提示】整体的财产说与个别的财产说之争

答案:

(1)一种观点认为,郑某的行为仅构成诈骗罪,不构成贷款诈骗罪。

郑某不构成贷款诈骗罪的理由:郑某既欺骗了甲,亦欺骗了银行,但是,其行为最终没有造成银行的实际财产损失(0.5 分),银行的贷款已经由甲代为偿还(0.5 分),故不构成贷款诈骗罪。这种观点强调贷款诈骗罪是针对整体财产的犯罪(0.5 分),该案中,虽然银行基于受骗而交付了贷款,但事后由甲代为偿还,银行的整体财产并没有遭受损失,故郑某的行为不成立贷款诈骗罪。

郑某仅构成诈骗罪的理由:虽然郑某实施了"两头骗",既欺骗了甲,又欺骗了银行,但由于欺骗行为仅造成了一个财产损失,即甲的财产损失(0.5 分),故仅认定为诈骗一罪。这种观点主张,行为人的贷款诈骗仅仅是手段(0.5 分),其目的是骗取甲的财产(0.5 分)。既然没有造成银行的实际损失(银行整体上、最终没有损失),就不构成贷款诈骗罪,仅应以诈骗罪论处。

不足:

首先,这种观点忽略了对被害人(银行)处分意思的保护(0.5 分)。贷款诈骗罪的认定不仅要看整体财产是否遭受损失,还要看受骗者(银行)因为行为人的欺骗行为产生了认识错误,进而处分了财产(0.5 分)。[①] 在本案中,郑某通过伪造材料使得银行基于错误认识处分财产,已经使银行陷入了认识错误,因而即

---

① 参见张明楷:《论诈骗罪中的财产损失》,载《中国法学》2005 年第 5 期,第 132 页。

使甲代为偿还,也应当认定郑某的欺骗行为,造成了银行的财产损失(0.5分)。

其次,这种观点使得贷款诈骗罪的既遂取决于担保人甲是否进行赔偿、何时进行赔偿,使得贷款诈骗罪的既遂时间点存在不确定性(0.5分)。①

(2)另一种观点认为,郑某的行为成立贷款诈骗罪,与诈骗罪构成牵连犯,应当择一重处。

郑某的行为成立贷款诈骗罪,与诈骗罪构成牵连犯的理由:

首先,贷款诈骗罪是针对个别财产(0.5分)的犯罪。银行基于受骗而交付了贷款,就存在对应的损失。虽然后续甲代为偿还贷款,但银行被骗而交付了贷款,郑某的行为违反了被害人(银行)的意志(0.5分),银行遭受了财产损失(0.5分),故成立贷款诈骗罪(0.5分)。

其次,本案中,郑某的最终目的是获取银行贷款(0.5分),因此诈骗罪与贷款诈骗罪之间是手段行为与目的行为之间的关系(0.5分)。可以认为诈骗(对甲)是手段,贷款诈骗(对银行)是目的(0.5分),也可以认为贷款诈骗是手段,诈骗是目的(0.5分),但都应成立牵连犯,择一重罪处罚。

不足:

这种观点可能会扩大诈骗类犯罪的处罚范围(0.5分),因为这种观点认为,只要被害人被骗而交付财产,即便其财产总量(整体财产)没有损失,或者财产损失得以弥补,也应认定为诈骗罪。

日常生活中有许多交易都存在夸张甚至欺诈的成分。如果坚持个别财产说,只要交易行为存在手段上的欺诈而不具有处罚必要性(0.5分),就以诈骗罪加以处罚的话,很多生活中的交易行为如果伴随欺诈,都要被当作诈骗罪加以处罚。②

(3)我赞成第一种观点:

理由:认定犯罪不应过于注意细节,而应坚持整体法益的判断。(1分)本案中,最终只有甲遭受损失,并且行为人实施贷款诈骗行为之时,其目的也是为了让甲而非银行遭受损失,故仅能认定为诈骗罪一罪。

或者,我赞成第二种观点。

---

① 参见张明楷编著:《刑法的私塾(之三)》,北京大学出版社2022年版,第572页。
② 参见任永前:《论诈骗罪中的财产损失》,载《法学杂志》2015年第5期,第129页。

理由:判断郑某在本案中是否成立贷款诈骗罪,关键在于确定案件的被害人是谁:(1分)当郑某通过欺骗手段取得银行贷款时,银行就已经遭受了损失,即使后面甲代为偿还,那也是因为银行先遭受了损失,而这一损失是由于郑某的欺骗行为引起的。因此,银行虽然最终得以弥补损失,但仍然是案件的被害人。① 郑某依然成立贷款诈骗罪。同时,也对甲构成诈骗罪。

问题4:事实四中,甲的行为,有一种观点认为成立故意杀人罪的预备。还有一种观点认为甲的行为不构成犯罪。请说明各种观点的理由和不足(如果认为有)。(7分)

【考点提示】犯罪预备的处罚范围

答案:

(1)一种观点(扩张说)(0.5分)认为,甲成立故意杀人罪的预备。

理由:

扩张说认为,对于部分重罪的预备行为,应适当扩张其处罚范围(0.5分)。本案中,甲欲毒杀郑某,并且已经将毒药寄出(0.5分),只是由于意志以外的原因导致毒药失效(0.5分),避免了造成法益侵害。所以应当认定甲成立故意杀人罪的预备。

不足:

犯罪预备行为不能直接对法益造成侵害结果,因而对法益的威胁并不紧迫(0.5分),在通常情况下没有达到值得科处刑罚的程度(0.5分)。

如果大量处罚犯罪预备,就必然导致原本不是犯罪预备的日常生活行为也受到怀疑,极可能使一些外部形态类似于准备工具的日常生活行为受到刑罚制裁(0.5分)。

同时,在犯罪预备阶段,行为人可能随时放弃犯罪决意。如果广泛地处罚预备行为,反而可能促使行为人着手实行犯罪(0.5分)。②

(2)另一种观点(限缩说)(0.5分)认为,甲不构成犯罪。

---

① 参见张明楷:《诈骗犯罪论》,法律出版社2021年版,第690页。
② 参见张明楷:《刑法学》(第六版),法律出版社2021年版,第434页。

理由：

限缩说认为,对于犯罪预备,应当肯定其处罚的例外性,或者有限度地肯定预备行为的处罚范围(0.5分)。本案中,甲寄毒药的行为,事实上并没有对郑某的身体健康造成损害(0.5分)。换言之,只有当某种预备行为的发展,必然或者极有可能造成重大法益或者大量法益的侵害时(0.5分),才有必要处罚犯罪预备。

不足：

犯罪预备制度设立的初衷,在于维护刑法保护法益的全面性(0.5分),通过惩治犯罪预备行为,预防部分重罪的发生(0.5分)。大部分预备行为单独看来,并不具有严重的社会危害性(0.5分),完全通过法益侵害判断犯罪预备是否具有可罚性,可能会违背犯罪预备制度设立的初衷,不利于发挥刑法的预防和惩罚功效(0.5分)。

问题5： 事实五中,甲与肖某成立故意杀人罪的共犯,还是甲对肖某成立故意杀人罪的间接正犯？请说明各种观点的理由和不足(如果认为有)。(8分)

【考点提示】共同犯罪与间接正犯的区别

答案：

(1)一种观点(限制说)认为,甲与肖某成立共同犯罪。(1分)

这种观点的理由： 只有当具体实施行为的人,完全不知道利用者、支配者的犯罪故意时(0.5分),才能认为其被"支配""利用"了,才能将支配者认定为间接正犯。否则,不能认定为间接正犯。

本案中,甲与肖某均有杀人的故意,二人至少在行为时具有共同杀害"眼前这个人"的故意(0.5分),二人成立故意杀人罪的共同犯罪(0.5分)。或者说,肖某在杀"眼前这个人"这一问题上,没有被甲操控、支配、利用,甲不成立间接正犯。(0.5分)

(2)另一种观点(扩张说)认为,甲对肖某构成间接正犯。(1分)

这种观点的理由： 即使具体实施行为的人大致知道利用者的犯罪故意,只不是完全、全部知道,也可以认为其被"利用"了(0.5分),利用者成立间接本案中,由于甲与肖某的故意内容不完全一致(0.5分),甲的故意内容是"杀害郑某",肖某具有"杀害蒋某"的故意。就"杀害郑某"这一问题上,甲利用、支配了肖某(0.5分),刘某对赵某是"间接正犯"(0.5分)。

不足:

扩张说的不足在于,一方面,降低了间接正犯要求的对被操控者的操控程度,将部分缺乏绝对支配的教唆犯认定为间接正犯(0.5分),进而使得教唆犯的处罚被加重(0.5分)。本案中,甲并没有完全主导肖某的犯罪行为,只是利用了肖某犯罪意图。换言之,肖某对于是否开枪射击"蒋某"本身完全具有意思决定的自由。因此,将甲认定为间接正犯,会加重对甲的处罚,并不公平。

另一方面,一旦认定操纵者属于间接正犯,那么对于被操纵者,司法实务一般以不具有犯罪故意,进行出罪。① 本案中,肖某已经知悉自己行为的性质为杀人,当然也知道杀人是违法的,但仍旧直接实施了开枪行为并导致他人死亡,可以说,其完全是在自由意志的支配之下完成了危害行为(0.5分),并非他人实施犯罪的简单工具。因此,一旦认定甲成立间接正犯,可能会放纵肖某的行为。(0.5分)

问题6: 事实六,甲的行为是否成立帮助信息网络犯罪活动罪?可能存在哪些观点?请说明各种观点的理由和不足(如果认为有)。(8分)

【考点提示】预备行为(帮助行为)正犯化:绝对正犯化与相对正犯化

答案:

(1)一种观点(绝对正犯化)认为,甲成立帮助信息网络犯罪活动罪。(1分)

甲成立帮助信息网络犯罪活动罪的理由: 所谓绝对正犯化是指,即便被帮助者没有实施犯罪行为,对于帮助者、预备者也应该认定为独立的罪名。也就是说,不适用共犯从属性理论(0.5分),只要实施了该帮助行为、预备行为,就应定罪(0.5分)。这种观点认为,《刑法》规定帮助信息网络犯罪活动罪为了严惩这一类帮助行为,应对其成立范围进行扩张认定。

本案中,甲明知刘某想要实施电信诈骗,但缺少技术支持(0.5分),主动为

---

① 参见广东省深圳市中级人民法院(2014)深中法刑二终字第490号刑事判决书。

刘某设计并提供了相关程序,虽然刘某最终没有实施电信诈骗,仍然可以认定甲成立帮助信息网络犯罪活动罪。

不足:

这种观点忽视了对帮助犯行为本身的法益侵害判断(0.5分),容易扩大处罚范围。虽然《刑法》设立了帮助信息网络犯罪活动罪,但同时要求帮助行为要达到"情节严重"才能定罪。这说明本罪并非帮助行为绝对正犯化,而是帮助行为量刑化。① (0.5分)成立帮助信息网络犯罪活动罪仍需要贯彻共犯从属性理论。换言之,犯罪的本质是侵害法益,甲的帮助行为本身并不会独立地侵害法益。因此,只有在正犯(被帮助者)的行为符合构成要件并且违法的前提下(0.5分),甲的帮助行为才能成立帮助犯。②

(2)另一种观点(相对正犯化)认为,甲不构成犯罪。(1分)

甲不构成犯罪的理由: 所谓相对正犯化是指,对该帮助行为能否定罪,应遵从共犯从属性理论(通说)(0.5分),只有被帮助者利用该帮助且实施了实行行为,帮助者的行为才能作为犯罪论处。张明楷教授认为这种"相对正犯化"就不属于"正犯化"。(0.5分)

本案中,虽然甲为刘某电信诈骗提供了帮助,被帮助者刘某并没有利用甲的帮助行为实施犯罪,刘某不构成犯罪。根据共犯从属性理论,既然被帮助人没有实施犯罪,那么帮助者甲当然也不构成犯罪。(0.5分)

不足:

这种观点忽略了刑法对该类行为严厉打击的立法背景,仅因被帮助者没有实施犯罪就不处罚帮助者,并不合理。(0.5分)同时,从规范行为的角度看(0.5分),该类帮助行为对于诈骗等犯罪行为的作用是非常大的,较之一般诈骗罪的帮助行为,通过信息网络等技术手段实施的帮助行为,能够在很大程度上推进特定犯罪的实施。(0.5分)尤其是在我国当前电信诈骗案件数量多、破案率低的背景下,加大刑法对相关行为的打击力度,是必要的。

---

① 所谓帮助犯的量刑规则,是指帮助犯没有被提升为正犯,帮助犯依然是帮助犯,只是因为分则条[文]对其规定了独立的罪名和法定刑,而不再适用刑法总则关于帮助犯(从犯)的从宽处罚规定的情形。
② [帮助]行为要认定为犯罪,依然要遵循共犯从属性理论,即被帮助者需要实施犯罪行为[。张]明楷:《刑法学》(第六版),法律出版社2021年版,第1382-1383页。

一、主要参考文献

1. 张明楷:《刑法学》(第六版),法律出版社 2021 年版。
2. 最高人民法院《刑事审判参考》。
3. 司法部法考指导用书。
4. 黎宏:《刑法学总论》(第二版),法律出版社 2016 年版。
5. 徐光华:《2025 年应试薄讲义 刑法》,中国政法大学出版社 2024 年版。
6. 张明楷:《诈骗犯罪论》,法律出版社 2021 年版。
7. 张明楷:《侵犯人身罪与侵犯财产罪》,北京大学出版社 2021 年版。
8. 张明楷:《刑法分则的解释原理》,北京大学出版社 2024 年版。
9. 近十年来,法学类重要期刊学术论文。

二、法考参考书目及讲义:(觉晓教育官方旗舰店、淘宝、天猫、京东等平台有售)

（一）客观题教材

1. 徐光华:《应试薄讲义 刑法》(主客一体教材)。客观题、主观题考生,基础教材。
2. 徐光华:《刑法 4000 客观严选好题》(含 2014 至 2024 年客观题真题及部分模拟题,仅客观题阶段)。客观题考生。
3. 徐光华:《刑法内部讲义》(觉晓内部班学员讲义,针对客观题考生,主客一体备考)。客观题考生。
4. 徐光华:《重难点专题》(觉晓内部班学员讲义,针对客观题考生,主客一体备考)。客观题考生。
5. 徐光华:《客观题模拟 150 题》,2025 年 5 月免费在微博、微信公众号发布(刑法徐光华)、觉晓法考 App。客观题考生。
6. 徐光华:《刑法一小本》(客观题背诵卷),在微博、微信公众号发布(刑法徐光华)、觉晓法考 App。客观题考生。

（二）主观题教材

7. 徐光华：《刑法观点展示问题汇总》，2025年3月免费在微博、微信公众号发布(刑法徐光华)。主观题、客观题考生均适用。

8. 徐光华：《刑法必练案例139问》(主观题案例教材)。含各章节小案例、2010至2023主观题真题、十道模拟大案例，共三个部分。主观题考生。

9. 徐光华：《主观题知识点+小案例》(主观题基础知识教材，二战专属)，觉晓内部班学员讲义。主观题考生。

以上，1、2、8，可以直接在各大电商平台购买。3、4、9为觉晓教育内部学员讲义。5、6、7为免费向学员开放。请关注:**新浪微博、微信公众号、小红书、抖音:刑法徐光华**。